AF174595

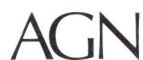

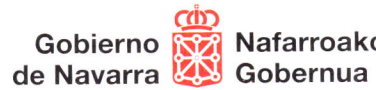

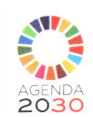

Exposición

¡Constitución o muerte!
Liberalismo y liberales en Navarra.
1812-1876

ORGANIZACIÓN
Archivo Real y General de Navarra

COMISARIO
Ángel García-Sanz Marcotegui

DIRECCIÓN TÉCNICA
Roberto Ciganda Elizondo. Muraria S.L.
Fernando Cañada Palacio. Muraria S.L.

COORDINACIÓN
Félix Segura Urra

DISEÑO
José Miguel Parra Torres

RESTAURACIÓN
Barbáchano y Beny S.A.
   Raquel Pérez Mata
   Alejandra de la Rosa López
   Ainhoa Ekai Alchu
Sección de Registro, Bienes Muebles y
Arqueología. Gobierno de Navarra

DIGITALIZACIÓN
Inetum España S.A.
   Elena Cabello Ruiz

TRANSPORTE
Moreno Vallés Transportaarte

SEGURO
Seguros Bilbao

TRADUCCIÓN DE TEXTOS
Maitane Pernaut Elía. Archivo Real y
General de Navarra

ASISTENCIA TÉCNICA
Maite Díaz Francés
Raúl Gastón Rincón
José Landa Remírez

Catálogo

EDICIÓN
Gobierno de Navarra. Departamento de Cultura,
Deporte y Turismo

TEXTOS Y SELECCIÓN DOCUMENTAL
Ángel García-Sanz Marcotegui

COORDINACIÓN
Félix Segura Urra

DISEÑO GRÁFICO
José Miguel Parra Torres

SELECCIÓN DE ILUSTRACIONES
Roberto Ciganda Elizondo. Muraria S.L.

FOTOGRAFÍA
Archivo Real y General de Navarra
José Luis Larrión

IMPRESIÓN
Gráficas Castuera

DL NA 921-2024

ISBN: 978-84-235-3706-8

PROMOCIÓN Y DISTRIBUCIÓN

Fondo de Publicaciones del Gobierno de Navarra

Calle Navas de Tolosa, 21
31002 Pamplona

Tel.: 848 427 121

fondo.publicaciones@navarra.es
https://publicaciones.navarra.es

¡CONSTITUCIÓN o MUERTE!

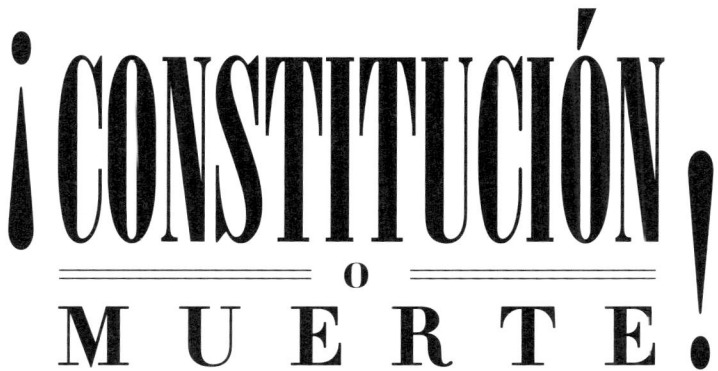

LIBERALISMO Y LIBERALES EN NAVARRA

1812-1876

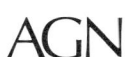 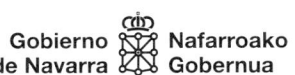

ÍNDICE

PRESENTACIÓN

En el marco de las celebraciones por el bicentenario del Trienio Liberal (1820-1823), el Archivo Real y General de Navarra ha querido dedicar un montaje expositivo específico al liberalismo y los liberales en nuestro territorio. Los motivos que animan a ello son múltiples. Por una parte, es una oportunidad para abordar los orígenes y desarrollo del liberalismo como movimiento político amplio y heterogéneo, responsable de redefinir el marco institucional y social al auspiciar la liquidación del Antiguo Régimen y el desarrollo del nuevo estado liberal, en un proceso que determinará el devenir político, económico y cultural del convulso siglo XIX. Y por otra, permite recuperar para la historia a los liberales navarros, a las instituciones y personas que defendieron su causa en un territorio de raigambre profundamente conservadora, refutando el viejo discurso de una tierra convertida en *sancta sanctorum* del tradicionalismo y de una sociedad erigida en guardiana de las esencias a través de su adhesión al tradicionalismo de la causa carlista.

El catálogo que ahora se presenta reúne los contenidos de la exposición y, al igual que esta, se abre con una de aquellas alocuciones que inundaban los bandos interpelando al lector de manera directa e incluso despiadada: *¡Constitución o Muerte!* Los textos elaborados por el comisario de la muestra, Ángel García-Sanz Marcotegui, catedrático de Historia Contemporánea de la Universidad Pública de Navarra, nos guían a través de los distintos períodos políticos que permiten trazar el devenir del liberalismo en la España del siglo XIX: desde la Guerra de la Independencia, en 1808, cuando se produjo su irrupción general, hasta el fin de la última Guerra Carlista, en 1876, con la derrota del tradicionalismo. Un largo período jalonado por episodios bélicos que sacudieron al reino de Navarra desde sus cimientos para transformarlo en provincia foral, enfrentando a sus naturales, activamente posicionados entre tradicionalismo o liberalismo. Encuentros y desencuentros, avances y retrocesos en un proceso en el que se fue asentando una nueva forma de comprender la sociedad, de vivir la política y de sentir el mundo, totalmente distinta a la anterior.

Como viene siendo habitual en los montajes del Archivo Real y General de Navarra, la perspectiva social inunda el contenido de la exposición y abre nuevas líneas de análisis. Los documentos originales y los textos coetáneos reproducidos testimonian las acciones emprendidas por las principales figuras que apoyaron la causa liberal en Navarra, desde militares como Francisco Espoz y Mina o Domingo Moriones a personalidades como José Yanguas y Miranda o Francisco Baztán y Goñi. Pero el protagonismo principal de la muestra recae en las corporaciones civiles, municipales, entidades privadas y en personas desconocidas, procedentes de todos los rincones de Navarra –de Norte a Sur y de Este a Oeste, reflejo de la variedad geográfica y sociológica en la que prendió la mecha de la libertad, la igualdad y la constitución–, al igual que las mujeres que mantuvieron un compromiso vital con las ideas liberales. Detenidas, encarceladas o señaladas por su adhesión al régimen constitucional, la exposición nos muestra cómo algunas perdieron a sus maridos e hijos o sufrieron vejaciones a manos de los carlistas, que ocasionalmente las raparon y emplumaron para escarnio público.

La exposición y el presente catálogo se articulan a través de 78 documentos datados en su totalidad en el siglo XIX, que han sido seleccionados por el autor y contextualizados con las precisas observaciones y rigurosas reflexiones que recorren sus textos. De este modo, la realidad del liberalismo se ofrece en toda su intensidad, al igual que aquella turbulenta centuria que, lejos de resultar lejana o ajena a nuestra realidad, se nos presenta con una absoluta actualidad, como base y cimiento de las sociedades democráticas modernas.

Rebeca Esnaola Bermejo

Consejera de Cultura, Deporte y Turismo
Gobierno de Navarra

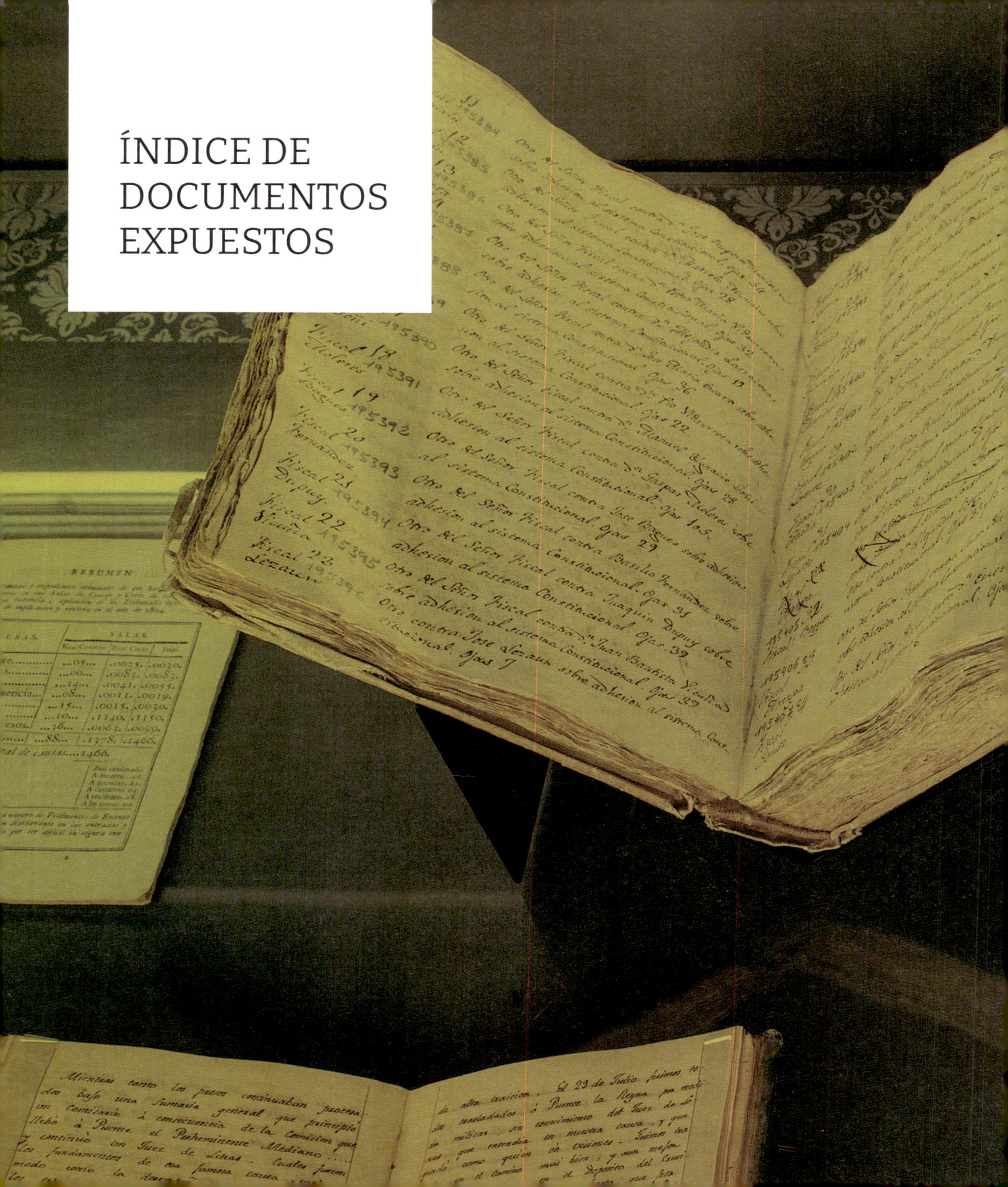

ÍNDICE DE DOCUMENTOS EXPUESTOS

PIEZA 1.

Laya de Francisco Espoz y Mina. Hacia 1800 (MC, INV CE 00002)

PIEZA 2.

Sable de caballería para ceñir de Francisco Espoz y Mina, con vaina dorada, regalo del Comité Español en Londres. 1824 (MC, INV 00001)

PIEZA 3.

Retrato de Domingo Moriones y Murillo, teniente general, fallecido en Madrid el 4 de enero de 1881 e ilustración de su sepelio en Ejea de los Caballeros. *La Ilustración Española y Americana*, 1881, 15 de enero de 1881 (AGN, HEMEROTECA)

PIEZA 4.

Placa de la Real y Militar Orden de San Hermenegildo. Siglo XIX (AGN, MED73_01 Fondo Olave)

PIEZA 5.

Cruz de la Real y Militar Orden de San Hermenegildo. Siglo XIX (AGN, MED73_02 Fondo Olave)

....

DOCUMENTO 1.1.

Comunicación a la Cámara de Comptos de Navarra del nombramiento de José Bonaparte como rey de España. Bayona, 10 de junio de 1808 (AGN, CO_PS,1ªS, Leg. 32, n. 21)

DOCUMENTO 1.2.

El afrancesado estellés Isidro Lorente alega que ha puesto el nombre de José Napoleón a un hijo suyo nacido en Pamplona en 1809, como prueba de adhesión al Gobierno. Hacia 1810-1812 (AGN, Papeles Inútiles, antigua caja 251)

DOCUMENTO 1.3.

Número 1 del primer periódico navarro, *La Gazette de la Navarre*, creado para difundir las ventajas de la Constitución de Bayona y la alianza con Napoleón. 29 de abril de 1810 (AGN, HEMEROTECA, VARIOS_N8/5-1)

DOCUMENTO 1.4.

Breve extracto de la vida del General Espoz y Mina, publicado por él mismo en Londres. Londres, 1825 (AGN, AP_ESPOZ_MINA,Caj.17,N.1)

DOCUMENTO 1.5.

Cartel anunciador de venta del *Breve extracto de la vida del General Espoz y Mina*, publicado por él mismo en Londres. Londres, 1825 (AGN, AP_ESPOZ_MINA,Caj.17,N.1)

DOCUMENTO 1.6.

Medalla de plata conmemorativa del I Centenario de la Constitución de Cádiz de 1812, con cinta con los colores de la bandera española y anilla. 1912 (MC, INV CE 00003

....

DOCUMENTO 2.1.

Proclama de la Diputación exhortando a los militares de la División de Navarra a seguir al rey Fernando VII y no secundar a Espoz y Mina en su intento de sublevación en Pamplona. Pamplona, 3 de octubre de 1814 (AGN, RE_A.DIPUTACION,L.30, fols. 54v)

DOCUMENTO 2.2.

Lista de reos en la causa de sedición contra el Rey y el Estado organizada por Francisco Espoz y Mina y otros en septiembre de 1814 en Pamplona. [1815] (AGN, CODICES,L.43)

DOCUMENTO 2.3.

Hoja de servicios del comandante José Albéniz Bearin, natural de Abárzuza. Madrid, 3 de octubre de 1848 (España. Ministerio de Defensa. AGMS , 1ª-970A)

9

DOCUMENTO 2.4.
Hoja de servicios del mariscal de campo Francisco de Irañeta y Artieda, natural de Echarri-Aranaz. Madrid, 8 de agosto de 1867 (España. Ministerio de Defensa. AGMS, 1ª-459I)

DOCUMENTO 2.5.
Relación de la prisión del capitán Santos Ayerra Turrillas, natural de Idocin, acusado de conspirar en 1816, desde su captura el 1 de marzo del mismo año, hasta su puesta en libertad el 11 de marzo de 1820. [1841] (España. Ministerio de Defensa. AGMS, 1ª-1550A)

10

DOCUMENTO 3.1.
Proclama de la Junta Provisional de Gobierno a los navarros sobre el restablecimiento del orden tras los sucesos protagonizados por los contrarios al régimen constitucional. Pamplona, 16 de abril de 1820 (AGN, RE_GUERRA,leg. 22, carp. 20)

DOCUMENTO 3.2.
Los "caseros" o "habitantes" (*maisterrak* en euskera, del latín *magister*) de Huarte-Araquil reclaman las ventajas de ser ciudadano derivadas la Constitución de Cádiz. Huarte-Araquil, 26 de mayo de 1820 (AGN, NOT.LACUNZA, PROT. JUAN TOMAS BERGERA 1820, escritura 34)

DOCUMENTO 3.3.
El Patriota del Pirineo (número 3), periódico considerado órgano de la Sociedad Patriótica de Pamplona, que defendía el régimen constitucional. 11 de enero de-1821 (AGN, HEMEROTECA, VARIOS_N8/9-1)

DOCUMENTO 3.4.
Milicianos de Estella que debían unirse a la columna "patriótica" (liberal) y recibir el vestuario de la Diputación. [1821-1822] (AGN, RE_GUERRA, Leg.30,N.55,fol.11r)

DOCUMENTO 3.5.
Reglamento provisional de las compañías de Cazadores Constitucionales. Pamplona, 2 de diciembre de 1822 (AGN, Reino, Diputación Provincial. Cazadores constitucionales)

DOCUMENTO 3.6.
Diploma del distintivo concedido a Anacleto Buelta por haberse incorporado al Ejército constitucional "sosteniendo hasta el fin con las armas en la mano la causa de la libertad contra las tropas francesas o los rebeldes". Madrid, 6 de octubre de 1841 (AGN, AP_BUELTA,Caj.1,N.49-1)

DOCUMENTO 3.7.
El amante de la Constitución, en loor de los inmortales Quiroga y Riego, escrito de M. de M. (probablemente el conocido miliciano y escritor tudelano Mariano Martínez de Morentin). Pamplona, 10 de abril de 1820 (UPNA, BIBLIOTECA, Fondo Antiguo, DC-04-07, doc. 25)

DOCUMENTO 4.1.
Petición de José Yanguas y Miranda y más de 200 presos a la Diputación absolutista solicitando su puesta en libertad. Puente la Reina, 3 de agosto de 1823 (AGN, RE_GUERRA,Leg. 28, carp. 79, fol. 14r)

DOCUMENTO 4.2.
Diario de Francisco de Sales Belaunza, escribano público, miliciano voluntario de Tudela, relatando su captura tras la entrada de las tropas francesas en la ciudad y su prisión por adicto al sistema constitucional. 1823 (AGN, AP_BELAUNZA,Caj.1)

DOCUMENTO 4.3.
Planes que manifiestan el número de pleytos, causas y expedientes civiles, criminales y otras, despachadas por las Salas del Supremo Consejo, Real Corte... el presente año de 1824. Pamplona, Imprenta de Javier Gadea, 1824 (AGN, BIBLIOTECA, Caja 3/26)

DOCUMENTO 4.4.

Lista de procesados de Estella por adhesión al sistema constitucional. 1824 (AGN, TR_INV. CORTE, L. 46, fol. 93v-94r)

DOCUMENTO 4.5.

Lista de procesados de Viana, Villafranca, Vera, Aoiz y Azagra por adhesión al sistema constitucional. 1826 (AGN, TR_INV.CORTE, L.90, fol. 129r)

DOCUMENTO 4.6.

Informe sobre la aparición de un pasquín liberal en la puerta del palacio episcopal de Tudela con la frase "Viva la Constitución. M. a los Realistas". Tudela, 12 de noviembre de 1832 (AGN, Reino, Guerra, Correspondencia 1er Batallón)

....

DOCUMENTO 5.1.

Parte de la acción sostenida por los Urbanos de Villafranca contra los carlistas, relatando los daños y menoscabos causados por las tropas de Zumalacárregui. Madrid, 12 de diciembre de 1834 (AGN, HEMEROTECA, GACETA_DE_ MADRID_N3, pág. 3)

DOCUMENTO 5.2.

Alocución del Ayuntamiento constitucional de Ochagavía a los vecinos declarando su compromiso con el buen gobierno y el orden público y su defensa de la Constitución y de las reinas constitucionales, tras haber tomado posesión. Ochagavía, 21 de enero de 1837 (publ. *Boletín Oficial de Pamplona*, 30 de enero de 1837) (AMP, BOP, 30-I-1837)

DOCUMENTO 5.3.

Circular del Gobierno Político de Navarra interrogando a los Ayuntamientos para conocer las consecuencias negativas de la guerra. Pamplona, 27 de octubre de 1839 (publ. *Boletín Oficial de Pamplona*, 31 de octubre de 1839) (AGN, HEMEROTECA, BOP_N2.83, pág. 5)

DOCUMENTO 5.4.

Alocución de la Junta Provisional de Gobierno de Navarra a los navarros manifestando su compromiso con el orden público, la Constitución, Isabel II y la independencia nacional. Pamplona, 3 de octubre de 1840 (AGN, DFN, Caj. 20268/3)

DOCUMENTO 5.5.

Lista de 188 estelleses liberales confeccionada por el Ayuntamiento carlista de Estella por desafectos a la causa de Don Carlos. Estella, 19 de febrero de 1836 (AME, Libro de Actas, n. 125)

....

11

DOCUMENTO 6.1.

Real Orden aprobando las medidas del virrey interino para reforzar la División del general Lorenzo y organizar el alistamiento de la Milicia Urbana en Baztán y Aézcoa. 25 de enero de 1834 (AGN, RE_GUERRA, Leg. 33, carp. 28)

DOCUMENTO 6.2.

Estado de la fuerza de la Milicia Nacional de Navarra. Pamplona, 12 de diciembre de 1836 (AMP, Guerra y Milicias, leg. 23, nº 2)

DOCUMENTO 6.3.

Representación de la Diputación Provincial de Navarra a las Cortes sobre el desolador estado de la provincia y los enormes sacrificios que suponía el suministro para 20.000 hombres, 1.600 caballos, hospitales y fortificaciones y protestando por el "despotismo militar" que arruinaba Navarra. Pamplona, 2 de enero de 1837 (AGN, DFN,L.385, fols. 7v-8r)

DOCUMENTO 6.4.

Lista de milicianos nacionales navarros pendientes de recoger el diploma concedido en 1841 por el Regente por haberse incorporado en 1823 al Ejército Constitucional sosteniendo "la causa de la libertad" contra las tropas francesas o absolutistas. Pamplona, 19 de noviembre de 1841 (publ. *Boletín Oficial de Pamplona*, 25 de noviembre de 1841) (UPNA, BIBLIOTECA, BOP 25-XI-1841)

....

DOCUMENTO 7.1.
La reina asciende a coronel de caballería a Ramón Corres Bedia (Marañón, 1790) por su compromiso en la defensa de la libertad. Madrid, 11 de agosto de 1841 (España. Ministerio de Defensa. AGMS, 1ª-3476C)

DOCUMENTO 7.2.
Hoja de servicios del coronel de caballería Claudio Ichaso Morrás, natural de Los Arcos. Madrid, 26 de noviembre de 1838 (España. Ministerio de Defensa. AGMS, 1ª-132I)

DOCUMENTO 7.3.
Hoja de servicios del comandante Matías Solchaga Bailós, natural de Falces, combatiente en la guerra de la Independencia y contra los realistas y los carlistas. Pamplona, 11 de noviembre de 1858 (España. Ministerio de Defensa. AGMS, 1ª-3028S)

DOCUMENTO 7.4.
Hoja de servicios de Francisco Espoz y Mina (Idocin, 1781-Barcelona, 1836). 1821 (AGN, AP_ESPOZ_MINA,Caj.17,N.4)

DOCUMENTO 7.5.
Poder del alférez de flanqueadores Cayetano Nos a su esposa para administrar y vender sus bienes. Pamplona, 1835 (AGN,NOT.PAMPLONA,PROT.PEDRO ECHARTE)

....

DOCUMENTO 8.1.
Exposición de la Diputación de Navarra a la reina sobre el restablecimiento de los fueros y la conciliación del interés del reino con el general de la nación, pidiendo la confirmación de los fueros quedando a salvo la constitución de la monarquía. Pamplona, 24 de octubre de 1839 (AGN, DFN,Caj.2337/1)

DOCUMENTO 8.2.
Alocución de la Diputación Provincial de Navarra a los navarros sobre la cuestión foral, declarando observar la Constitución de 1837 y guardar fidelidad a Isabel II y a los fueros. Pamplona, 27 de marzo de 1840 (AGN, DFN,L.387,f. 110r-111r)

DOCUMENTO 8.3.
¡Alerta a los navarros!, folleto publicado por José de Yanguas y Miranda de forma anónima. Pamplona, Imprenta de Francisco Erasun, 1843 (BN, Fondo Azcona, E-4-5/36-1)

DOCUMENTO 8.4.
Cotejo de los Fueros y Leyes Políticas de Navarra y de la Constitución española de 1869. Francisco Baztán y Goñi. Pamplona, Imprenta Provincial, 1873 (AGN, BIBLIOTECA, FBH/531)

....

DOCUMENTO 9.1.
Alocución de la Diputación Provincial de Navarra a los navarros, alertando de los peligros de la sublevación militar de O'Donnell en Pamplona contra la regencia de Espartero. Pamplona, 13 de octubre de 1841 (publ. como suplemento al *Boletín Oficial de Pamplona*, 7 de octubre de 1841) (AGN, HEMEROTECA, BOP_N4.80, pág, 5)

DOCUMENTO 9.2.
Exposición de los pecheros de Navarra a las Cortes españolas solicitando la abolición de las pechas (tributo que se paga en metálico o en especie). Pamplona, 16 de noviembre de 1844 (ACD, S.Gral. Leg. 4979 Único)

DOCUMENTO 9.3.

Reflexiones sobre las leyes vigentes de Señoríos y su aplicación a las pechas de la provincia de Navarra. Esteban Ozcáriz Torres. Pamplona, Imprenta de Teodoro de Ochoa, 1846 (AGN, BIBLIOTECA, Caja 45/19)

DOCUMENTO 9.4.

Lista de milicianos nacionales y patriotas de Viana, Tudela, Tafalla, Estella, Lumbier y Pamplona merecedores de la condecoración cívica concedida por el Regente por el pronunciamiento de septiembre de 1840. Pamplona, 23 de mayo de 1842 (publ. *Boletín Oficial de Pamplona*, 27 de mayo de 1842) (AGN, HEMEROTECA, BOP_N5.63)

DOCUMENTO 9.5.

La Milicia Nacional de Pamplona y el Batallón de Milicianos Nacionales de Valcarlos se adhieren y apoyan a la reina Isabel II y al regente Espartero tras los sucesos de Barcelona. Pamplona/Valcarlos, 28 de noviembre/3 de diciembre de 1842 (publ. *Boletín Oficial de Pamplona*, 9 de diciembre de 1842) (AMP, Hemeroteca)

....

DOCUMENTO 10.1.

El Observador Navarro, periódico pamplonés cuyos lemas fueron la Constitución de 1837, Isabel II, la Regencia de Espartero y la defensa de la Ley de Modificación de Fueros de 16 de agosto de 1841 ("La Paccionada"). Pamplona, 8 de junio de 1842 (AGN, HEMEROTECA, VARIOS_N8/8)

DOCUMENTO 10.2.

Pamploneses que participan en la suscripción abierta en el Café Suizo a favor de las viudas y huérfanos de los defensores de la libertad de Madrid. Madrid, 10 de julio de 1854 (publ. *Boletín Oficial de la Provincia de Navarra*, 26 de julio de 1854) (AGN, HEMEROTECA, BOPN_N8.89, pág. 1)

DOCUMENTO 10.3.

Llamamiento de seis estelleses a apoyar a dos candidatos liberales en las elecciones provinciales de 1860 (AGN, AP_BAZTAN, Caj. 1)

DOCUMENTO 10.4.

Aviso Pastoral que el Excmo. e Iltmo. Sr. Obispo de Pamplona dirige al clero y pueblo de su diócesis con motivo de la propaganda anticatólica de nuestros días. Pamplona, Imprenta de Francisco Erasun y Rada, 1865 (BN, Cª 5/181)

DOCUMENTO 10.5.

Carta dirigida a la redacción de El Progresista Navarro con motivo de la Pastoral del Excmo. e Illmo. Sr. Obispo de Pamplona. Luis María Lasala, Pamplona, 17 de noviembre de 1865 (BN, Cª 5/182)

13

....

DOCUMENTO 11.1.

Alocución del Gobierno Provincial de Navarra a los navarros, comunicando la formación de un gobierno provisional tras el éxito del pronunciamiento militar al grito de "¡Viva la Libertad y la Soberanía Nacional!". Pamplona, 30 de septiembre de 1868 (AGN, DFN, Caj. 20268/10)

DOCUMENTO 11.2.

Proclama del Ayuntamiento al pueblo de Tudela, consagrando sus desvelos en ayudar a la Junta Suprema de Gobierno para consolidar la regeneración política del país. Tudela, 8 de octubre de 1868 (AGN, DFN, Caj. 20268/10)

DOCUMENTO 11.3.

Proclama del Ayuntamiento republicano de Pamplona a los ciudadanos en contra de la guerra sostenida por los defensores del absolutismo. Pamplona, 28 de junio de 1873 (AMP, Sucesos Políticos, leg. 2, n° 5)

DOCUMENTO 11.4.

Carta de Emilio Castelar, presidente de la República Española, al general Domingo Moriones acusando recibo de la bandera arrancada a las huestes carlistas y solicitando autorización para colocarla en un monumento público como trofeo de la libertad y reliquia de las glorias del Ejército. Madrid, 26 de diciembre de 1873 (AGN, AP_MORIONES_MURILLO,Caj.1, N.3-6)

DOCUMENTO 11.5.

Bando del Ayuntamiento de Pamplona informando a los pamploneses de la proclamación del rey Alfonso XII. Pamplona, 21 de enero de 1875 (UPNA, BIBLIOTECA, Fondo Antiguo, DC-04-07, doc. 25)

DOCUMENTO 12.1.

Participación de navarros en la suscripción nacional para erigir un monumento a la memoria de Juan Prim. *Boletín Oficial de la Provincia de Navarra*, 20 de febrero de 1871 (AGN, HEMEROTECA, BOPN_N26.22, pág. 1)

DOCUMENTO 12.2.

Comunicación del Gobierno Civil de Navarra aprobando el Reglamento del Club Republicano de Pamplona. Pamplona, 30 de diciembre de 1869 (AMP, Sociedades, 1841-1918, nº 19)

DOCUMENTO 12.3.

Cartas de un labriego navarro, publicadas en el periódico La Época. Madrid, 1872 (AGN, BIBLIOTECA, Caja 35/9)

DOCUMENTO 12.4.

Celebración de la proclamación de la República Federal por el semanario pamplonés *La Montaña*. *La Montaña. Periódico Republicano-Federal*, 8-VI-1873, n. 17, p. 1 (AMP, Hemeroteca)

DOCUMENTO 13.1.

Estado de la fuerza del Batallón de Voluntarios de la Libertad de Pamplona. Pamplona, 14 de septiembre de 1872 (AMP, Guerra y Milicias, leg. 1, nº 9)

DOCUMENTO 13.2.

Llamamiento de la Diputación Foral y Provincial de Navarra a alistarse en el nuevo cuerpo de la Guardia Foral de Navarra. Pamplona, 9 de enero de 1872 (aunque en el impreso pone 1872, debe de ser 1873) (AGN, DFN,Caj.42738/1)

DOCUMENTO 13.3.

Gastos del Tercio Navarro y la Guardia Foral en la última guerra carlista. 1871-1876 (AGN, DFN,Caj.20312)

DOCUMENTO 13.4.

Reglamento para la Guardia Foral de Navarra, aprobado el 15 de febrero de 1873. Pamplona, 1873 (AGN, BIBLIOTECA, Caj.66/44, pág. 3)

DOCUMENTO 13.5.

Concesión de gracias a los militares de todas clases y miembros de la Guardia Foral y sus contraguerrillas en recompensa a sus méritos al final de la guerra. Madrid, 28 de junio de 1876 (publ. *Boletín Oficial de la Provincia de Navarra*, 4 de agosto de 1876) (AGN, HEMEROTECA, BOPN_N31)

DOCUMENTO 13.6.

Bando de Luis Martínez de Ubago, alcalde de Pamplona en funciones, invitando a los vecinos a tomar las armas en defensa de la República. Pamplona, 15 de julio de 1873 (AMP, Guerra y Milicias, leg. 2, nº 5)

DOCUMENTO 14.1.
Discurso del diputado electo Ricardo Alzugaray en las Cortes. Madrid, 3 de marzo de 1869. *Diario de sesiones de las Cortes* (AGN, HEMEROTECA, DSC_N47, págs. 289-290)

DOCUMENTO 14.2.
Relación de los emigrados liberales socorridos por la Diputación Foral y Provincial de Navarra. 1875 (AGN, DFN,Caj.20387)

DOCUMENTO 14.3.
A la España Liberal. Los parias de Navarra. Madrid, Imprenta de viuda e hijos de J.A. García, 1882 (FSSF)

DOCUMENTO 14.4.
La Junta de Confiscación de Bienes a los Liberales de Navarra cobra 7.920 reales a Juan Bautista Jaén por la venta de una casa en Estella. Estella, 21 de julio de 1873 (AGN, DFN,Caj.20284/3)

DOCUMENTO 14.5.
Solicitud de Ángel Greño Echalecu (Viana, 1827) a la Diputación Foral y Provincial de Navarra solicitando indemnización por los daños recibidos por los carlistas. Viana, 19 de marzo de 1877 (AGN, DFN,Caj.20283/1)

....

DOCUMENTO 15.1.
Petición de Ramona Ximénez, viuda, vecina de Estella, al jefe político de Navarra solicitando una pensión tras haber fallecido su hijo asesinado por los realistas. Pamplona, 8 de enero de 1823 (AGN, Reino, Diputación Provincial. Cazadores voluntarios)

DOCUMENTO 15.2.
Petición de Rafaela Viguria, viuda, vecina de Pamplona, al jefe político de Navarra, solicitando una ayuda tras la muerte de su marido en un acto de servicio. Pamplona, 25 de junio de 1823 (AGN, Reino, Diputación Provincial. Cazadores voluntarios)

DOCUMENTO 15.3.
Petición de Estefanía Esteban, viuda, vecina de Larraga, al jefe político de Navarra solicitando una ayuda tras el fusilamiento de su hijo, "exaltado constitucional", y la muerte de su marido por los realistas. Pamplona, 31 de enero de 1823 (AGN, Reino, Diputación Provincial. Cazadores voluntarios)

....

DOCUMENTO 16.1.
Mujeres de Dicastillo indemnizadas por los daños recibidos en la primera guerra carlista. Madrid, 20 de junio de 1854 (publ. *Boletín Oficial de la Provincia de Navarra*, 31 de julio de 1854) (AMP, HEMEROTECA)

DOCUMENTO 16.2.
María Arraiza, vecina de Cirauqui, viuda de un voluntario de la República, asesinado el 12 de julio de 1873, reclama ser indemnizada por los daños y perjuicios que le ocasionaron los carlistas durante el saqueo de su casa. Pamplona, 4 de junio de 1878 (AGN, DFN,Caj.20282/1)

DOCUMENTO 16.3.
Tomasa Irigoyen, natural de Errazu, pide ayuda a la Diputación de Navarra tras haberse negado varias veces a abjurar de sus ideas liberales y a vitorear a Carlos VII. Pamplona, 15 de septiembre de 1875 (AGN, DFN,Caj.20386/7)

15

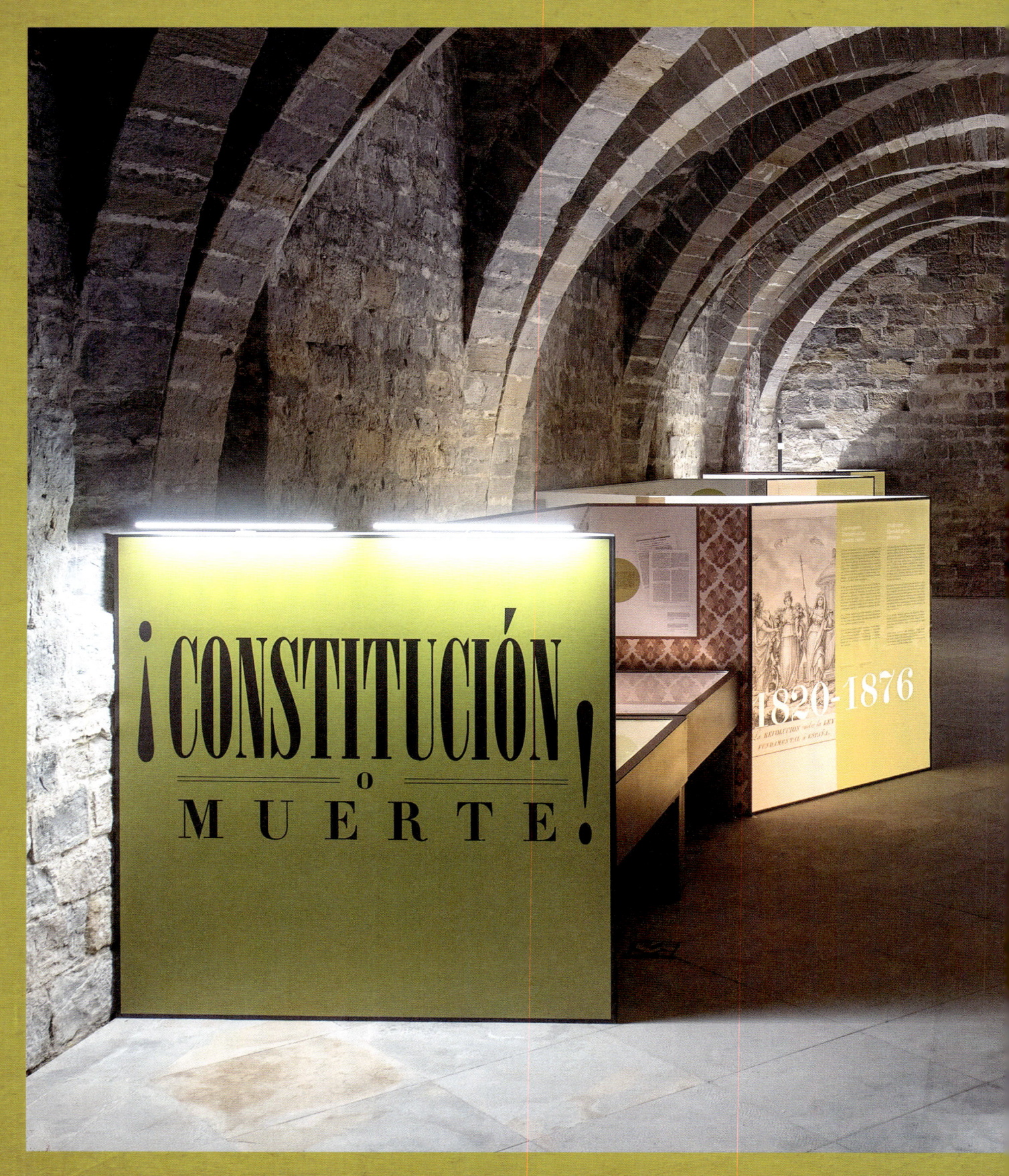

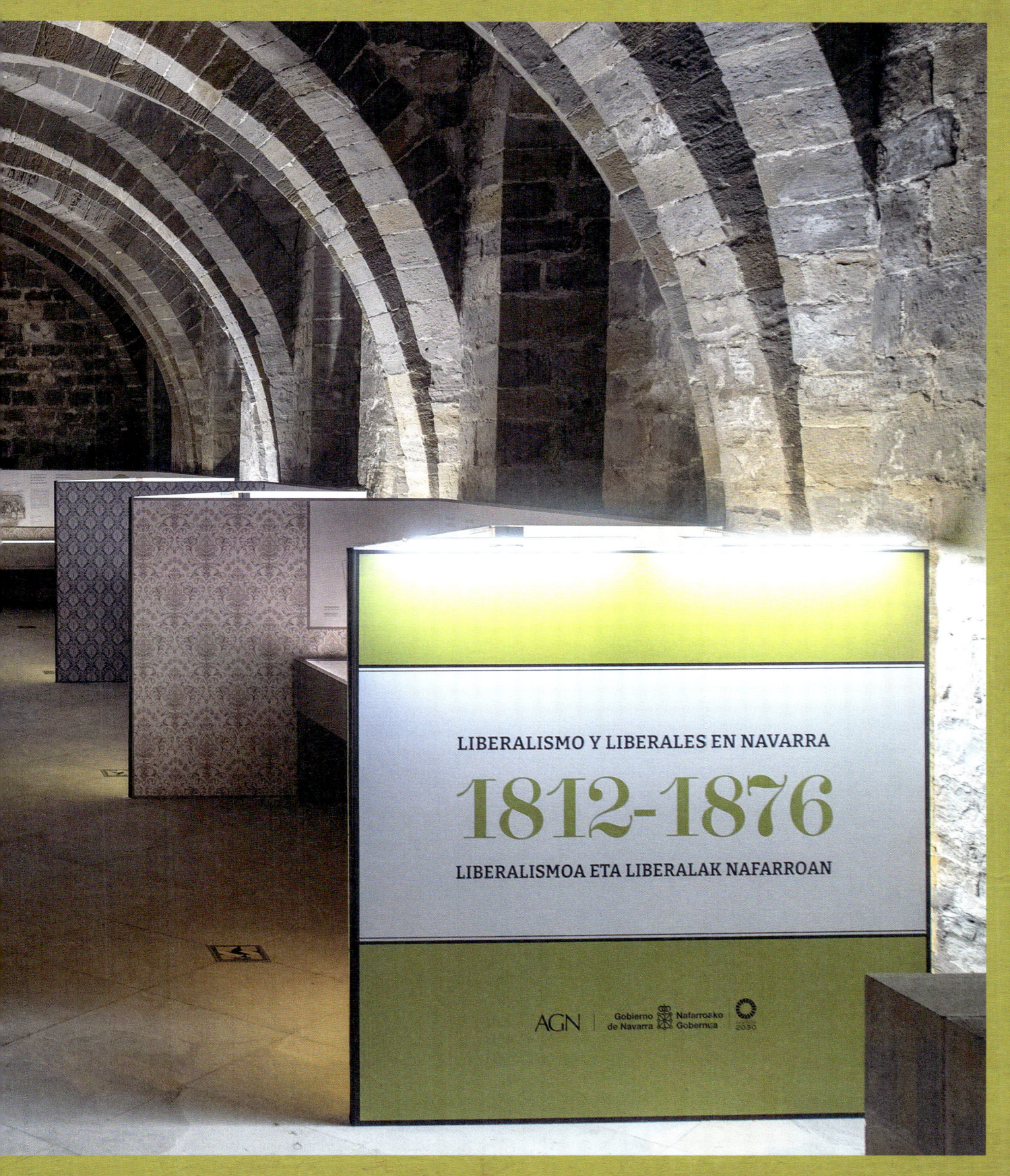

LIBERALISMO Y LIBERALES EN NAVARRA

1812-1876

LIBERALISMOA ETA LIBERALAK NAFARROAN

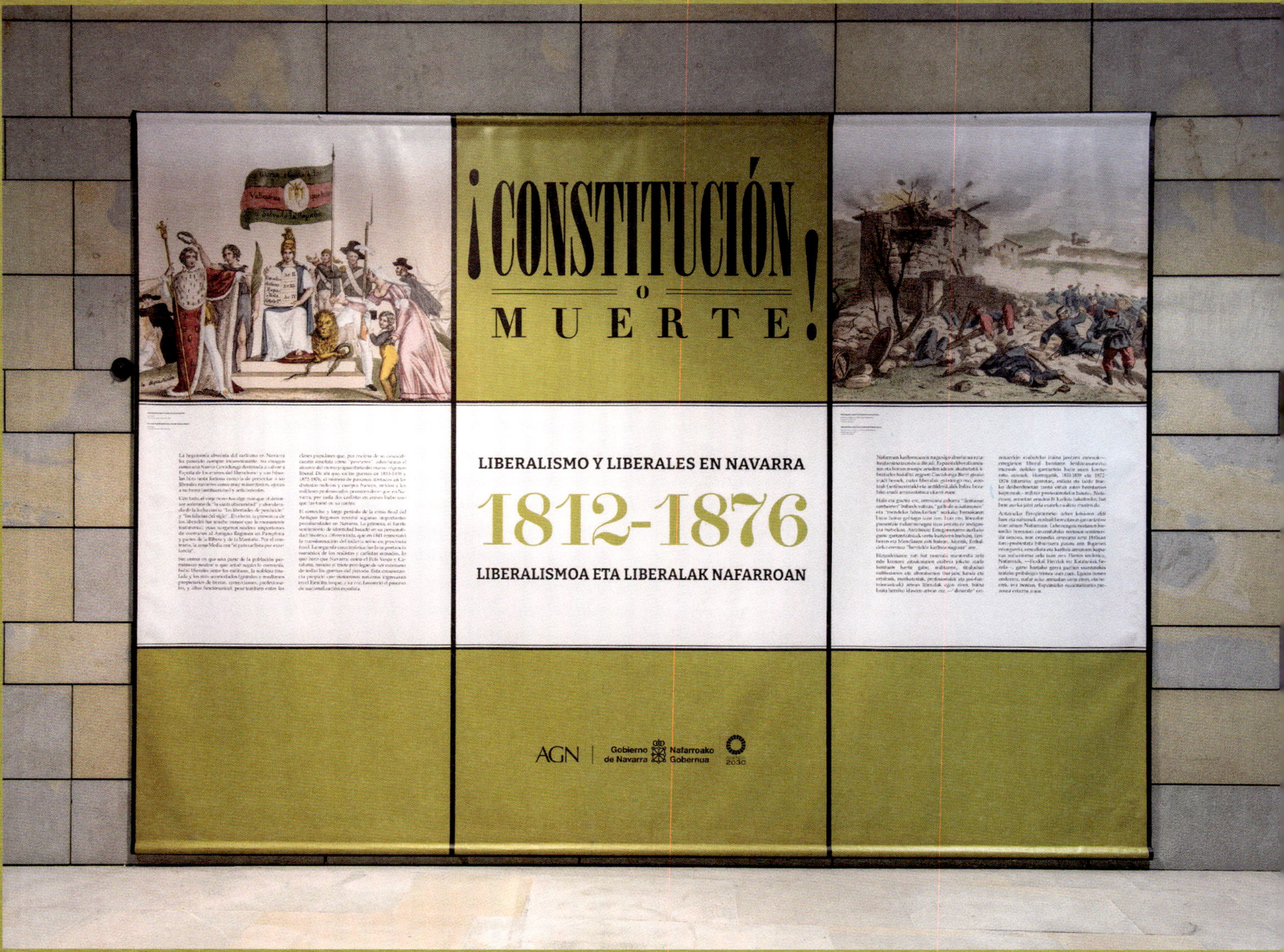

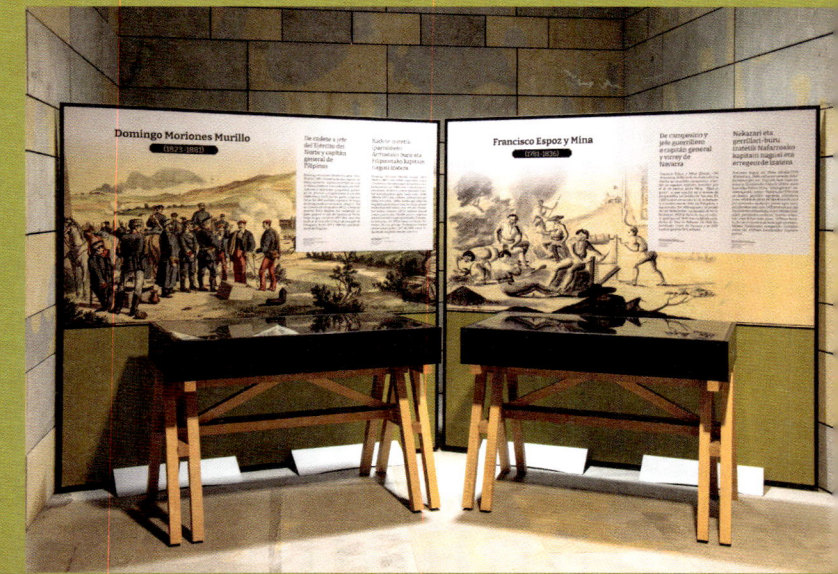

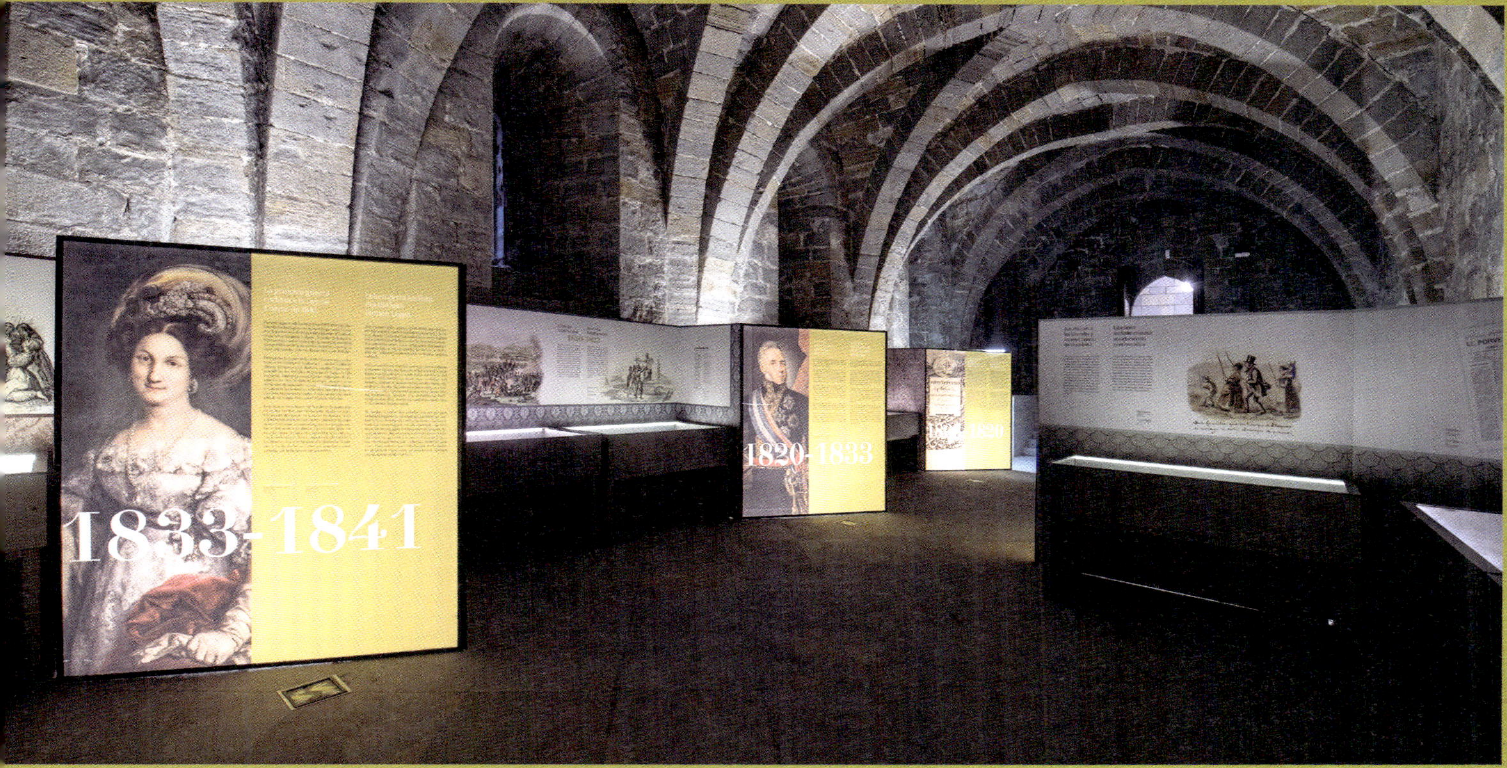

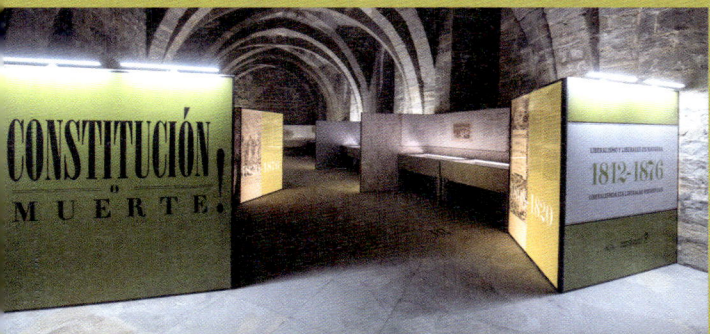

Exposición

"¡Constitución o muerte!

Liberalismo y liberales en Navarra. 1812-1876"

Pamplona, Archivo Real y General de Navarra
Sala de exposiciones "Sancho el Sabio"
(noviembre 2023 - abril 2024)

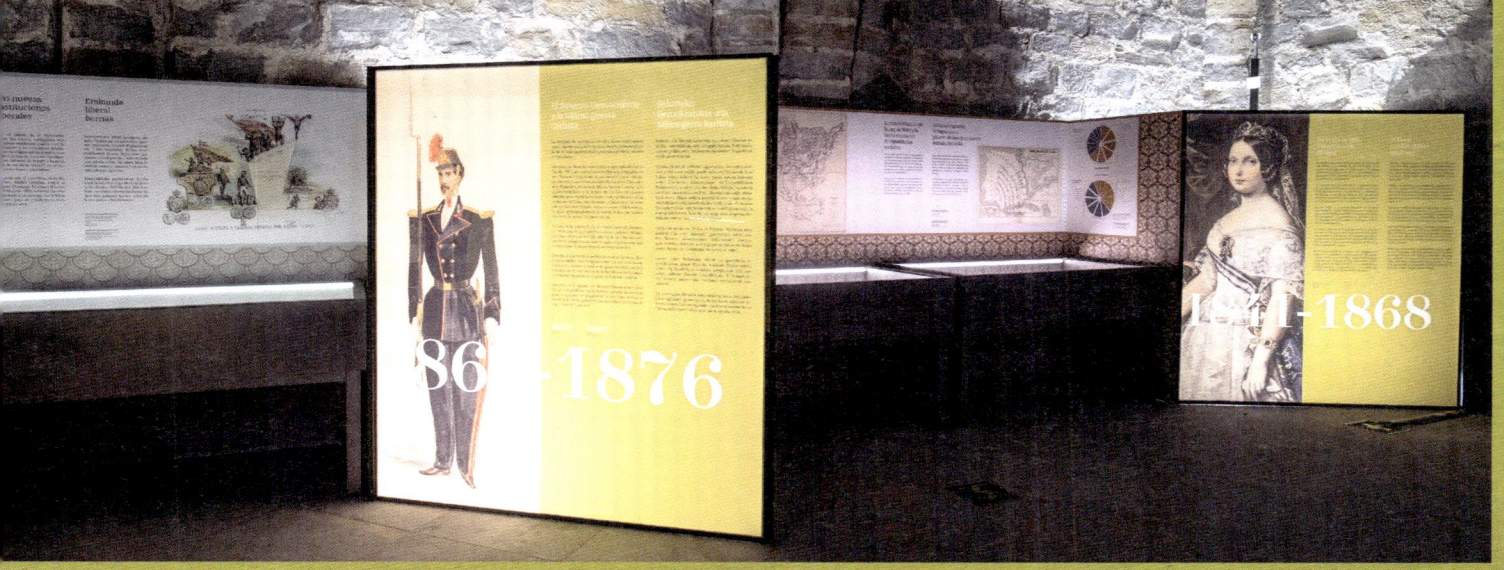

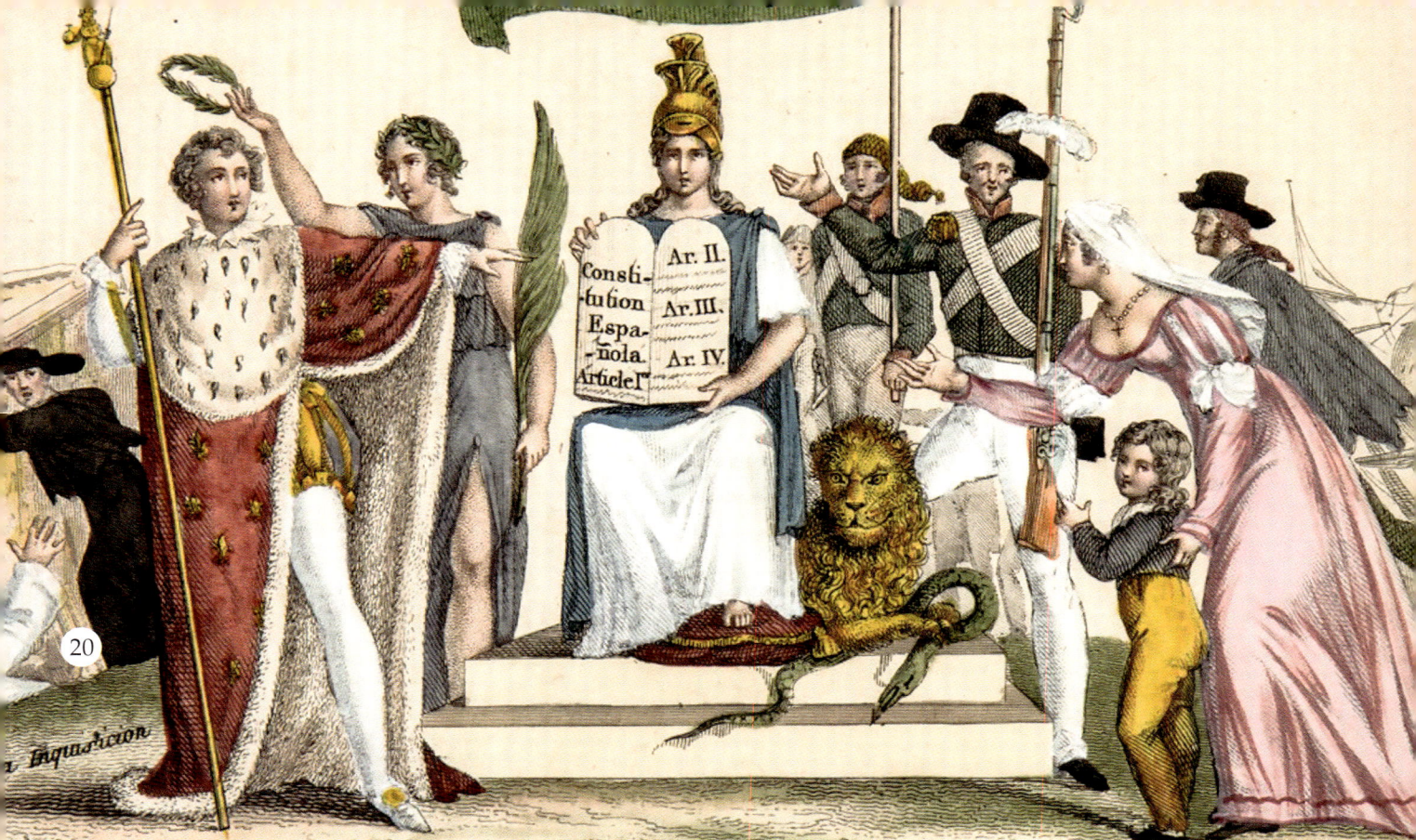

Alegoría de la jura de la Constitución por Fernando VII.
Hacia 1820
Museo de Historia de Madrid, Inv. 2129

INTRODUCCIÓN

La hegemonía absoluta del carlismo en Navarra ha parecido siempre incuestionable. Su imagen como una Nueva Covadonga destinada a salvar a España de los errores del liberalismo y sus hijuelas hizo tanta fortuna como la de presentar a los liberales navarros como muy minoritarios, ajenos a su tierra (antifueristas) y anticlericales.

Con todo, el viejo reino fue algo más que el defensor acérrimo de "la santa obscuridad" y abanderado de la lucha contra "las libertades de perdición" y "las falacias del siglo". En efecto, la presencia de los liberales fue mucho mayor que la meramente testimonial, pues surgieron núcleos importantes de contrarios al Antiguo Régimen en Pamplona y partes de la Ribera y de la Montaña. Por el contrario, la zona Media era "el país carlista por excelencia".

Sin entrar en que una parte de la población permaneció neutral o que actuó según le convenía, hubo liberales entre los militares, la nobleza titulada y los más acomodados (grandes y medianos propietarios

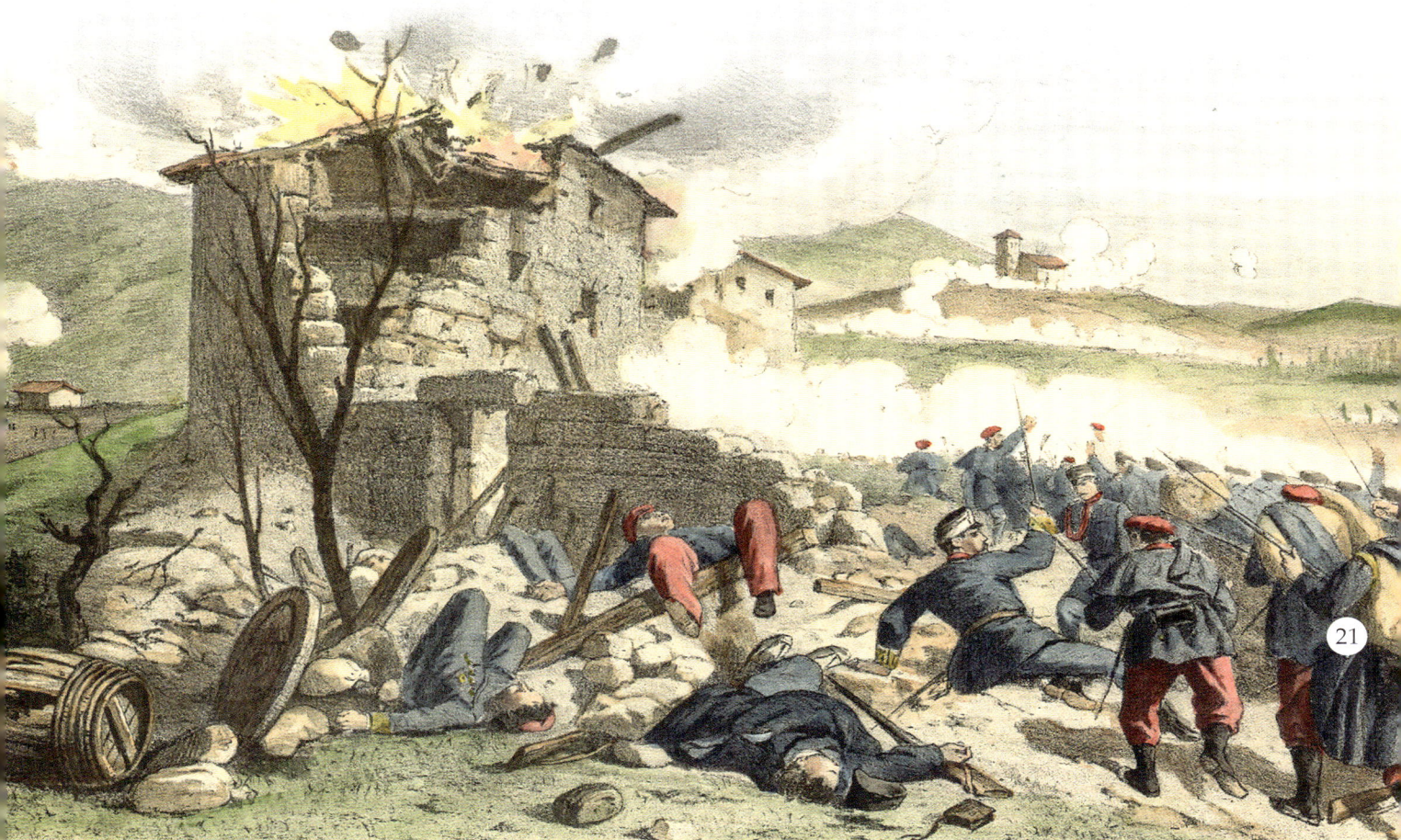

Panorama de la Guerra Civil en el Norte: **toma de Murrieta.**

Ilustración de Josep Lluis Pellicer i Fenyé, grabado de Plá.

Publicado en Madrid, 1875

AGN,FIG_VISTAS,N.15

de tierras, comerciantes, profesionales, y altos funcionarios), pero también entre las clases populares que, por encima de su descalificación absoluta como "peseteros", advirtieron el alcance del mensaje igualitario del nuevo régimen liberal. De ahí que, en las guerras de 1833-1839 y 1872-1876, el número de paisanos alistados en las distintas milicias y cuerpos francos, unidos a los militares profesionales, permiten decir que, en Navarra, por cada dos carlistas en armas hubo uno que las tomó en su contra.

El convulso y largo período de la crisis final del Antiguo Régimen revistió algunas importantes peculiaridades en Navarra. La primera, el fuerte sentimiento de identidad basado en su personalidad histórica diferenciada, que en 1841 enmarañó la transformación del todavía reino en provincia foral. La segunda característica fue la importancia numérica de los realistas y carlistas armados, lo que hizo que Navarra, como el País Vasco y Cataluña, tuviese el triste privilegio de ser escenario de todas las guerras del periodo. Esta circunstancia propició que numerosos navarros ingresaran en el Ejército, lo que, a su vez, favoreció el proceso de nacionalización española.

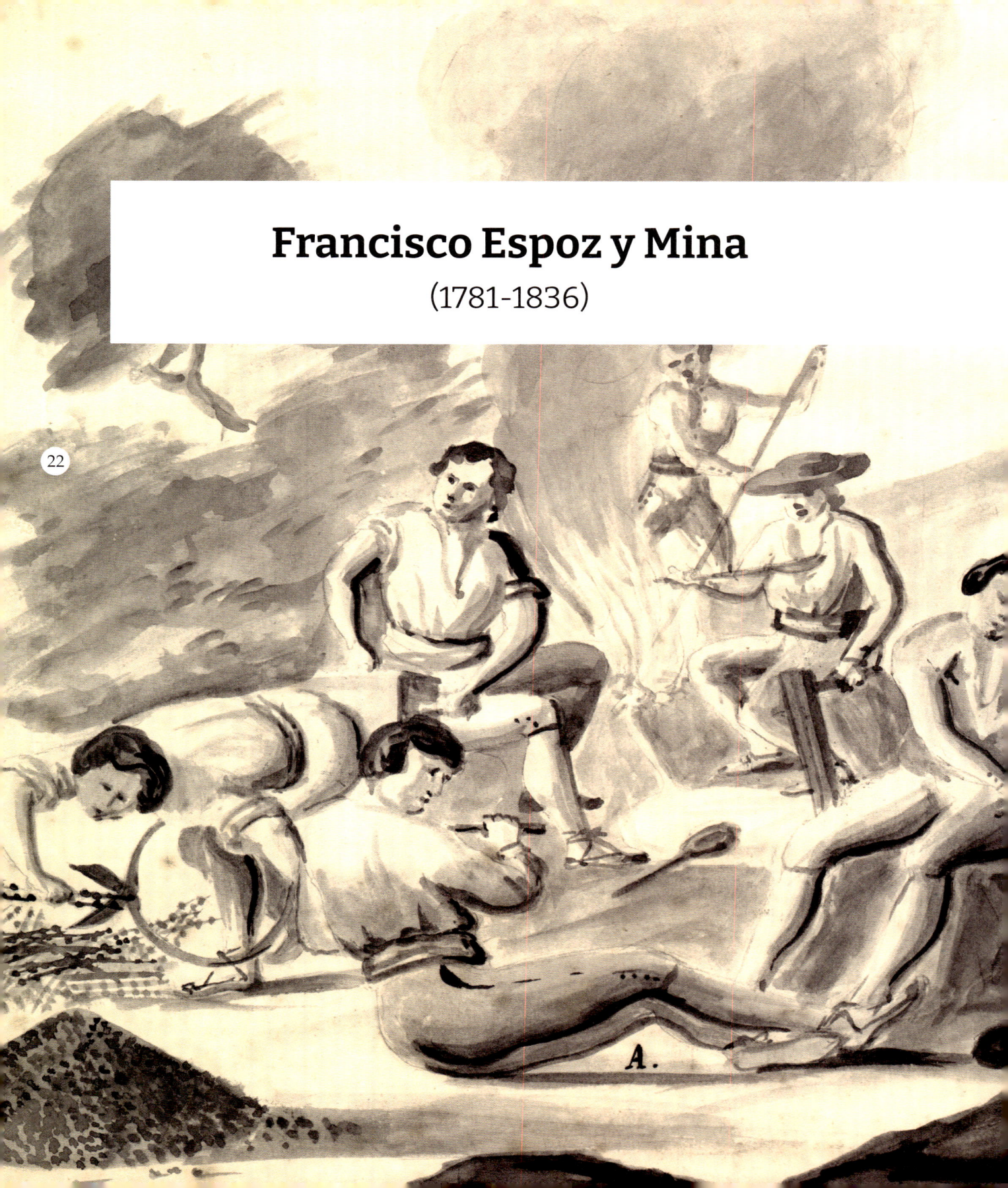

Francisco Espoz y Mina

(1781-1836)

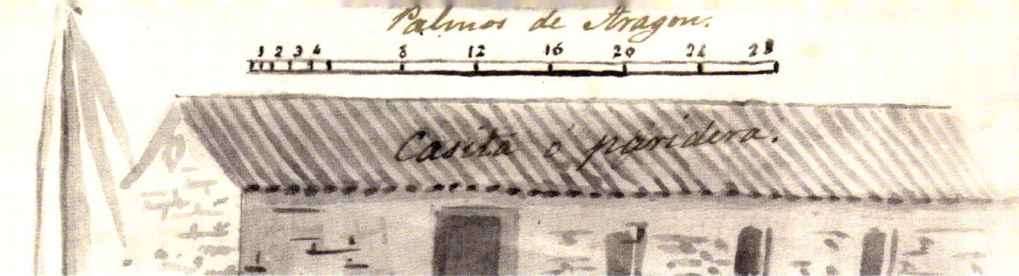

De campesino y jefe guerrillero a capitán general y virrey de Navarra

Francisco Espoz y Mina (Idocin, 1781 -Barcelona, 1836) nació en el seno de una familia de humildes campesinos. Cambió su segundo apellido, Ilundáin, por el de su sobrino Javier Mina, "Mina el joven", al que sucedió en el mando de las guerrillas, la División de Navarra. En 1814 fracasó en su intento de restablecer la Constitución de 1812 en Pamplona y fue al exilio. En 1820 regresó y la proclamó en Santesteban. La derrota de los liberales en 1823 le llevó de nuevo exilio, al igual que en 1830, tras su fallida expedición de Vera de Bidasoa. En 1834 fue nombrado virrey de Navarra y en 1835 capitán general de Cataluña.

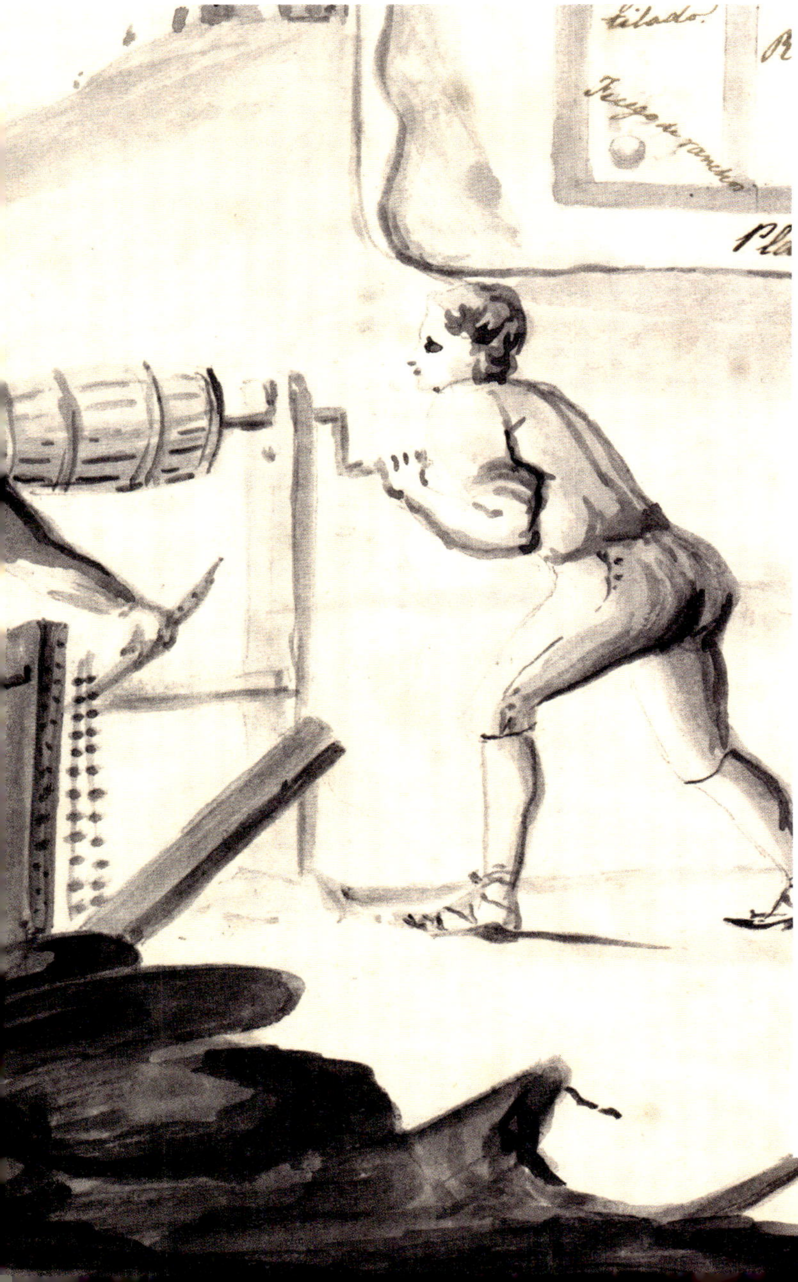

Elaboración de pólvora y fabricación de cartuchos durante la Guerra de la Independencia.

Plumilla y aguada sobre papel

Navarra, 1808-1813

AGN, FIG_VISTAS,N.2

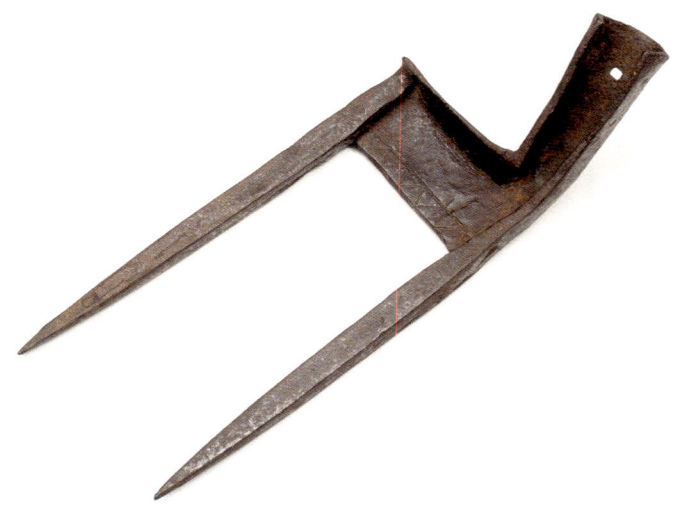

PIEZA 1.

Laya de Francisco Espoz y Mina.

Hacia 1800

Museo del Carlismo

INV 00002

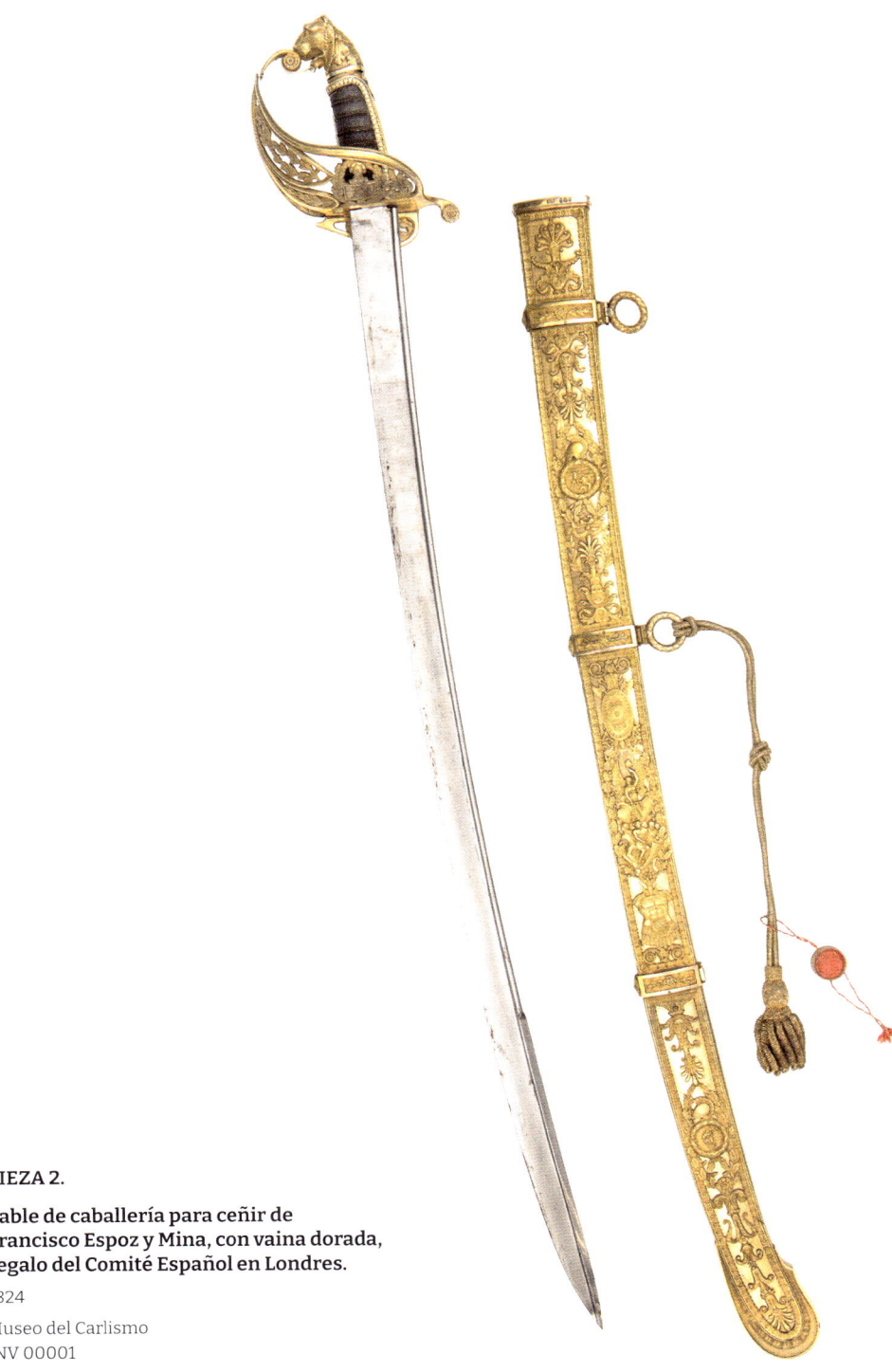

PIEZA 2.

**Sable de caballería para ceñir de
Francisco Espoz y Mina, con vaina dorada,
regalo del Comité Español en Londres.**

1824

Museo del Carlismo
INV 00001

Domingo Moriones Murillo

(1823-1881)

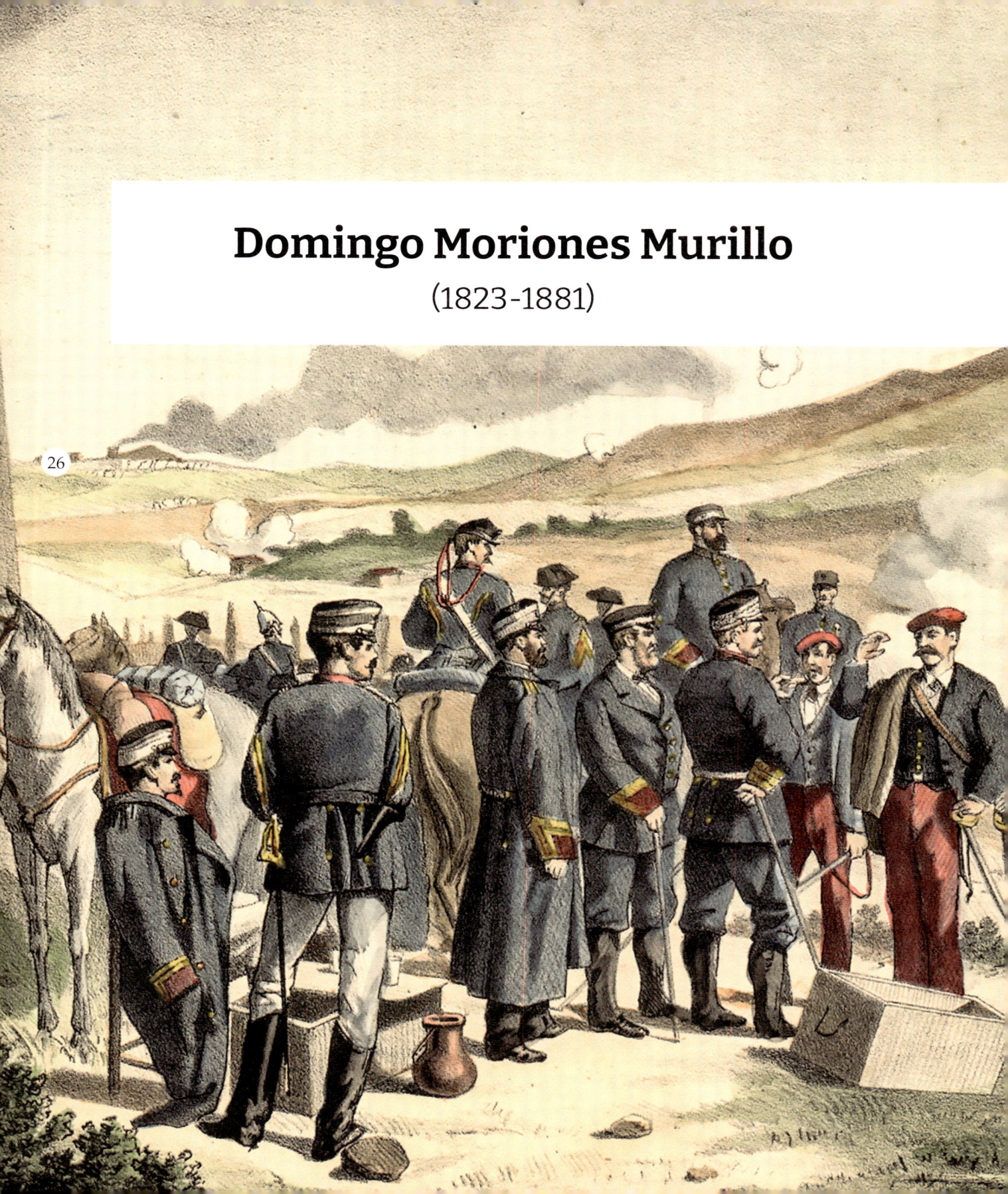

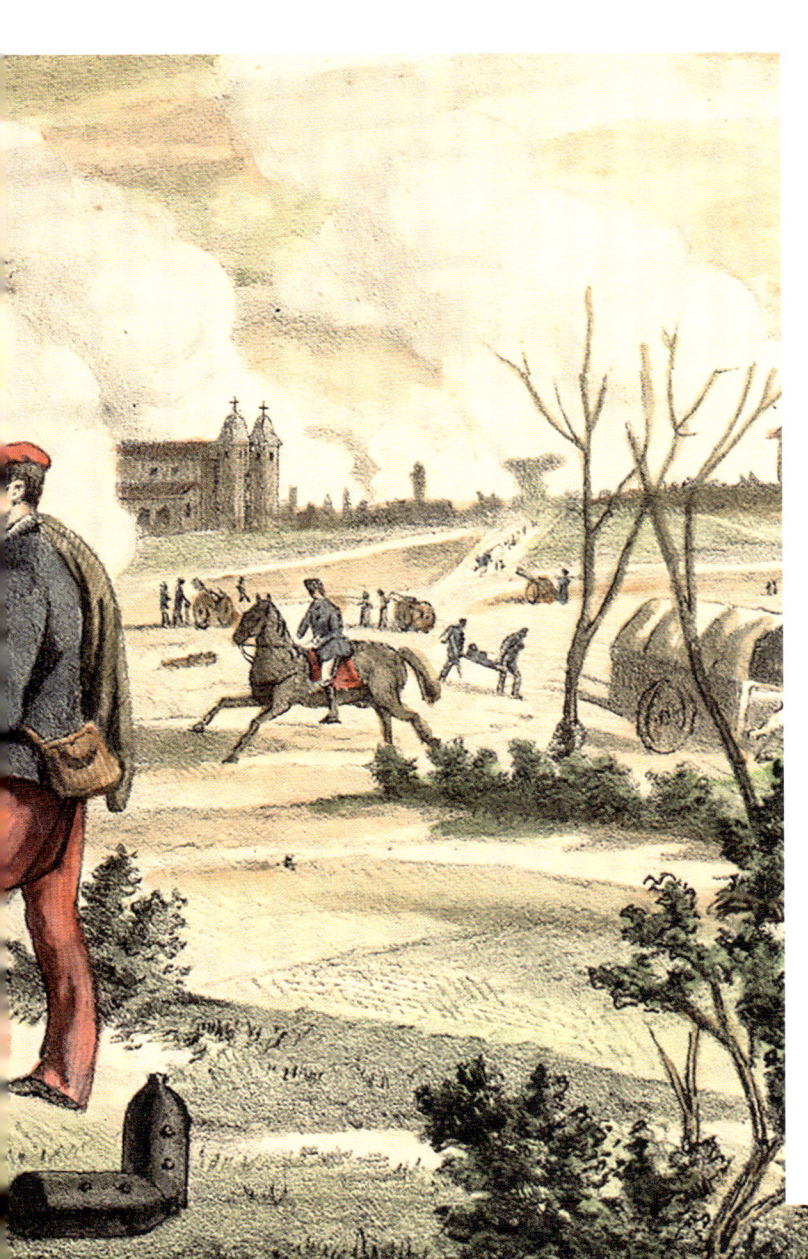

De cadete a jefe del Ejército del Norte y capitán general de Filipinas

Domingo Moriones Murillo (Leache, 1823-Madrid, 1881) miembro de una saga de militares navarros, ingresó en el Ejército a los 13 años y combatió a los carlistas hasta 1840. Adscrito al liberalismo progresista, participó en diversas conspiraciones fracasadas (1848, 1866 y 1867), por las que tuvo que exiliarse. En 1868 ascendió a general de brigada, el siguiente a mariscal de campo y, tras su victoria en Oroquieta (1872), a teniente general. Poco después fue nombrado capitán general en jefe del Ejército de Norte, cargo al que volvió en 1873. Dos años más tarde se le concedió el título de marqués de Oroquieta. Entre 1877 y 1880 fue capitán general de Filipinas.

Panorama de la Guerra Civil en el Norte: batalla de Somorrostro.

Ilustración de Josep Lluis Pellicer i Fenyé, grabado de Plá.

Publicado en Madrid, 1875

AGN,FIG_VISTAS,N.15

28

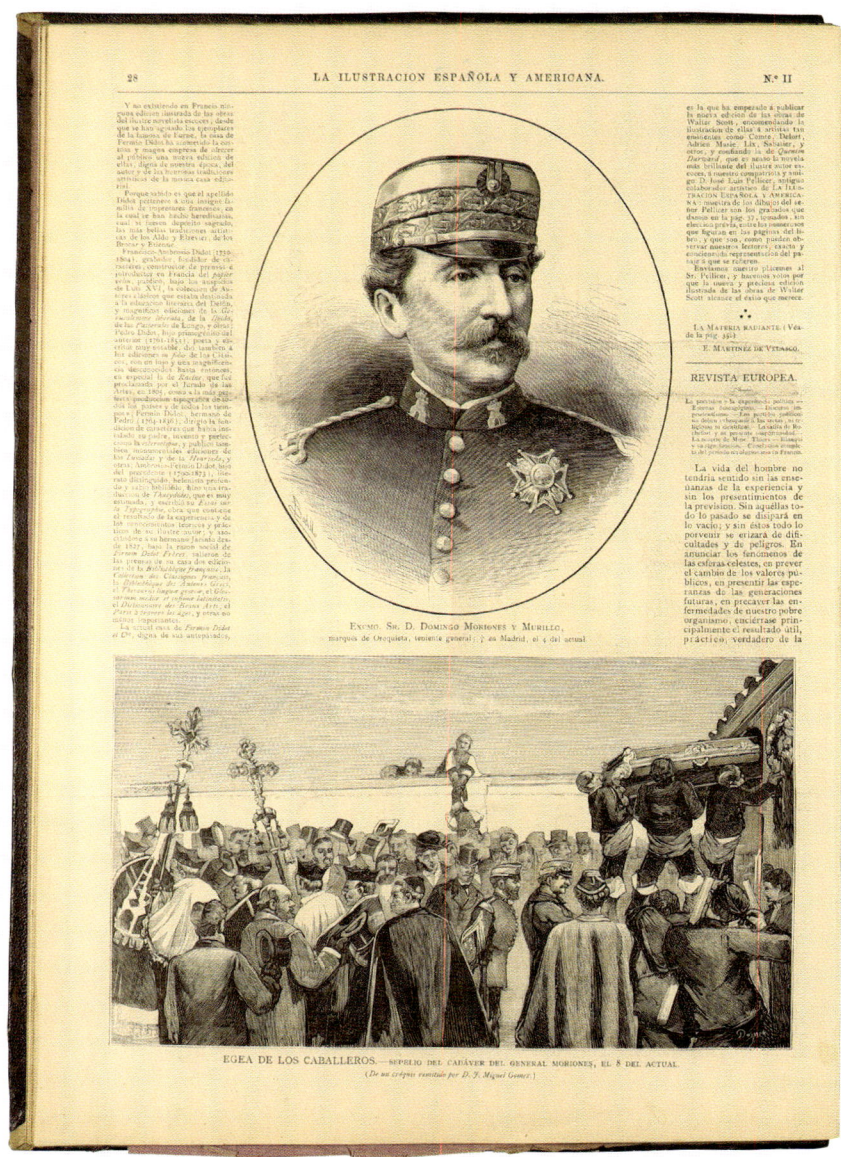

PIEZA 3.

Retrato de Domingo Moriones y Murillo, teniente general, fallecido en Madrid el 4 de enero de 1881 e ilustración de su sepelio en Ejea de los Caballeros.

La Ilustración Española y Americana, 1881, 15 de enero de 1881

AGN, HEMEROTECA

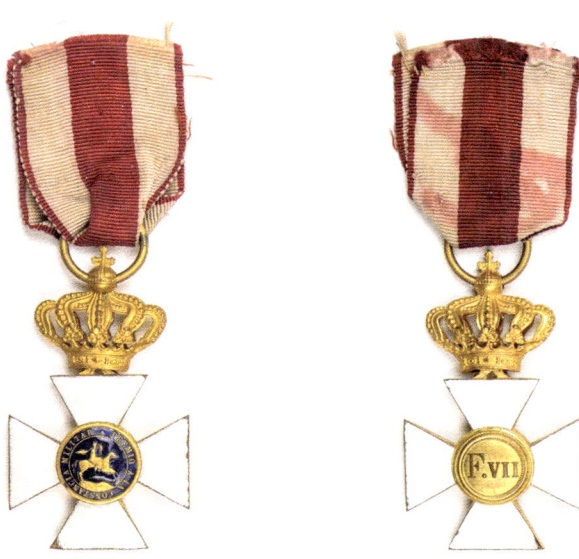

PIEZA 4.

Placa de la Real y Militar Orden de San Hermenegildo.

Siglo XIX

AGN, MED73_01 (Fondo Olave)

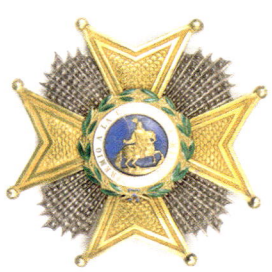

PIEZA 5.

Cruz de la Real y Militar Orden de San Hermenegildo.

Siglo XIX

AGN, MED73_02 (Fondo Olave)

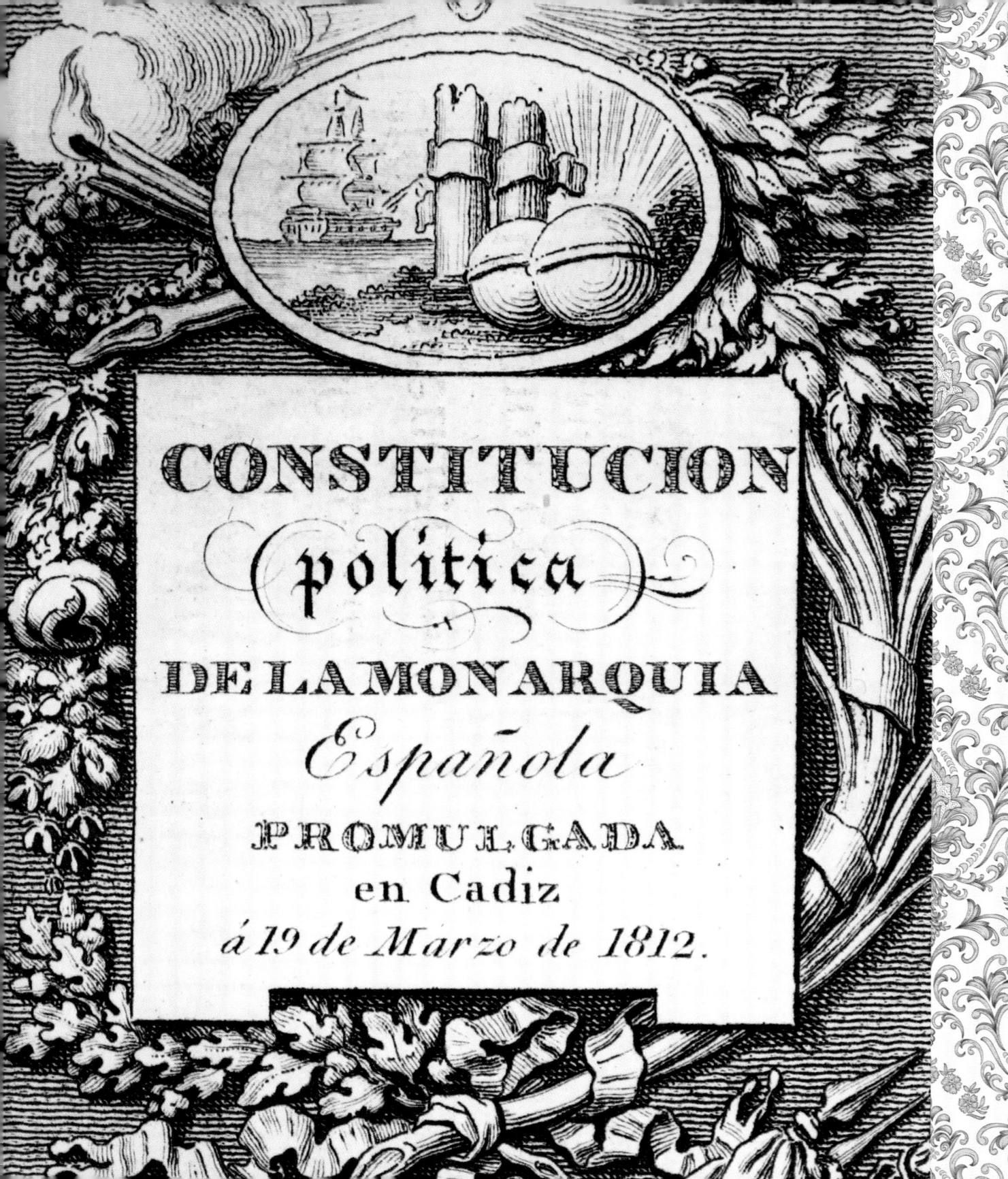

CONSTITUCION

politica

DE LA MONARQUIA

Española

PROMULGADA

en Cadiz

á 19 de Marzo de 1812.

De la ocupación francesa al restablecimiento de la Constitución de 1812

En este periodo se formó una pequeña minoría de navarros contraria al absolutismo. Algunos, los afrancesados, colaboraron con José I, aceptaron la Constitución de Bayona de 1808 y tuvieron un órgano de expresión, la *Gazette de la Navarre*. Otros reconocieron la Constitución de Cádiz (1812), que, a partir de noviembre de 1813, fue proclamada en Pamplona y en los pueblos conforme se veían libres del dominio francés. Muy probablemente, gran parte de la opinión pública del momento no advirtió el calado de las reformas que entrañaba el código constitucional, que supuso la desaparición del reino hasta 1814. No obstante, un sector de la población comenzó a familiarizarse con la posibilidad de otro régimen distinto al absolutista.

Independientemente del mayor o menor alcance del reformismo que se manifestó en las Cortes de Pamplona de 1817-1818, es bien sintomático al respecto que no pocos de los oficiales de la División de Mina se vincularan al liberalismo y participaran en las sucesivas conjuras contra el régimen absoluto. Ya, tras la abolición de la Constitución, en mayo de 1814, algunos de ellos apoyaron a aquel jefe guerrillero, cuando en septiembre se sublevó en Pamplona. En 1815 otros tomaron parte activa en el levantamiento de Porlier en La Coruña y en otras conspiraciones posteriores. Su fracaso les supuso ser encarcelados hasta el triunfo del levantamiento de 1820, al que contribuyeron también oficiales navarros al menos en Andalucía, Zaragoza y Tarragona.

1808-1820

Constitución política de la monarquía española, promulgada en Cádiz a 19 de marzo de 1812.

Portada de la Constitución de 1812, reimpresa durante el Trienio Constitucional.

Madrid: Imprenta Nacional, 1820

Biblioteca de la Universidad de Sevilla, A 224/015

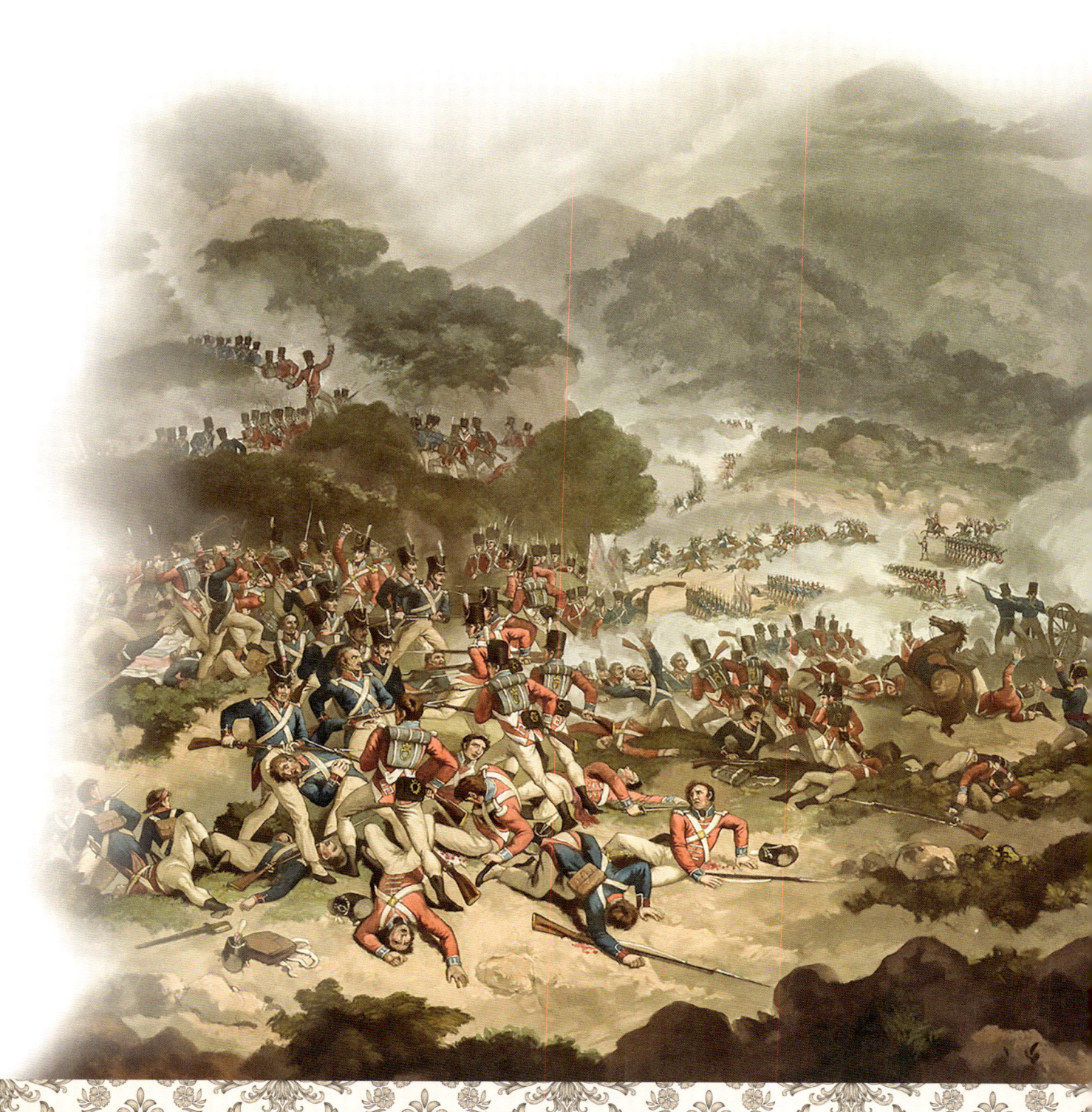

La guerra de la Independencia

1808-1814

El nombramiento de José I como rey de España, la declaración de un afrancesado y el bisemanal *Gazette de la Navarre*, que salió en 1810, arrojan luz sobre este periodo. La deriva de los liberales navarros en la guerra de la Independencia se ilustra con la proclamación de la Constitución de 1812 por el Ayuntamiento de Pamplona (1813) y diversas noticias sobre la publicación en Londres (1825) de la autobiografía de Francisco Espoz y Mina, jefe de la División de Navarra que luchó contra los franceses.

Battle of the Pyrenées – Bataille des Pyrenées.

Grabado inglés con representación de la batalla de Sorauren (1813).

John Hassel & T. Rickards

Reino Unido, 1814

Royal Collection, RCIN 735182.a

34

En Oficio de este dia comunica el Sr. D. Sebastian Piñuela al Sr. D. Miguel Josef de Azanza lo que sigue:

„Con fecha en Bayona de 10 del corriente se ha servido nuestro Augusto Soberano el Sr. Rey D. Josef Napoleon dirigir al Consejo los dos Reales Decretos siguientes:

„El Augusto Emperador de los Franceses y Rey de Italia, nuestro muy caro y muy amado Hermano, nos ha cedido todos los derechos que habia adquirido á la Corona de las Españas por los tratados ajustados en los dias 5 y 10 de Mayo próximo pasado. La Providencia, abriéndonos una carrera tan vasta, sin duda que ha penetrado nuestras intenciones: la misma nos dará fuerzas para hacer la felicidad del Pueblo generoso que ha confiado á nuestro cuidado. Solo ella puede leer en nuestra alma, y no seremos felices hasta el dia en que, correspondiendo á tantas esperanzas, podamos darnos á Nos mismo el testimonio de haber llenado el glorioso cargo que se nos ha impuesto. La conservacion de la Santa Religion de nuestros mayores en el estado próspero en que la encontramos, la integridad y la independencia de la Monarquía serán nuestros primeros deberes. Tenemos derecho para contar con la asistencia del Clero, de la Nobleza y del Pueblo, á fin de hacer revivir aquel tiempo en que el mundo entero estaba lleno de la gloria del nombre Español; y sobre todo deseamos establecer el sosiego, y fixar la felicidad en el seno de cada familia por medio de una buena organizacion social. Hacer el bien público con el menor perjuicio posible de los intereses particulares será el

DOC. 1.1.

Comunicación a la Cámara de Comptos de Navarra del nombramiento de José Bonaparte como rey de España.

Bayona, 10 de junio de 1808

AGN, CO_PS,1ªS, Leg. 32, n. 21

Exmo. Sr.

Dn. Isidro Lorente, Admor. de la Prob.ª de Navarra, rendidam.te expone á V.E. q.e desde un Principio á seguido, y sostenido Publica, y notoriam.te todas las disposiciones de S.M.J. y R.l en tales circumstancias q.e no á reparado en sacrificar sus Intereses, y assi es q.e los Brigantes empezaron en Navarra, por~ Roban como le robaron en Estella, y en la Villa de Sanguas las Lanas y Paños de mis fabricas de Texidos en donde mantenía como cuatrocientas almas diarias.

Estos establecimtos. Sr. me producían anualm.te mas de veinte mil fran.cos y para augurar mi vida y huir de semejante Canalla, me retiré á esta cue, en Agt.o de 18.9: A breves dias se digno S.M.C. conferirme el cargo de Admor. y agradecido á esta merced, mande ponex a un hijo q.e nació en Dic del mismo año el nom.e de Josef Napoleon: este echo nueba prueba de mi adesion al Gobierno, unido á los antecedentes, y otros posteriores, me á producido un sin numero de enemigos, tambien me á producido algunos otros la Exactitud con q.e desempeño los encargos de Administrador, por q.e no omito diligencia q.e contribuiria á Ingresar los caudales. Podia referir á V.E. muchos Pasages. Apenas e podran de mi modo de pensar y obrar á fabor del Gobierno, tambien

DOC. 1.2.

El afrancesado estellés Isidro Lorente alega que ha puesto el nombre de José Napoleón a un hijo suyo nacido en Pamplona en 1809, como prueba de adhesión al Gobierno.

Hacia 1810-1812

AGN, Papeles Inútiles, antigua caja 251

35

DOC. 1.3.

Número 1 del primer periódico navarro,
La Gazette de la Navarre, **creado para**
difundir las ventajas de la Constitución
de Bayona y la alianza con Napoleón.

29 de abril de 1810

AGN, HEMEROTECA, VARIOS_N8/5-1

BREVE EXTRACTO

DE

LA VIDA

DEL

GENERAL MINA.

PUBLICADO POR EL MISMO.

SEGUNDA EDICION.

LONDRES:

IMPRESO POR TAYLOR Y HESSEY,

13, WATERLOO PLACE, PALL MALL,

Y 93, FLEET STREET.

1825.

A SHORT EXTRACT

FROM

THE LIFE

OF

GENERAL MINA.

PUBLISHED BY HIMSELF.

SECOND EDITION.

LONDON:

PRINTED FOR TAYLOR AND HESSEY,

13, WATERLOO PLACE, PALL MALL,

AND 93, FLEET STREET.

1825.

DOC. 1.4.

Breve extracto de la vida del General Espoz y Mina, publicado por él mismo en Londres.

Londres, 1825

AGN, AP_ESFOZ_MINA,Caj.17,N.1

38

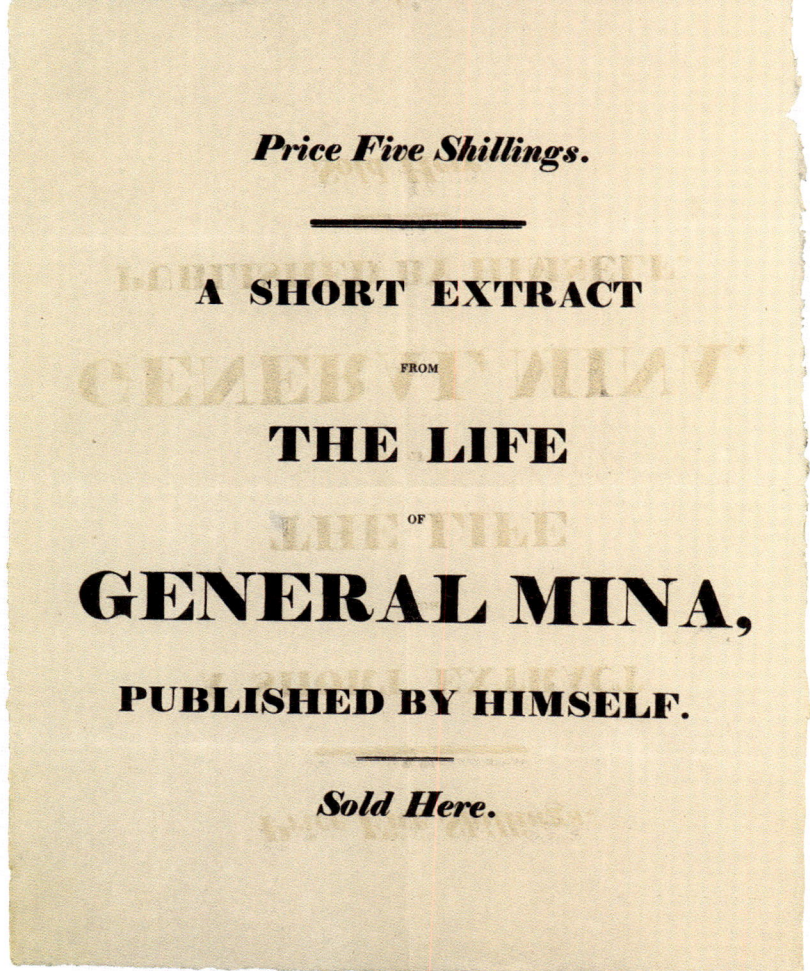

DOC. 1.5.

Cartel anunciador de venta del *Breve extracto de la vida del General Espoz y Mina*, publicado por él mismo en Londres.

Londres, 1825

AGN, AP_ESPOZ_MINA,Caj.17,N.1

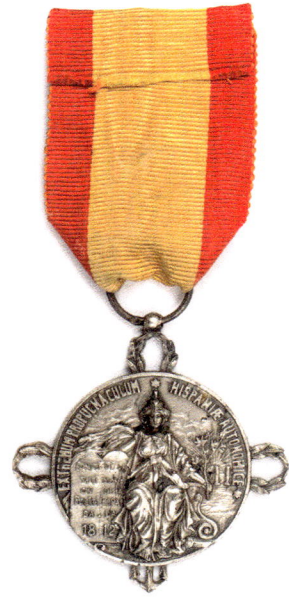

DOC. 1.6.

Medalla de plata conmemorativa del I Centenario de la Constitución de Cádiz de 1812, con cinta con los colores de la bandera española y anilla.

1912

Museo del Carlismo, INV CE 00003

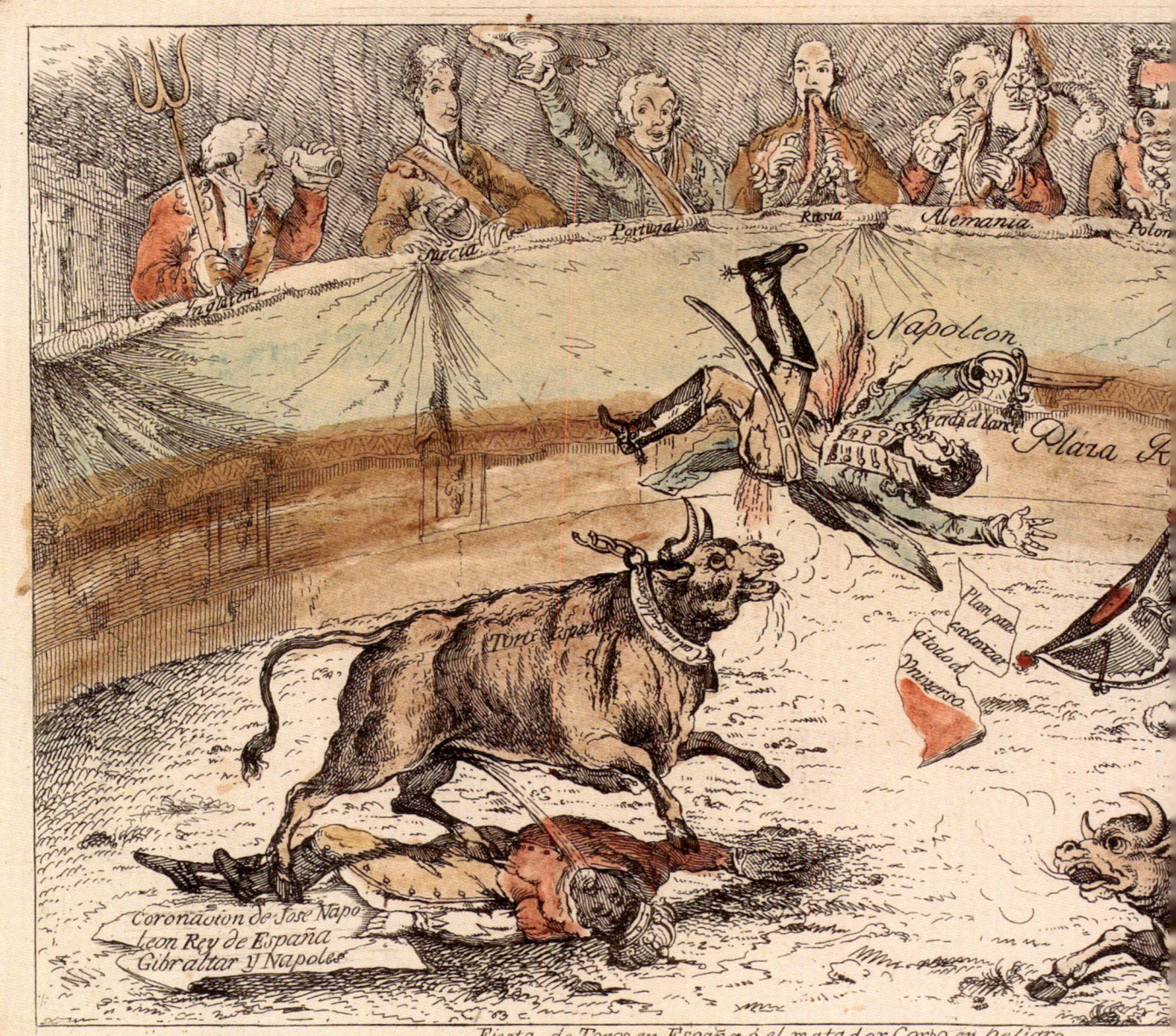

Fiesta de Toros en España ó el matador Corso en peligro.

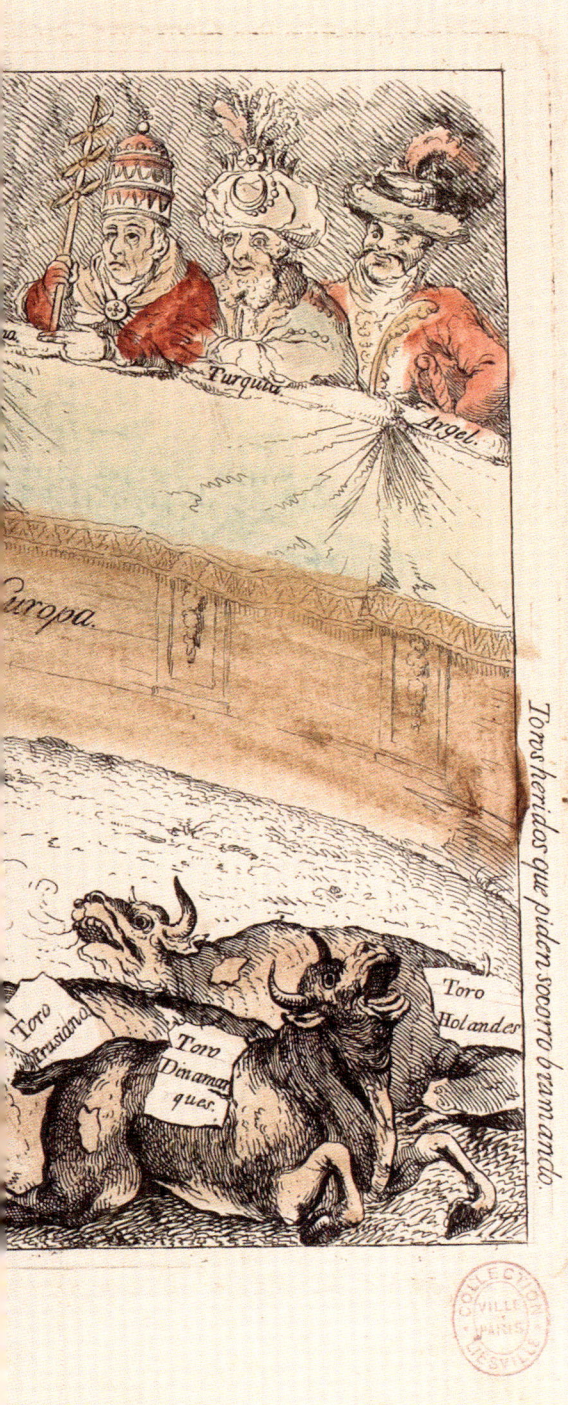

El Sexenio Absolutista

1814-1820

Los oficios que se intercambiaron la Diputación y el Ayuntamiento de Pamplona y las noticias de la *Gaceta de Madrid* denotan su preocupación por el levantamiento de Espoz y Mina en 1814, que fue secundado por parte de sus oficiales navarros. Algunos de estos, tal como consta en sus respetivas hojas de servicio, se implicaron después en las conspiraciones antiabsolutistas de los años siguientes, lo que les llevó a la cárcel hasta la nueva proclamación de la Constitución en 1820.

Fiesta de Toros en Espana o el matador Corso en peligro.

Grabado satírico inglés referente al fracaso de Napoleón en España.

James Gillray

Reino Unido, 1808-1809

Musée Carnavalet-Histoire de Paris, G.27354

Núm. 137. [5 quartos.] 2029

GACETA DE MADRID

DEL MARTES 11 DE OCTUBRE DE 1814.

DALMACIA

2034

la tenia en el expresado año de 1808, y que me proponga qualquiera reforma que le pareciere útil y en beneficio de las mismas Ordenes, Iglesias y Pueblos de su territorio, y para su aumento y prosperidad. Tendreislo entendido, y lo comunicareis á quien corresponda."

Publicado en el mi Consejo el antecedente mi Real Decreto, acordó su cumplimiento, y para ello expedir esta mi Cédula. Por la qual os mando á todos y á cada uno de vos en vuestros lugares, distritos y jurisdicciones veais el citado mi Real Decreto de 8 de este mes, que va inserto, y le guardeis, cumplais y executeis, y hagais guardar, cumplir y executar en la parte que os corresponda, sin contravenirle, permitir ni dar lugar á que se contravenga en manera alguna: que asi es mi voluntad; y que al traslado impreso de esta mi Cédula, firmado de D. Bartolomé Muñoz de Torres, mi Secretario, Escribano de Cámara mas antiguo, y de Gobierno del mi Consejo, se le dé la misma fe y crédito que á su original. Dada en Palacio á 21 de Setiembre de 1814.=YO EL REY.=Yo D. Juan Ignacio de Ayestarán, Secretario del Rey nuestro Señor, lo hice escribir por su mandado.=D. Gerónimo Antonio Diez.=D. Josef Antonio de Larrumbide.=D. Tomas Moyano.=Registrada, Fernando de Iturmendi.=Teniente de Canciller mayor, Fernando de Iturmendi.

El virey de Navarra dió parte á S. M., con fecha de 9 de Setiembre, que por las diferentes quejas que se habian dado de las vexaciones que sufrian por el general Espoz, tanto por el exôrbitante número de raciones que pedia, como por el modo arbitrario y violento con que las exîgia, atropellando á quantos hacian la menor oposicion, y aun manifestacion de su imposibilidad, como sucedió al alcalde del pueblo de Larraga, persona condecorada y de distincion, dispuso con acuerdo del auditor que el general Espoz pusiese inmediatamente en libertad al referido alcalde; á cuya órden contestó Espoz con fecha de 6 que habia pedido informe acerca de la prision, quedando á su cargo pasarlo á conocimiento del virey, y repitió otro oficio, con fecha del 7, mandando al virey que diese órden á las justicias para que aprontasen las raciones, sin darle lugar á que por falta de ellas usase de la fuerza: este estilo insubordinado y amenazador manifestaba el carácter de Espoz Mina, dispuesto á la inobediencia, pues que no reconocia la autoridad y representacion de un capitan general de provincia; pero hasta aqui solo parecia una falta nacida de orgullo, y no menos que de los principios con que se dió á conocer en el campo militar: mas la carta interceptada de Mina á Uizurrun, diciéndole, entre otras cosas, que en breve el espiritu público tomaria un vuelo increible, y haciéndole prevenciones sobre existencias de dinero en algunos puntos, artilleria, municiones &c., decidian el ánimo del virey á persuadirse que Mina tenia proyectada alguna sedicion; y en efecto se manifestó el dia 25, interceptando la correspondencia de Aragon, Cataluña y Valencia, habiendo declarado el conductor que los que le asaltaron le habian parecido húsares de Navarra. En la mañana del 26 avisaron al virey los oficiales del primer regimiento de Voluntarios acantonado en Puente la Reyna, que habian sido conducidos por su coronel Gorriz con toda la tropa en la noche anterior hasta las inmediaciones de Pamplona, llevando escalas para asaltarla, ofreciéndoles quatro pagas de parte del general Espoz Mina; pero este cuerpo, revestido de honor, no queriendo obscurecer la gloria tan dignamente adquirida en defensa de su Soberano, despreció la oferta, y frustró el plan proyectado por Mina de acuerdo con Asura, coronel del quarto regimiento, que se hallaba de guarnicion en la plaza.

No pudo menos de llenarse de amargura el corazon de S. M. al oir un hecho tan inaudito, pues que en él se atentaba contra la Magestad y contra unos vasallos tan fieles que le merecen particular prediccion por su lealtad y sacrificios; y teniendo que hacer violencia á su paternal amor, mandó reunir su consejo supremo de la Guerra y junta de Estado; y oidos sus dictámenes, resolvió S. M. se tomasen las debidas providencias para castigar á los perturbadores del órden y tranquilidad; y S. M. ha oido con agrado que van correspondiendo á sus Reales intenciones, y confia tanto en la lealtad de los navarros, que no duda serán ellos mismos los que harán borrarle el sentimiento que le causó tan inesperado acontecimiento, y que continuarán dándole pruebas de amor á su Real Persona, esperando de su Real munificencia las recompensas que desea darles con toda la efusion de su paternal amor.

El Rey se ha servido nombrar para una canongía de la iglesia metropolitana de Sevilla, vacante por fallecimiento de D. Ignacio Valcárcel y Vargas, á D. Celestino Sanchez, prior de la colegiata de S. Hipólito de Córdoba: para otra canongía de la iglesia catedral de Valladolid, vacante por muerte de D. Gabriel Obregon, á D. Manuel de Orbaneja: para una racion de la iglesia metropolitana de Búrgos, vacante por fallecimiento de D. Manuel Andres del Hierro, á D. Esteban Martinez de Tobillas, cura párroco en el obispado de Sigüenza: para el beneficio simple servidero del puerto de Sta. María, diócesis de Sevilla, vacante por muerte del Sr. cardenal duque de Yorck, á D. Salvador Galiano; y para la media prestamera de Sanlucar de Barrameda en la misma diócesis, vacante por fallecimiento de D. Manuel Cean Bermudez, á D. Julian Antonio Campelo.

Habiéndose dignado S. M. restablecer, á consulta del Consejo, el colegio universidad de Oñate, se avisa al público que el 18 del presente mes de Octubre se dará principio á la enseñanza en la misma forma que se executaba antes del año 1807, en que juntamente con otras fué extinguida por Real cédula de 12 de Julio.

La universidad de Osma, restablecida por decreto de S. M. que Dios guarde, á consulta del Real y supremo consejo de Castilla, al estado en que se hallaba el año de 1807 antes de su supresion, hará la apertura de sus estudios literarios en las facultades de filosofía, leyes, cánones y teología el dia de S. Lucas 18 del mes que rige.

Siendo interesante y aun preciso al Real servicio saber el paradero de D. Gerónimo Bayon de Bayon, teniente del regimiento infantería de Al-

2035

Noticias de la sedición organizada por Espoz y Mina en septiembre de 1814 en Pamplona.

Gaceta de Madrid, 11-X-1814, pp. 2034 y 2035.

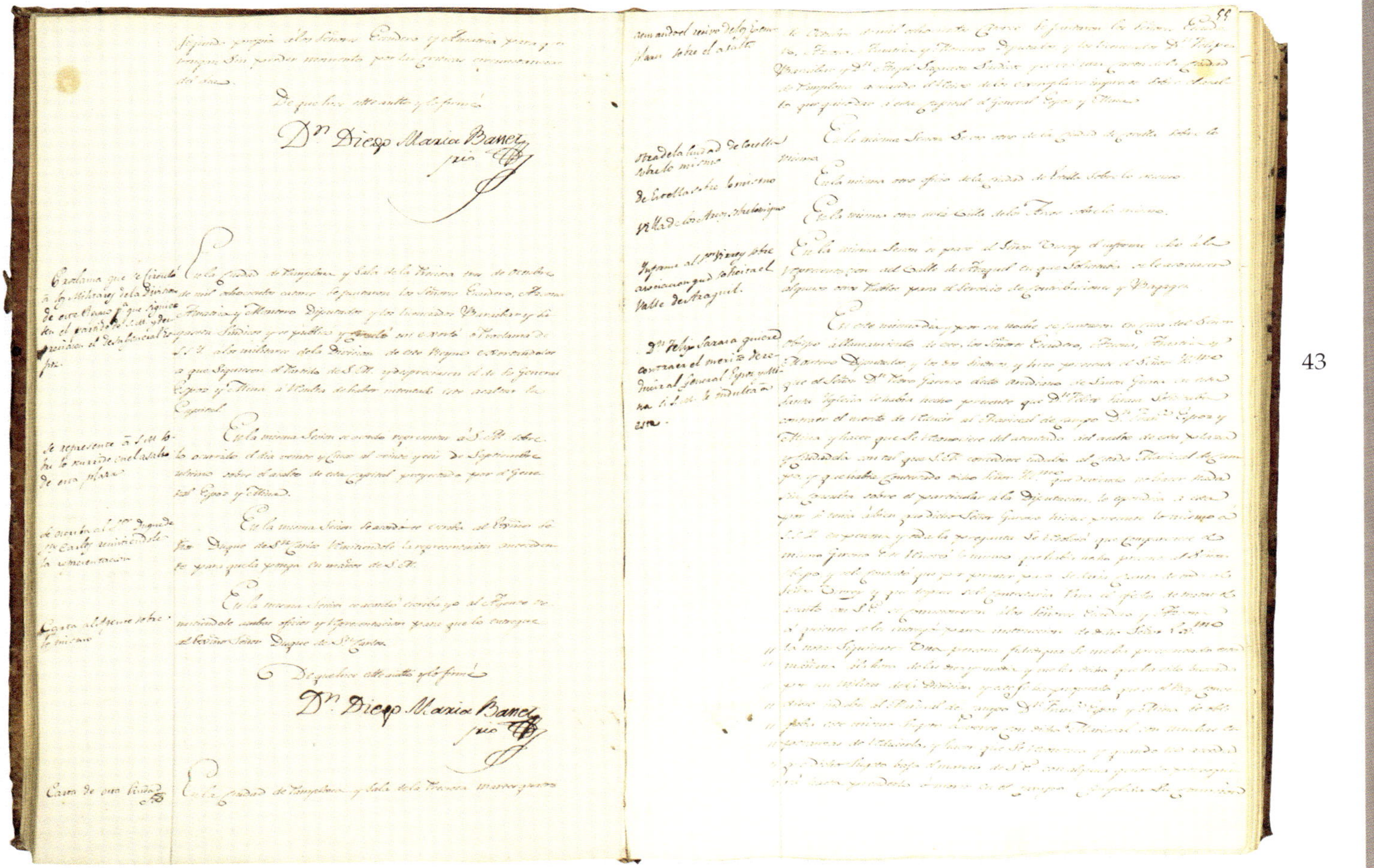

DOC. 2.1.

Proclama de la Diputación exhortando a los militares de la División de Navarra a seguir al rey Fernando VII y no secundar a Espoz y Mina en su intento de sublevación en Pamplona.

Pamplona, 3 de octubre de 1814

AGN, RE_A.DIPUTACION,L.30, fols. 54v

44

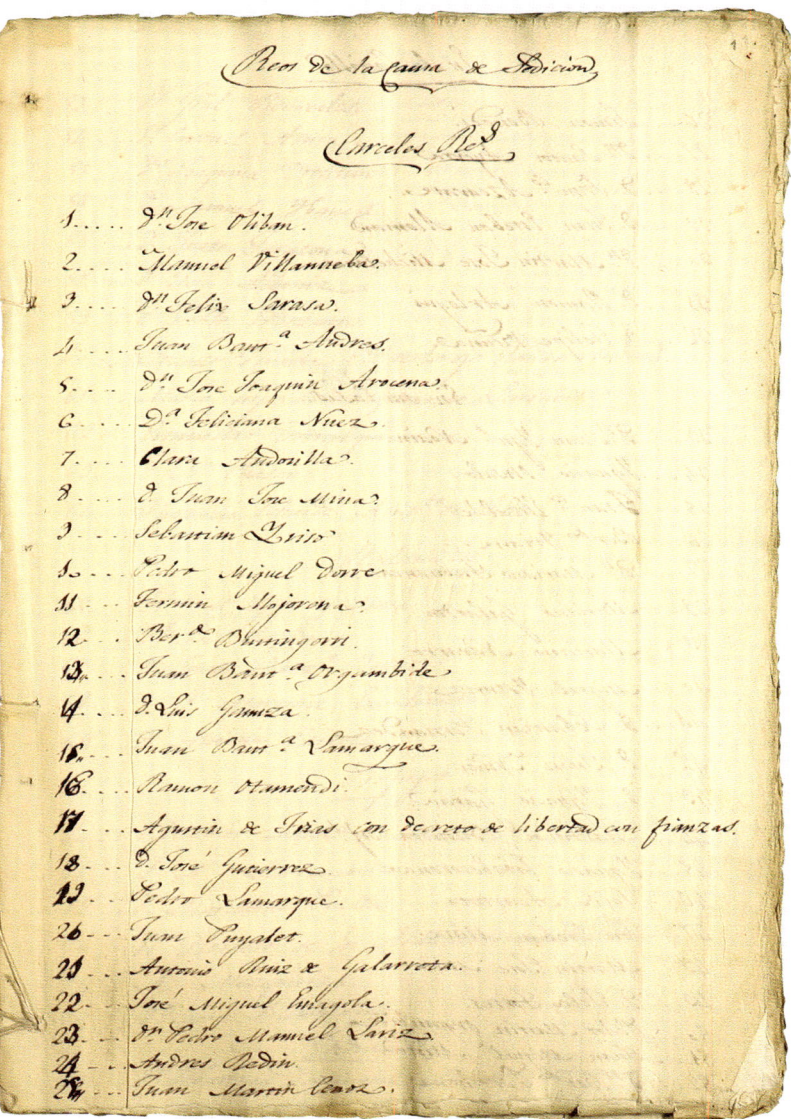

DOC. 2.2.

**Lista de reos en la causa de sedición contra el
Rey y el Estado organizada por Francisco Espoz y
Mina y otros en septiembre de 1814 en Pamplona.**

[1815]

AGN, CODICES,L.43

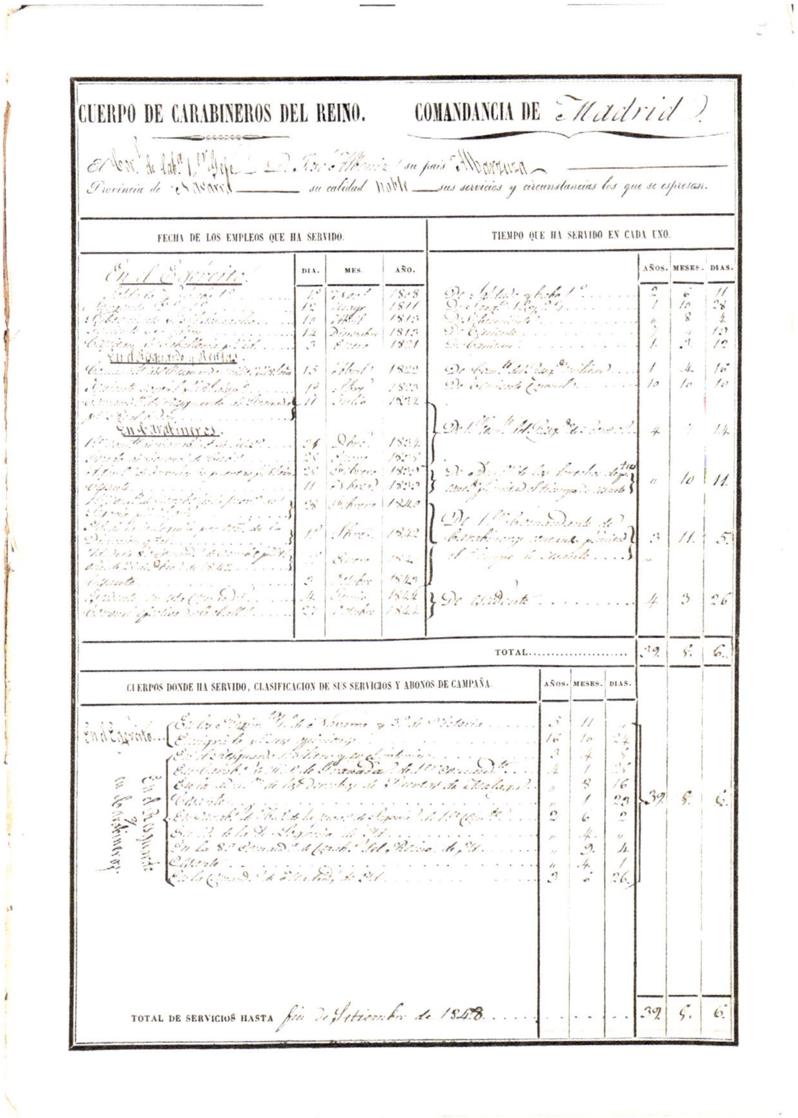
CUERPO DE CARABINEROS DEL REINO. COMANDANCIA DE Madrid

El ... su país Abarzuza

Provincia de Navarra su calidad noble sus servicios y circunstancias los que se espresan.

FECHA DE LOS EMPLEOS QUE HA SERVIDO. — DIA. MES. AÑO.

TIEMPO QUE HA SERVIDO EN CADA UNO. — AÑOS. MESES. DIAS.

TOTAL.................... 32 8 6

CUERPOS DONDE HA SERVIDO, CLASIFICACION DE SUS SERVICIOS Y ABONOS DE CAMPAÑA. — AÑOS. MESES. DIAS.

TOTAL DE SERVICIOS HASTA fin de Setiembre de 1848 .... 32 8 6

DOC. 2.3.

Hoja de servicios del comandante José Albéniz Bearin, natural de Abárzuza.

Madrid, 3 de octubre de 1848

España. Ministerio de Defensa.

Archivo General Militar de Segovia, 1ª-970A_EXP_02

46

DOC. 2.4.

Hoja de servicios del mariscal de campo Francisco de Irañeta y Artieda, natural de Echarri-Aranaz.

Madrid, 8 de agosto de 1867

España. Ministerio de Defensa.

Archivo General Militar de Segovia, 1ª-459I_EXP_0

47

DOC. 2.5.

Relación de la prisión del capitán Santos Ayerra Turrillas, natural de Idocin, acusado de conspirar en 1816, desde su captura el 1 de marzo del mismo año, hasta su puesta en libertad el 11 de marzo de 1820.

[1841]

España. Ministerio de Defensa.

Archivo General Militar de Segovia, 1ª-1550A_EXP_04

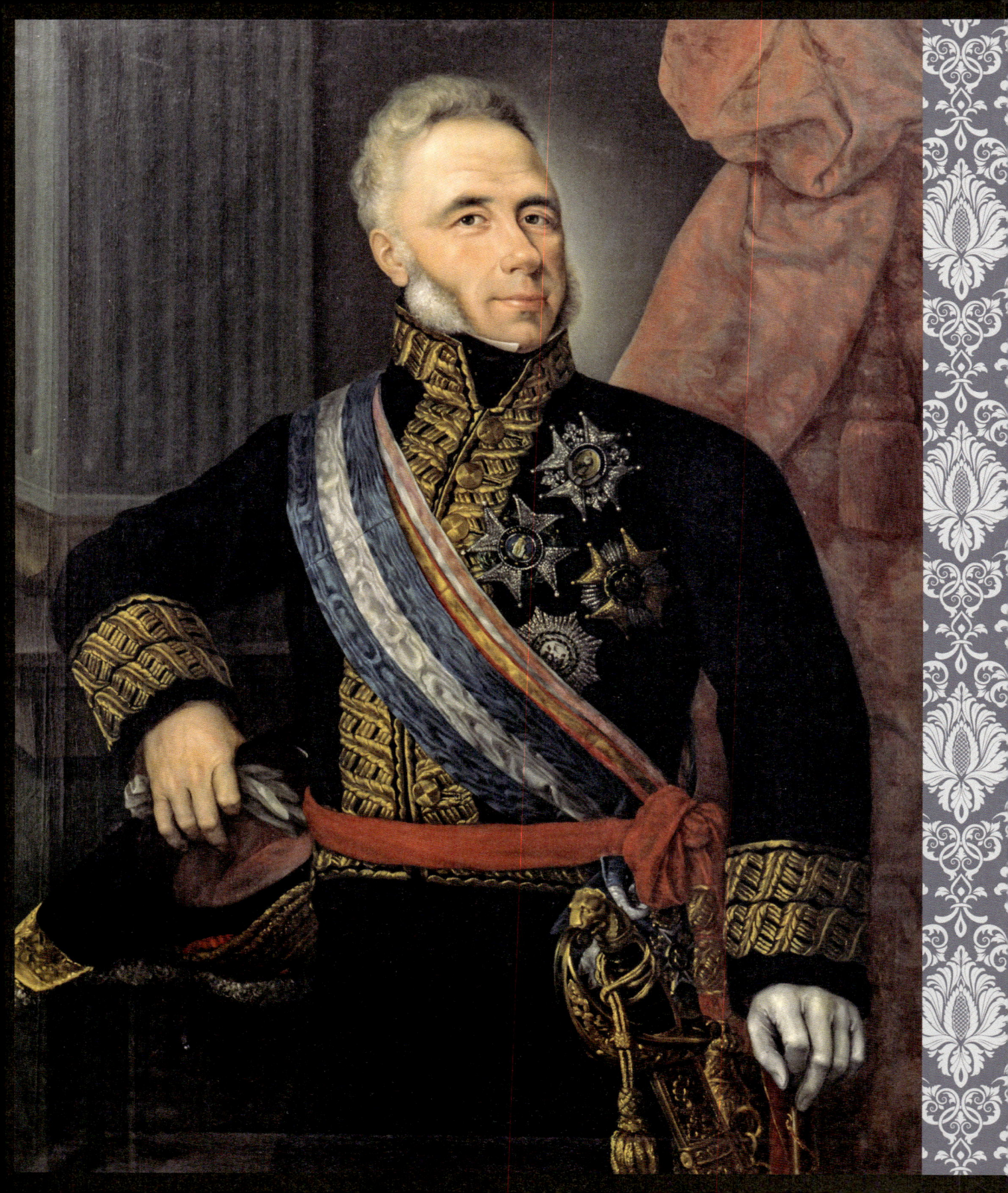

El Trienio Constitucional y la Década Absolutista

La Constitución de Cádiz fue proclamada en Pamplona el 11 de marzo de 1820. Muy pronto se hizo evidente la gran brecha que separaba a los más exaltados de los más moderados de sus partidarios.

En el Trienio Liberal alguno de los segmentos más desfavorecidos de la muy desigual sociedad navarra del Antiguo Régimen (caseros o maisterrak, en euskera, del latín magister) pidieron que se cumpliese la legislación igualitaria aprobada ya en Cádiz. Además, se formaron los primeros cuerpos de civiles armados en contra de los absolutistas (Milicia Nacional y Cazadores Constitucionales).

Igualmente, aparecieron varios periódicos liberales y las primeras sociedades civiles de esta significación: la Sociedad Patriótica de Pamplona, que agrupaba a los liberales exaltados, y la Sociedad Patriótica de amantes de la Constitución del Vencerol (nombre de un riachuelo) de Tudela. Por otro lado, aunque por poco tiempo, Navarra perdió su condición de reino en favor de la unidad constitucional.

La oposición absolutista se hizo notar muy pronto y tomó fuerza con la organización de partidas realistas, que lucharon contra el Ejército hasta que, con la ayuda de tropas francesas, lo derrotaron en septiembre de 1823.

El restablecimiento del absolutismo dio lugar a una dura represión contra los liberales que en parte fueron encarcelados o tuvieron que marchar al exilio, desde donde, de nuevo, algunos de ellos, militares, se implicaron en las conspiraciones de la Década Absolutista (1823-1833).

1820-1833

Francisco Espoz y Mina con uniforme de teniente general .

Reytrato donado a la Diputación Foral y Provincial de Navarra por su viuda, Juana María de la Vega.

José Luis Vallespín y Aibar

1858

Palacio de Navarra

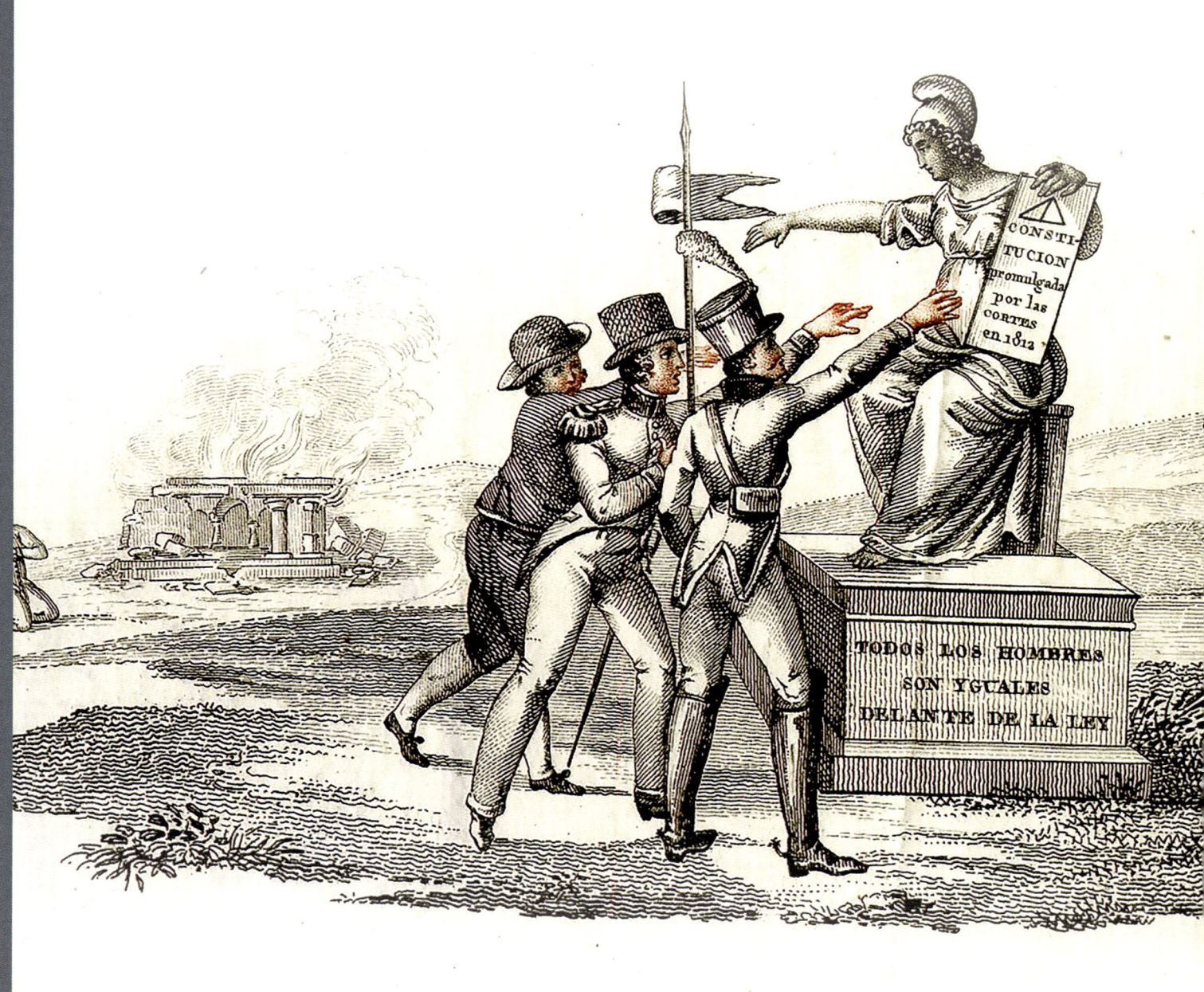

El Trienio Constitucional

1820-1823

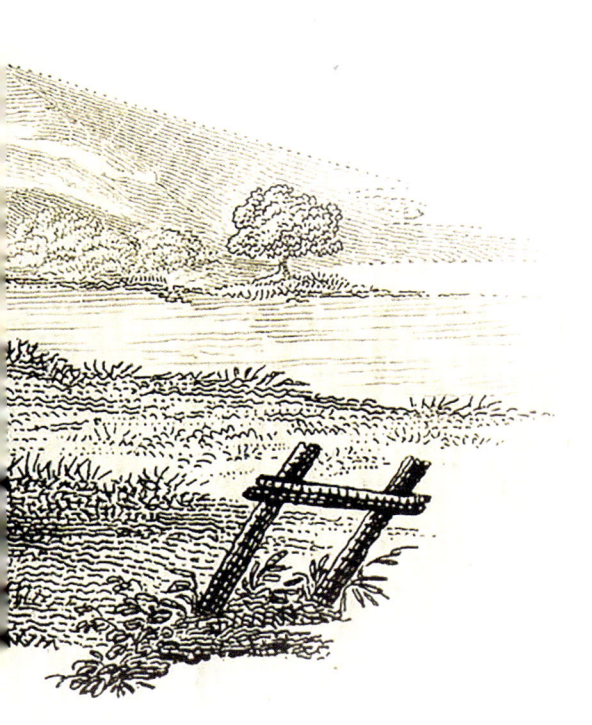

En 1820 aparecieron en Pamplona las publicaciones constitucionalistas *El Patriota del Pirineo* y *El Imparcial de Navarra*. A su vez, los caseros (maisterrak) pidieron que se pusiera fin a la marginación a que les sometían los "vecinos propietarios". Para oponerse a los realistas se creó una pequeña unidad, los Cazadores Constitucionales, en la que sirvieron navarros que defendieron con ardor la Constitución ("Constitución o muerte") y la causa nacional en proclamas y escritos como el de M. de M. También en las principales localidades se creó la Milicia Nacional.

Alegoría de la Constitución de 1812, aclamada por el pueblo, el ejército y las milicias nacionales.

Anónimo

Hacia 1820

Ministerio de Cultura y Deporte. Museo del Romanticismo (Madrid), CE3898

A la muerte de don Joaquín de Pablo

(Chapalangarra)

Desde la elevada cumbre
Do el gran Pirene levanta
Término y muro soberbio
Que cerca y defiende a España,
Un joven proscrito de ella
Tristes lágrimas derrama,
Y acaso tiende la vista
Por ver desde allí su patria,
Desde allí do a su despecho,
Llorando deja las armas
Con que del Sena al Pirene
Se lanzó por libertarla;
Y al ver la turba de esclavos
Que sus hierros afianzan,
De infame triunfo orgullosos,
Alejarse en algazara,
Solo entonces, contemplando
El suelo que ellos pisaran,
Y que aun torrentes de sangre
Recién derramada bañan,
En su rápida carrera
Volcando cuerpos y armas,
Se sienta en la alzada cima,
A un lado la rota espada,
Y al rumor de los torrentes
Y del huracán que brama,
Negra cítara pulsando,
Endechas lúgubres canta.

«Llorad, vírgenes tristes de Iberia,
Nuestros héroes en fúnebre lloro;
Dad al viento las trenzas de oro
Y los cantos de muerte entonad.
Y vosotros, ¡oh nobles guerreros!
De la patria sostén y esperanza,
Abrasados en sed de venganza,
Odio eterno al tirano jurad.»

Coro de vírgenes

«Danos, noche, tu lóbrego manto;
Nuestras frentes enlute el ciprés.
El robusto cayó: su sepulcro
Del inicuo mancharon los pies.

Enrojece ¡oh Pirene! tus cumbres
Pura sangre del libre animoso,
Y el tropel de los siervos odioso
En su lago su sed abrevó.
Cayó en ellos la gloria de España,
Cayó en ellas De Pablo valiente,
Y la patria, inclinada la frente,
Su gemido al del héroe juntó.

Sus cadenas la patria arrastrando,
Y su manto con sangre teñido,
Tardamente y con hondo gemido
Va a la tumba del fuerte varón.
Y el ajado laurel de su frente
Al sepulcro circunda llorosa,
Mientras ruge en la fúnebre losa,
Aherrojado a sus pies, el león.»

Coro de mancebos

«Traición solo ha vencido al valiente;
Sénos astro de triunfo y de honor,
Tú, que siempre a los déspotas fuiste
Como a negras tormentas el sol.»

A la muerte de don Joaquin de Pablo (Chapalangarra)

José de Espronceda

Madrid, Imprenta de Yenes, 1840

NAVARROS.

Hoy os habla por primera vez la Junta provisional de gobierno, que vosotros mismos habeis formado: No extrañeis que no lo haya hecho hasta ahora: toda su atencion se ha dirigido al desempeño de los arduos negocios de su cargo, y por otra parte sabia que nada tenia que advertir á los dignos habitantes de Navarra; mas en el dia sucesos desagradables ocurridos en esta Capital, y felizmente cortados en su origen la obligan á exortaros á la mas quieta tranquilidad. Algunos descontentos con el nuevo sistema hán procurado perturbarla en esta Ciudad; sus ideas se dirigian á inspirar desconfianza en vuestros representantes, y á que los reputasen por ilegitimos. Estas voces nacidas de un pequeño número de descontentos no han podido ofuscar á los honrados Pamploneses, y aunque la malicia trabajó lo bastante para sumergir en la mayor desgracia á todo el vecindario, la asombrosa y heroica generosidad de los habitantes de Pamplona, y su inata moderacion dejó frustrados los planes de los malvados. En el dia se ve restablecida la pública tranquilidad, y vuestros representantes continúan sus tareas con el mayor celo por vuestra felicidad.

Navarros nos habeis dado vuestros poderes: si algun mal intencionado intenta alucinaros con ideas malignas, despreciad sus pérfidas sugestiones: Confiad en la Junta que habeis elegido, y no dudeis que sabrá sacrificarse en vuestro obsequio, y en el de la consolidacion del sistema constitucional que habeis jurado sostener. Pamplona 16 de Abril de 1820.

La Junta de Gobierno provisional de Navarra.

Pedro Clemente Ligués.
Gefe Político.

Antonio Roselló.

Luis Huarte y Urriza.

Crisanto Arteaga.

Pedro Villena.

Joaquin Javier Bayona.

Joaquin Mendibil.

Con acuerdo de S. E. La Junta.

Fermin de Barricarte.
Secretario interino.

53

DOC. 3.1.

Proclama de la Junta Provisional de Gobierno a los navarros sobre el restablecimiento del orden tras los sucesos protagonizados por los contrarios al régimen constitucional.

Pamplona, 16 de abril de 1820

AGN, RE_GUERRA, leg. 22, carp. 20

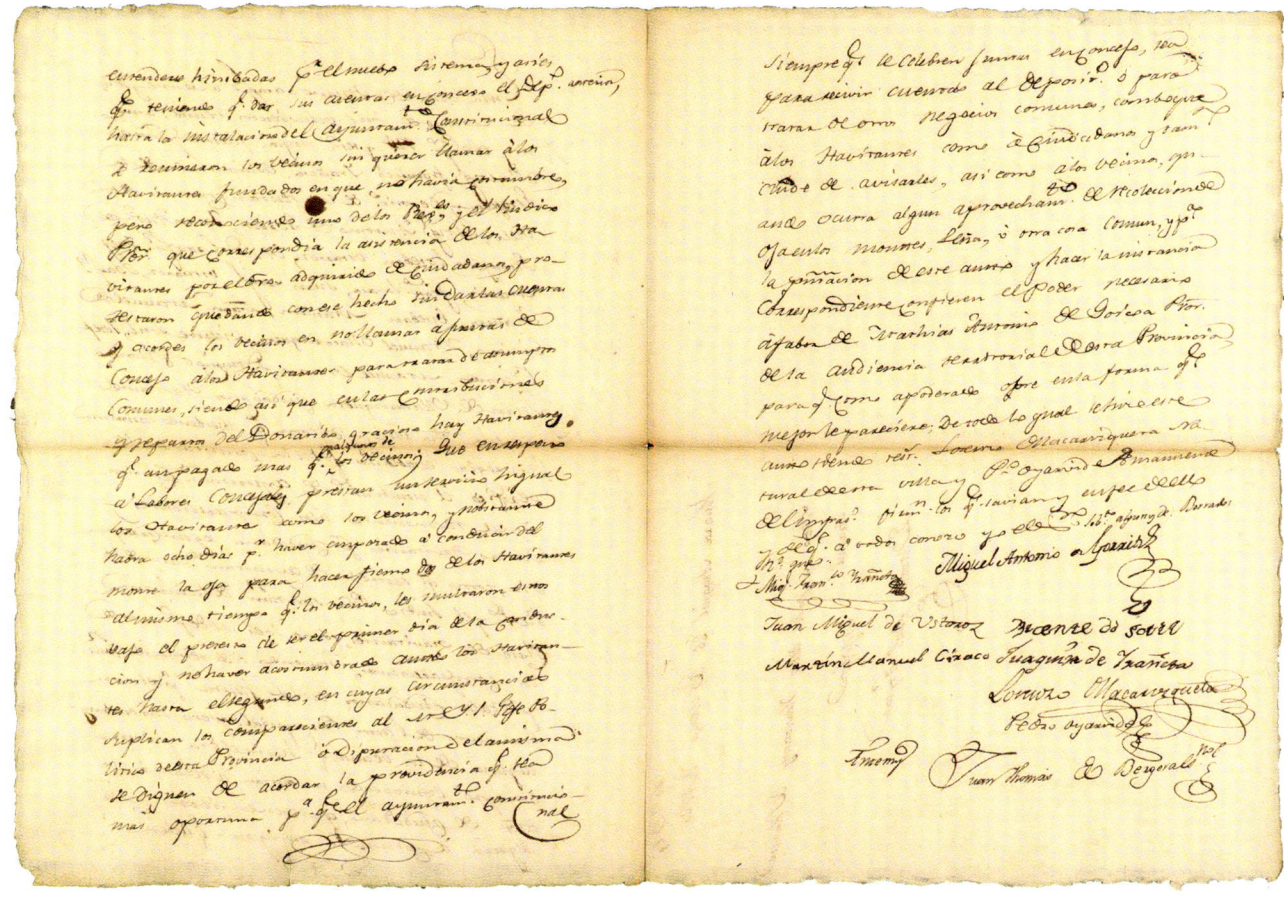

DOC. 3.2.

Los "caseros" o "habitantes" (*maisterrak* en euskera, del latín *magister*) de Huarte-Araquil reclaman las ventajas de ser ciudadano derivadas la Constitución de Cádiz.

Huarte-Araquil, 26 de mayo de 1820

AGN, NOT.LACUNZA, PROT. JUAN TOMAS BERGERA 1820, escritura 34

Núm. 3.   4 mrs.

EL PATRIOTA DEL PIRINEO.

Jueves 11 de Enero de 1821.

¡Cómo! ¿coplitas tenemos? (decía una respetable anciana al leer la conclusion de nuestro papel anterior) no dejaré yo de hacerme con el primer número que salga. ¡Oh, venerabilísima matrona! ¡bendita sea tu boca una y mil veces; é infunda el señor Dios de Israél iguales nobles y magníficos sentimientos en todos los Pamploneses, tanto que á fuerza de comprar *Patriotas del Pirinéo*, no quede tresena en sus bolsillos. Las dos con que hasta aquí contribuyeron por cada uno de nuestros números precedentes, nos han acarreado tal copia de calderilla, que ya tratamos de establecer casa de moneda, donde cuando ménos hemos de dar trece *seisenas* por peseta. ¡Bien haya la hora en que muy sabios y liberales Ciudadanos nos hicieron concebir la idea de tomar la pluma! Apenas todavía habemos escrito cosa que valga dos cuartos, y casi nos falta sitio para colocar los que han entrado en nuestro poder. Continuarémos, pues: si, amados Señores, continuarémos; y al que le pese, le pese; y el que sea tuerto, que se enderece; y quien nos tache de que no damos principio á la tarea, que pase la vista por las siguientes.

Noticias de Pamplona y otras partes.

━━ El presente número se ha rebajado á 4 mrs. en gracia de la utilidad que nos han traido los dos primeros. Esta, que es la que mas interesa á los compradores, va por lo mismo á la cabeza.

━━ El dia 26 del pasado se procedió en esta Ciudad á la renovacion del Ayuntamiento Constitucional; y habiendo salido electo Regidor D. Fermin Gaztelu, jóven que toda su vida ha residido en la misma bajo la patria potestad, pero que hace como dos años salió de ella mediante haber contraido matrimonio y puesto casa aparte, parece se ha suscitado la duda de si puede ó nó serlo, faltándole tres años de vecindad para los cinco que por lo ménos exige la Constitu-

DOC. 3.3.

El Patriota del Pirineo (número 3), periódico considerado órgano de la Sociedad Patriótica de Pamplona, que defendía el régimen constitucional.

11 de enero de-1821

AGN, HEMEROTECA, VARIOS_N8/9-1

56

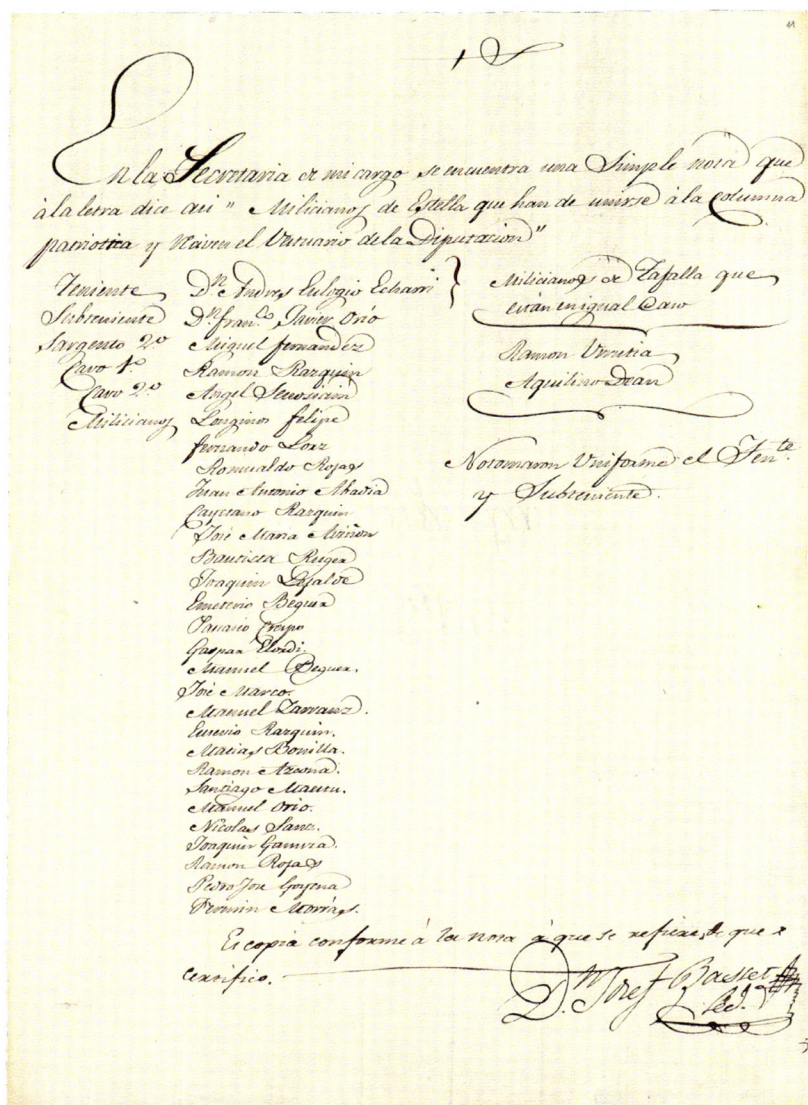

DOC. 3.4.

Milicianos de Estella que debían unirse a la columna "patriótica" (liberal) y recibir el vestuario de la Diputación.

[1821-1822]

AGN, RE_GUERRA, Leg.30,N.55,fol.11r.

Reglamento provisional que debe servir para la organizacion de las compañías de Cazadores constitucionales de la provincia de Pamplona.

Art. 1º Cada compañía de las que se formen constará de cien hombres útiles y un Corneta, y ademas de los Gefes correspondientes que serán, un Capitan, un Teniente, un Subteniente, un Sargento primero, tres segundos, y ocho cabos.

2.º Estas compañías deberán formarse de milicianos nacionales voluntarios con preferencia, de soldados cumplidos que conserven la robustez y actitud necesaria, siendo de buena conducta; y en defecto de los de estas dos clases se llenará el número con otros jovenes de iguales circunstancias, siendo preferidos los solteros á los casados.

3º A los voluntarios cazadores que se presentaren en esta Capital á prestar este servicio, se les filiará por el Inspector de estas compañías Don Ramon Diez de Ulzurrun, Coronel de los Ejércitos nacionales, y Comandante nombrado del Batallon ligero de milicia nacional activa.

4º El Capitan disfrutará novecientos reales vellon al mes, el Teniente quinientos setenta, y el Subteniente cuatrocientos cinquenta, con la prevencion que recayendo estos destinos en oficiales retirados del Ejército que gozen sueldo, no percibirán por la provincia sobre su sueldo mas, que la cantidad que falte para igualar á las espresadas á cada clase.

5.º El Sargento primero de cada compañía percibirá diariamente ocho reales vellon, siete los segundos, seis los cabos y cinco los cazadores.

6.º Los Comandantes de compañías descontarán de esta asignacion medio real de vellon á cada clase para atender al calzado y recomposicion del vestuario y armamento.

7.ª Siempre que estas compañías salgan al servicio, para mayor comodidad de los pueblos, y de los mismos cazadores, se les suministrará por los Ayuntamientos á cada plaza racion de doce onzas navarras de carne y una pinta de vino.

8.º Estas raciones se valuarán por un individuo de Ayuntamiento y el Comandante de la compañía ó partida al precio corriente de los efectos que se suministren, y el Comandante de la compañía ó partida espresará en el recibo, que dé á los Ayuntamientos ó Alcaldes, su valor en metálico, para que le sirva de descargo al pueblo en el cupo que le corresponda de la contribucion.

9. Los Comandantes de compañías, ó partidas de cazadores llevarán por separado una razon del valor de las raciones que reciban en cada pueblo, y mensualmente las dirigirán á la Secretaría de esta Diputacion.

10. La racion de pan que se suministrará diariamente será pagada por la nacion, como asi ha acordado la Diputacion provincial con el General en Gefe, quien al efecto ha comunicado ya las órdenes oportunas.

11. Los nombramientos de Capitan, oficiales subalternos y sargentos los propondrá por terna el Inspector á la Diputacion provincial y en caso de hallarse esta disuelta, al Señor Gefe politico su Presidente para que se les libre los correspondientes despachos.

12. Esta fuerza estará sujeta en todo á la ordenanza del Ejército permanente; y siempre que no usare de ella el General en Gefe estará á las inmediatas órdenes del Señor Gefe politico.

Pamplona 2 de Diciembre de 1822. La Diputacion provincial de Pamplona.= Mariano Villa, Presidente. = Casimiro de Gregory Davila, Intendente. = Juan Crisostomo de Vidaondo y Mendinueta. = Juan Agustin Ercazti. = José Francisco Irigoyen. = Con acuerdo de S. E. *Fermin Garcia de Galdeano*, Secretario interino.

DOC. 3.5.

Reglamento provisional de las compañías de Cazadores Constitucionales.

Pamplona, 2 de diciembre de 1822

AGN, Reino, Diputación Provincial. Cazadores constitucionales

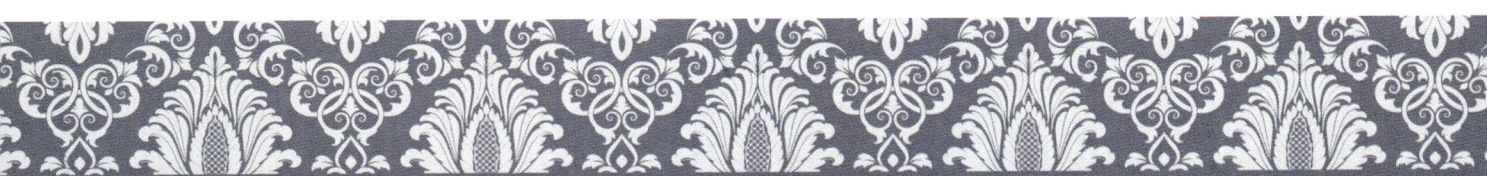

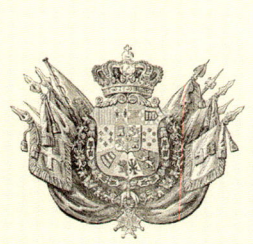

EL MINISTRO DE LA GOBERNACION
DE LA PENINSULA.

Por cuanto D. *Anacleto Buelta* individuo que fue de la Milicia Nacional de *Navarra* en el año de 1823, ha acreditado en debida forma haberse hecho digno del distintivo que S. A. el Regente del Reino, en nombre y durante la menor edad de la Reina Doña Isabel II, tuvo á bien conceder por decreto de 12 de Mayo de 1841 para los individuos de la Milicia Nacional que en el expresado año de 1823 abandonaron sus hogares y se incorporaron al Ejército constitucional ó se trasladaron á las plazas de armas, ciudades y pueblos defendibles sosteniendo hasta el fin con las armas en la mano la causa de la libertad contra las tropas francesas ó los rebeldes. Por tanto, para público testimonio del aprecio y consideracion á que se ha hecho acreedor por el distinguido mérito que en aquella época contrajo el referido D. *Anacleto Buelta* ha venido en mandar S. A. el Regente del Reino, en nombre de la Reina Doña Isabel II, se le expida el presente Diploma para que pueda usar libremente del mencionado distintivo, que debe ser arreglado al diseño aprobado. Dado en *Madrid* á *seis* de *octubre* de mil ochocientos cuarenta y *uno*.

DOC. 3.6.

Diploma del distintivo concedido a Anacleto Buelta por haberse incorporado al Ejército constitucional "sosteniendo hasta el fin con las armas en la mano la causa de la libertad contra las tropas francesas o los rebeldes".

Madrid, 6 de octubre de 1841

AGN, AP_BUELTA,Caj.1,N.49-1

EL AMANTE
DE LA CONSTITUCION,
EN LOOR DE LOS INMORTALES
QUIROGA Y RIEGO,
PRIMEROS BALUARTES DE LA LIBERTAD,
COMBIDA Á LAS DAMAS Y HEROINAS Á TRIBUTAR LOS

ELOGIOS MERECIDOS A TAN VALIENTES HÉROES.

Sepultada España en el mas vergonzoso letargo hacia mas de un lustro, siendo el ludibrio de las demas Naciones de la Europa, á pesar de haber despedazado dias antes las Imperiales Aguilas, que invadiendo las Provincias llevaron á tremolar sus banderas muy cerca de las columnas de Hercules, (pero que, á poco tiempo fueron envueltas y arrolladas por el esfuerzo español) sepultada por la infamante extincion y quema de la cosa mas legitima, qual era la Constitucion política de la Monarquía Española, por una quadrilla de perjuros, que consintieron tacitamente que se derribase aquel santuario de las leyes, escarnecida y vilipendiada por todos los gobiernos cultos ¿ Quien habia de pensar que esta Nacion tanto tiempo habia llena de oprobio, tan poco respetada de los gabinetes hubiese podido llegar á la cumbre de la gloria, elevandose sobre las del globo, dando modelo de firmeza y valor á las que se tenian como principales en las grandes empresas, y siendo la envidia de sus antagonistas? Ningun estadista ni político, ningun hombre de luces ni talento podian conciliar que la triste España bajo el gobierno caduco de Ministros ineptos que duraban mucho en el exercicio de sus funciones, (mientras que los sabios se despreciaban) bajo el terror que causaba aquel azote de la Naturaleza conocido con el nombre de santa Inquisicion, (ó por mejor decir diavolica invencion) bajo el gobierno repito el mas despotico llegase á ver el dia en que rompiendo los diques de su paciencia, soltando y desplegando aquel caracter español, de que tantos rasgos brillantes se encuentran en la historia hiciese ver al mundo todo que la sangre que corria por sus venas, no era indigna de llamarse española: con efecto; ministros ignorantes que trabajaban por su interes, descuidando del de sus pueblos; un joven Monarca seducido por aduladores en la camarilla secreta; una parte considerable de sabios y benemeritos vagantes y errabundos por paises estranjeros; ó quizás sujetos en los calabozos, oprimidos por el hierro; un pie de ejercito miserable, á pesar de llevar en su pecho la fiel executoria de largos trabajos y sudores, sellada por las puntas del acero de otro ejercito guerrero, y bien remunerado ; la mayor parte de los empleos conferidos á personas que no podian servirlos

59

DOC. 3.7.

El amante de la Constitución, en loor de los inmortales Quiroga y Riego, escrito de M. de M. (probablemente el conocido miliciano y escritor tudelano Mariano Martínez de Morentin).

Pamplona, 10 de abril de 1820

UPNA, BIBLIOTECA, Fondo Antiguo, DC-04-07 (doc. 25)

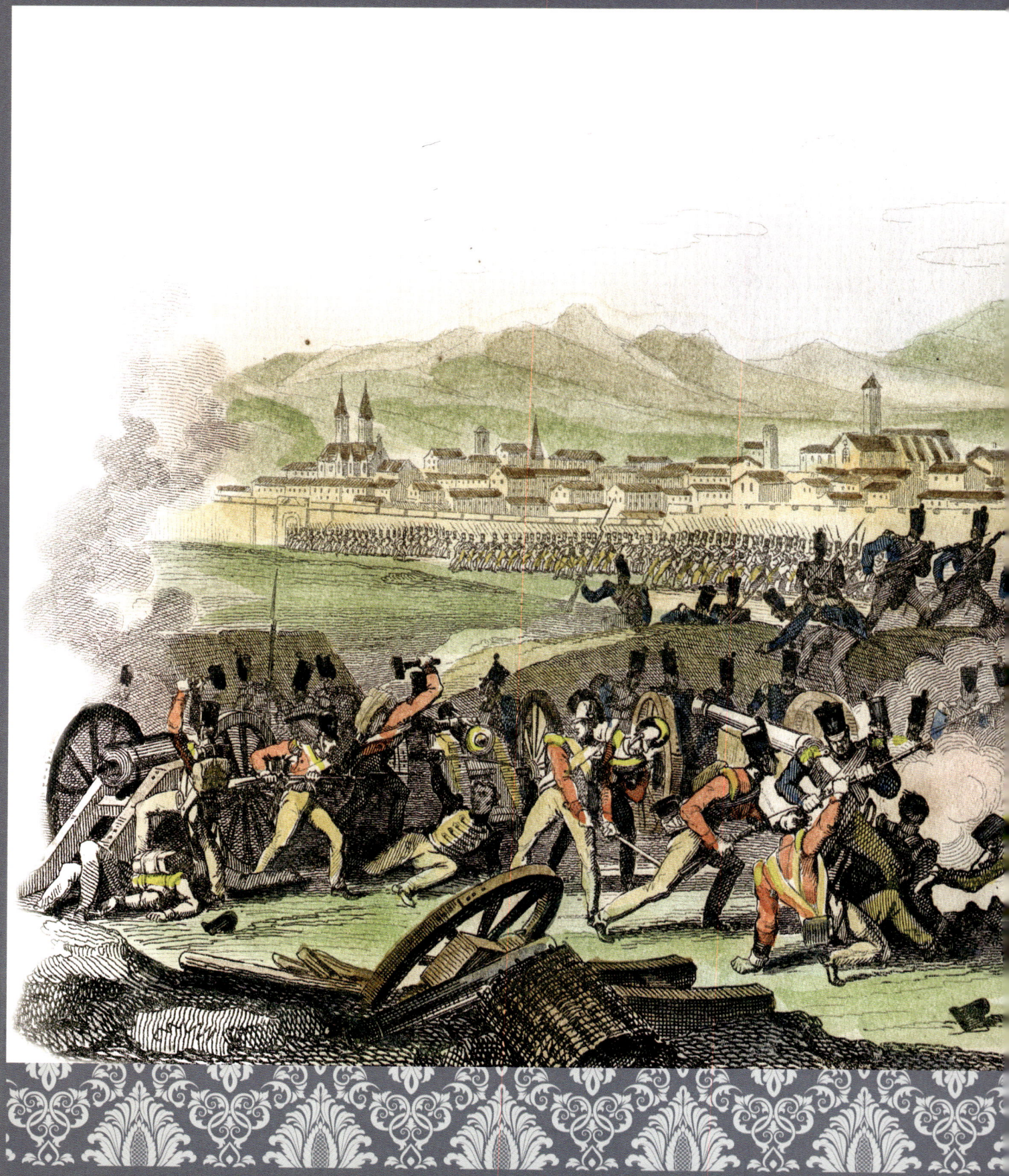

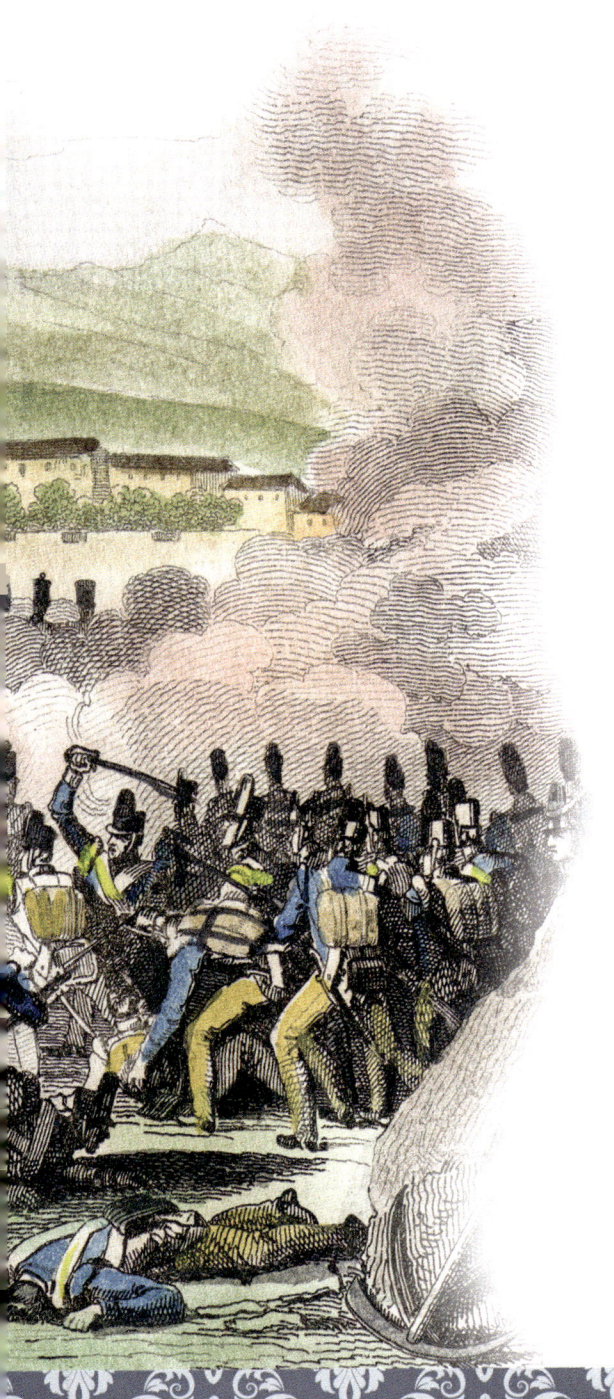

La represión de los liberales

1823-1833

El gran número de represaliados (civiles, entre ellos mujeres, militares e incluso clérigos), a partir de septiembre de 1823, pone de relieve la importancia de la minoría navarra favorable al régimen constitucional.

El triunfo de los realistas llevó a unos centenares de liberales o sospechosos de serlo a ser procesados y a la cárcel. El miliciano tudelano Belaunza reflejó muy bien sus vicisitudes en su diario personal. Otros fueron al exilio, entre ellos, parte de los antiguos oficiales de Espoz y Mina que participaron en su fracasada expedición de 1830 por Vera de Bidasoa.

Siège de Pampelune.

Grabado francés representando el asedio de Pamplona por los Cien Mil Hijos de San Luis en 1823.

Aaron Martinet

Publicado en París, 1838

AGN,FIG_VISTAS,N.39

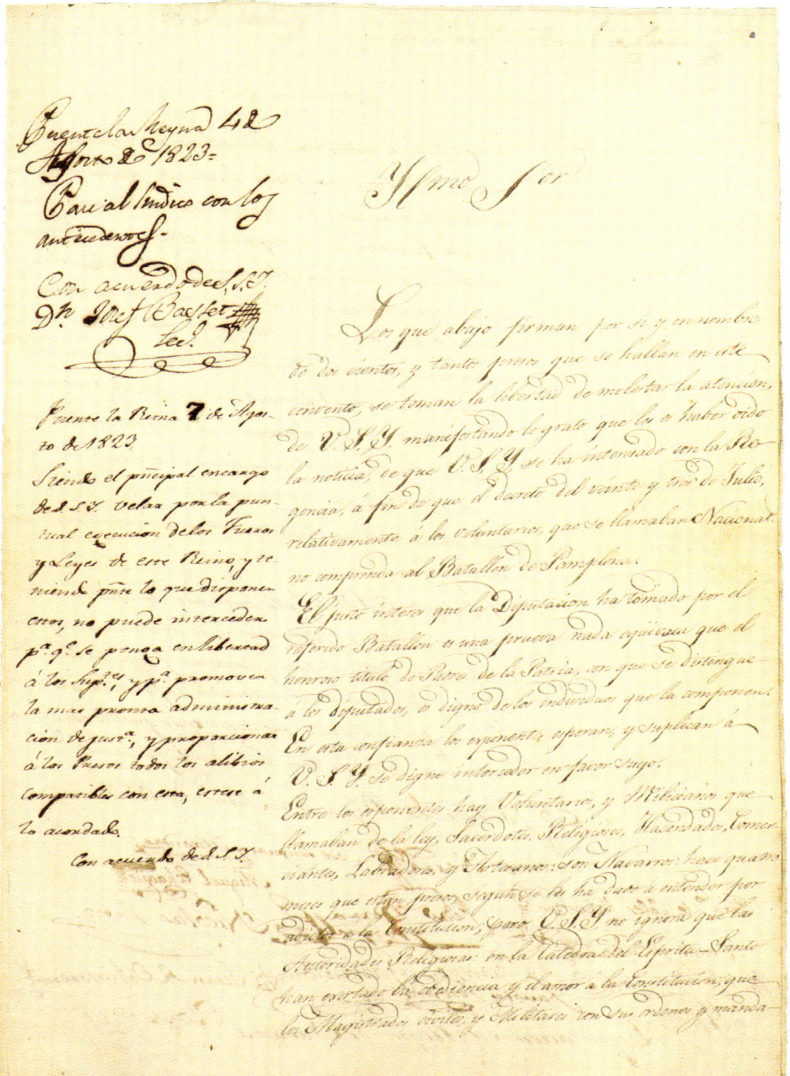

62

DOC. 4.1.

Petición de José Yanguas y Miranda y más de 200 presos a la Diputación absolutista solicitando su puesta en libertad.

Puente la Reina, 3 de agosto de 1823

AGN, RE_GUERRA, Leg. 28, carp. 79, fol. 14r

Mientras tanto los presos continuaban procesados bajo una Sumaria general que principió un Comisario à consecuencia de la Comisión que llebó à Puente el Preheminente Mediano ... y continuó un Juez de Letras. Cuales fueron los fundamentos de esa famosa causa, y cual el modo como la desempeñaron, puede verse en los estractos que conservo, con nota de los nombres de los testigos. Yo fui Preso en Zaragoza el 23 de Mayo à virtud de un oficio que pasó à aquellas autoridades el Alcalde Bonfa, no sé por qué, pues la causa no estaba à su cargo, y sí al del Receptor, quien sin despachar Capturas, ni tomar previamente mi nombre en boca para tal cosa, la dejó, y lo mismo otra no menos famosa que se formó sobre la SUPUESTA subtracion del Libro de actas del Ayuntamiento Constitucional, en la que y con fecha 22 de Julio ... hay un testimonio de que yo estaba preso ... siendo así que desde 24 de Junio lo estaba en esta Ciudad, à donde se me Condujo desde Zaragoza (al paso que à D. Rafael Garbay y Francisco Antonio Talcés Presos tam.n por adictos al sistema fenecido) en un Barco fletado expresamente à nuestras costas, por una Comparsa de 12 tudelanos mandados por el Edecan Cabot, con tales precauciones y aparato como podrian à tres personages acusados de alta traicion. El 29 de Julio fuimos todos trasladados à Puente la Reyna, por medida militar, sin conocimiento del Juez de Letras que entendia en nuestra causa, y que quedó como quien ve visiones. Fuimos tratados en el camino mui bien, y aun mejor en Puente, por que en el Depósito del Cautivo estubimos perfectamente hasta que por virtud del Real Decreto de S. M. de 1.° de Mayo de 1824. se nos puso à todos en plena y absoluta libertad. En eso bino à parar una causa en que se nos acusó de

Libertinos.

Hereges.

Ladrones.

Y de haber asesinado à 300 prisioneros.

Cual sea el modo, y quienes los testigos, vease en mis mamotretos, y en mi libro de Café, en que copiaré desde el folio ... los estractos de ambas causas y otras anotaciones, para asegurar que no se estravien tan preciosos documentos. La mas docil creencia se resistirà à comprender como pudo suceder todo eso, pero ello está escrito autenticamen-

DOC. 4.2.

Diario de Francisco de Sales Belaunza, escribano público, miliciano voluntario de Tudela, relatando su captura tras la entrada de las tropas francesas en la ciudad y su prisión por adicto al sistema constitucional.

1823

AGN, AP_BELAUNZA, Caj.1

64

RESUMEN

de los pleitos y expedientes civiles de que han dado cuenta los Relatores y Escribanos, despachados por el Real Consejo y Corte de este Reino en primera instancia, apelacion de los Tribunales inferiores y grados de suplicacion y revista en el año de 1824.

PLEITOS.	SALAS.		
	Real Consejo.	Real Corte.	Totales.
De Tabla...	...493...	...530...	..1023..
De Mayorazgos...	...003...	...000...	..0003..
De Elecciones...	...066...	...000...	..0066..
De Querellas...	...000...	...027...	..0027..
De Fuerza...	...003...	...000...	..0003..
De Cuentas...	...041...	...000...	..0041..
De Permisos...	...106...	...000...	..0106..
Egecutivos...	...030...	...059...	..0089..
De Contrabando...	...024...	...000...	..0024..
De menor Cuantía...	...000...	...055...	..0055..
Aprobacion de Autos...	...092...	...000...	..0092..
Sobrecarta de Cédulas Reales y Expedientes generales...	...091...	...000...	..0091..
SUMAS...	...939...	...677...	..1616..
Expedientes.			
De Sala...	...061...	...110...	..0171..
Id. de pública por los Secretarios y Escribanos...	...1869...	...2986...	..4855..
De posada por Escribanos...	...0000...	...0063...	..0063..
SUMAS...	...2869...	...3836...	..6705..

NOTA. No se incluye el número de Pedimentos de enanzo ó substanciacion que se proveen diariamente en las entradas, y en las Audiencias y Acuerdos por ser dificil su segura apuntacion.

RESUMEN

de las causas y expedientes criminales de que han dado cuenta los Relatores en las Salas de Consejo y Corte de este Reino en primera instancia, apelacion de los Tribunales inferiores, y grados de suplicacion y revista en el año de 1824.

CAUSAS.	SALAS.		
	Real Consejo.	Real Corte.	Total.
De muerte...	...05...	.0025.	.0030.
De heridas...	...00...	.0083.	.0083.
De robos...	...14...	.0041.	.0055.
De incontinencia...	...08...	.0011.	.0019.
De bagos...	...15...	.0015.	.0030.
De liberales...	...10...	.1140.	.1150.
De varios excesos...	...36...	.0063.	.0099.
Sumas......	..88..	.1378.	.1466.

Total de causas....1466.

Reos condenados
A muerte....06.
A presidio...81.
A destierro. 05.
A reclusion..08.
A las armas..00.

NOTA. No se incluye el número de Pedimentos de Enanzo ó substanciado que se proveen diariamente en las entradas y en las Audiencias y Acuerdos por ser dificil su segura enumeracion.

2

DOC. 4.3.

Planes que manifiestan el número de pleytos, causas y expedientes civiles, criminales y otras, despachadas por las Salas del Supremo Consejo, Real Corte... el presente año de 1824.

Pamplona, Imprenta de Javier Gadea, 1824

AGN, BIBLIOTECA, Caja 3/26

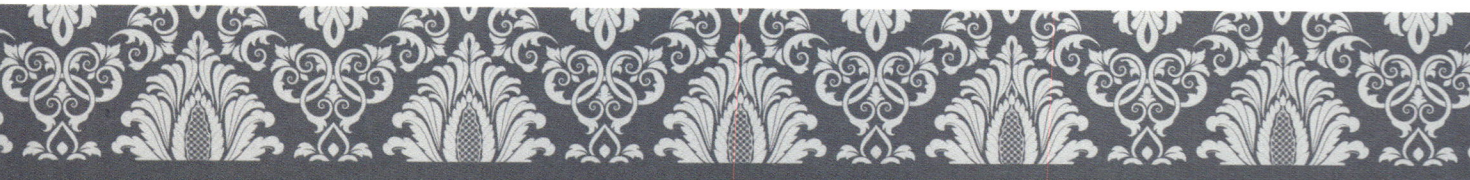

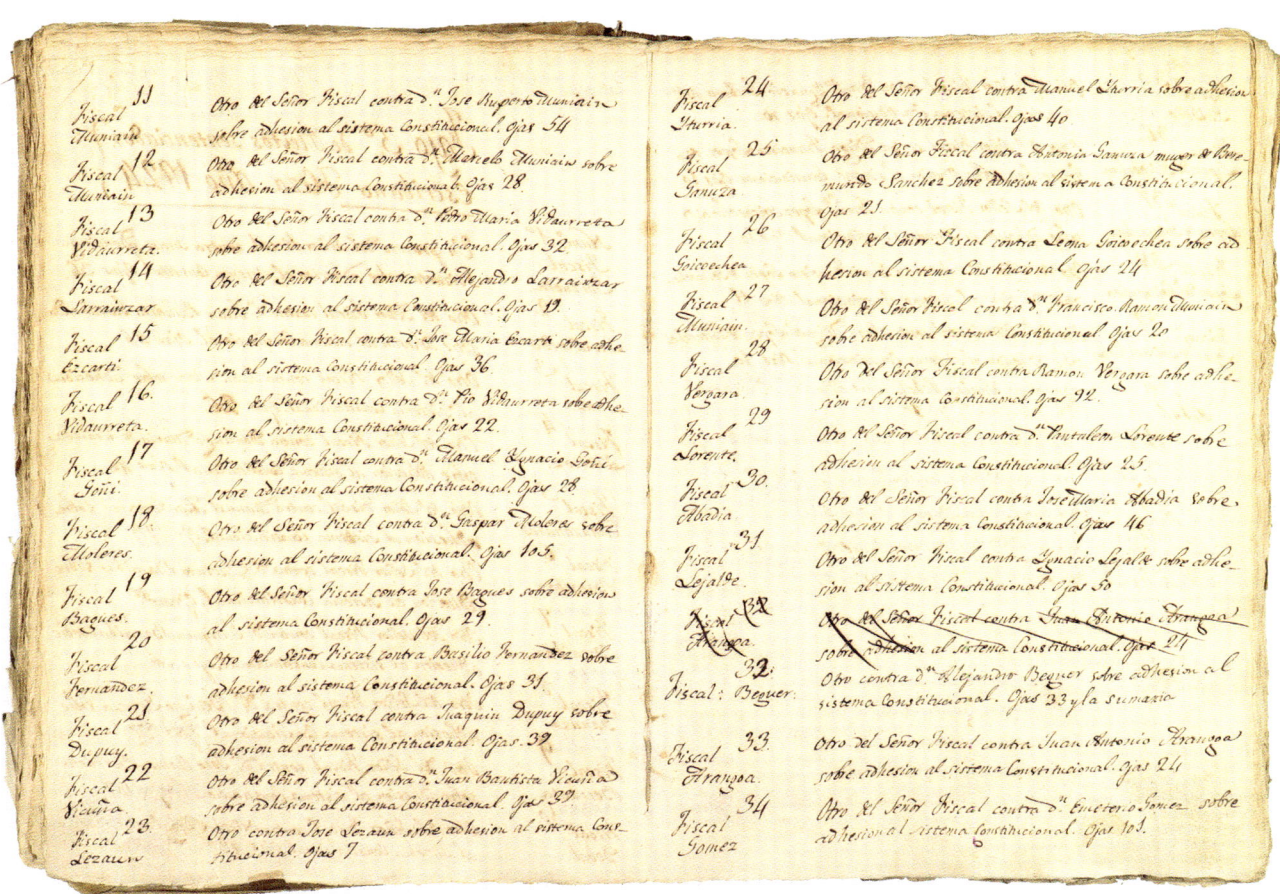

DOC. 4.4.

Lista de procesados de Estella por adhesión al sistema constitucional.

1824

AGN, TR_INV.CORTE, L. 46, fol. 93v-94r

66

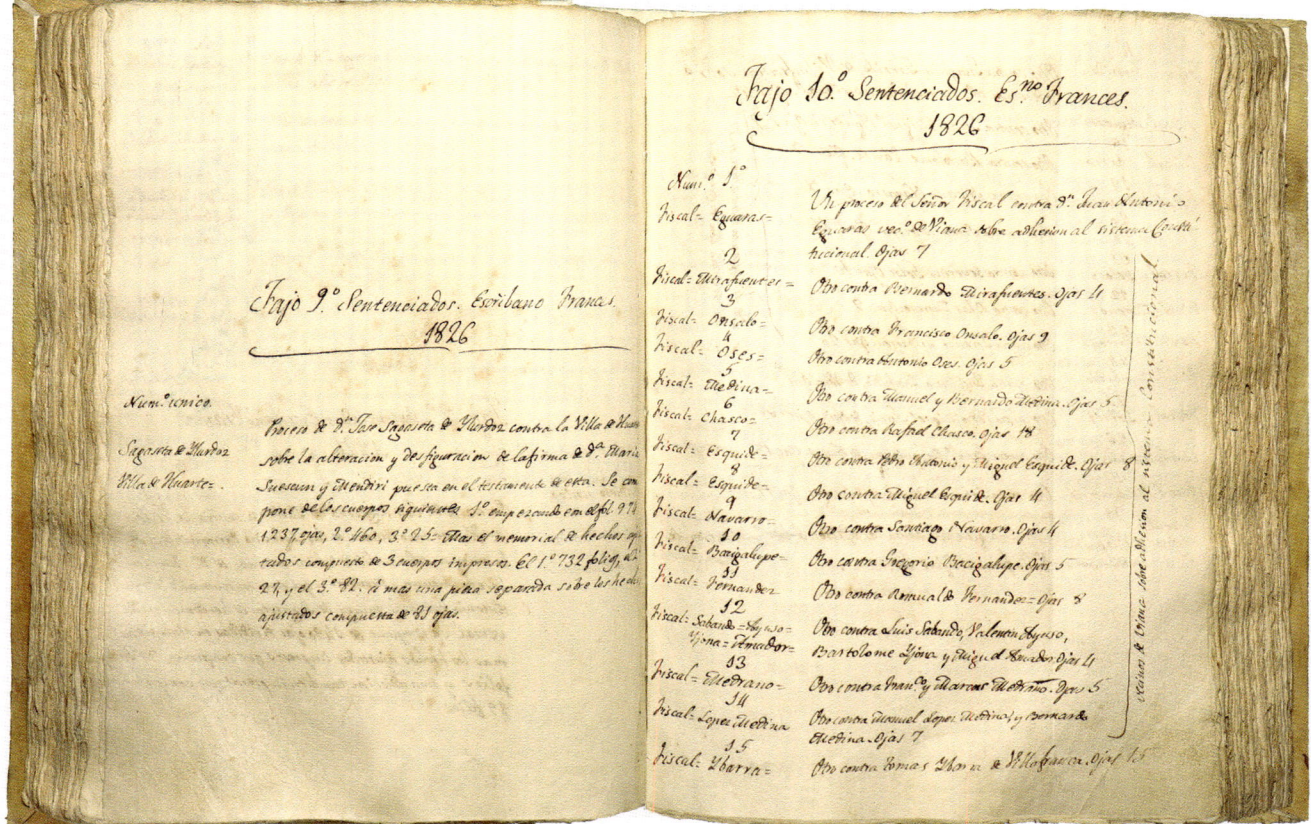

DOC. 4.5.

**Lista de procesados de Viana, Villafranca,
Vera, Aoiz y Azagra por adhesión al sistema
constitucional.**

1826

AGN, TR_INV.CORTE, L.90, fol. 129r

DOC. 4.6.

**Informe sobre la aparición de un pasquín liberal
en la puerta del palacio episcopal de Tudela con la
frase "Viva la Constitución. M. a los Realistas".**

Tudela, 12 de noviembre de 1832

AGN, Reino, Guerra, Correspondencia 1er Batallón

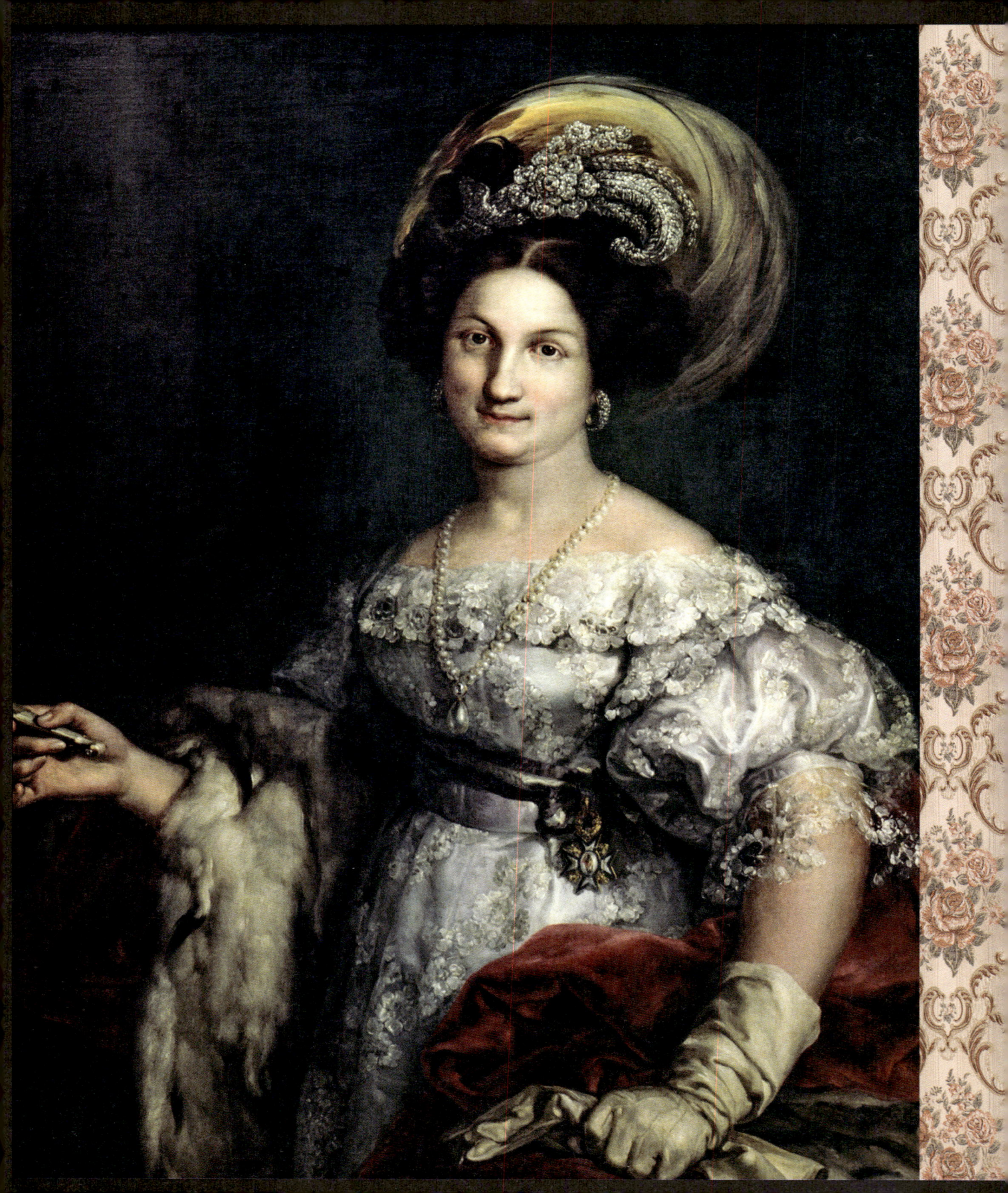

La primera guerra carlista y la Ley de Fueros de 1841

Durante la guerra de los Siete Años (1833-1839) los liberales fueron furibundamente atacados por sus adversarios. Estos trataron de desacreditarlos con calificativos como *beltzas* (negros), o alguno de tintes raciológicos, *belarrimotxas* (orejas cortas), que perseguían presentar a los partidarios de la reina como extraños al país (guiris) y antifueristas, además de contrarios a la Religión.

Pese a todo, la importancia de los navarros que combatieron a los carlistas se evidencia en que unos miles de ellos se alistaron en los distintos cuerpos francos que defendieron los derechos de la reina a lo largo de toda la guerra. También prosiguió la incorporación de navarros a las filas del Ejército en el que, después, unos centenares desarrollaron su vida profesional en destinos de la península y Ultramar. Por otro lado, en distintos momentos las instituciones navarras hicieron gala de su compromiso con el régimen isabelino.

La guerra se caracterizó por la política de represalias de ambos bandos, que fueron muy crueles en aquellas localidades donde los urbanos (milicianos nacionales) fueron atacadas por fuerzas carlistas muy superiores. Asimismo, conforme la guerra fue alargándose, las contribuciones en dinero y provisiones (pan, carne, vino, arroz, forrajes, etc.) para el Ejército, cada vez "más exorbitantes", fueron empobreciendo también a los liberales. Así lo expusieron al Gobierno la Diputación y los diputados en Cortes que se quejaron amargamente del abandono en que los tenían.

1833-1841

María Cristina de Borbón-Dos Sicilias, reina regente.
Retrato oficial encargado por la Diputación del Reino.
Vicente López Portaña
Hacia 1833
Palacio de Navarra

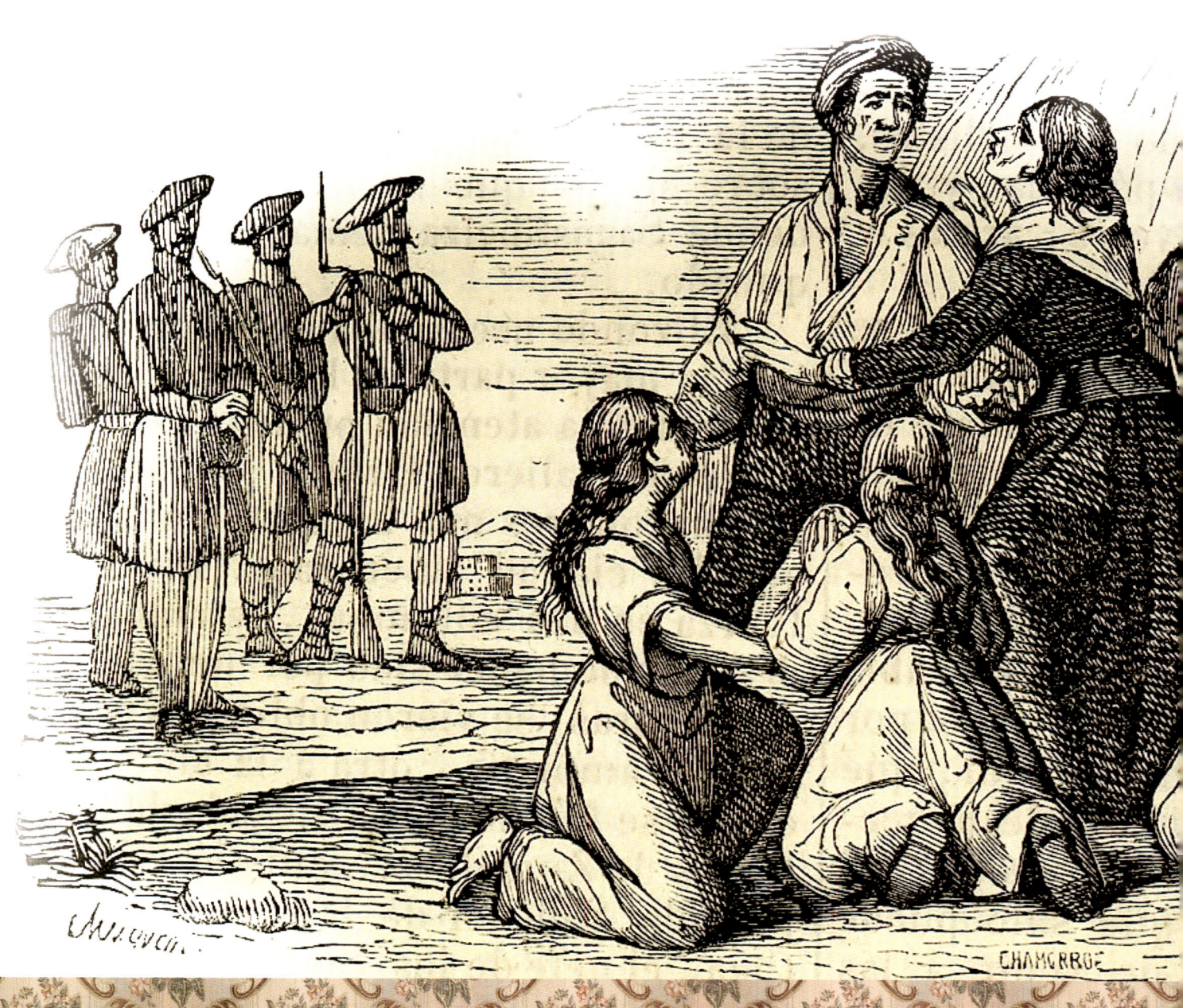

La guerra y las vicisitudes de los paisanos liberales

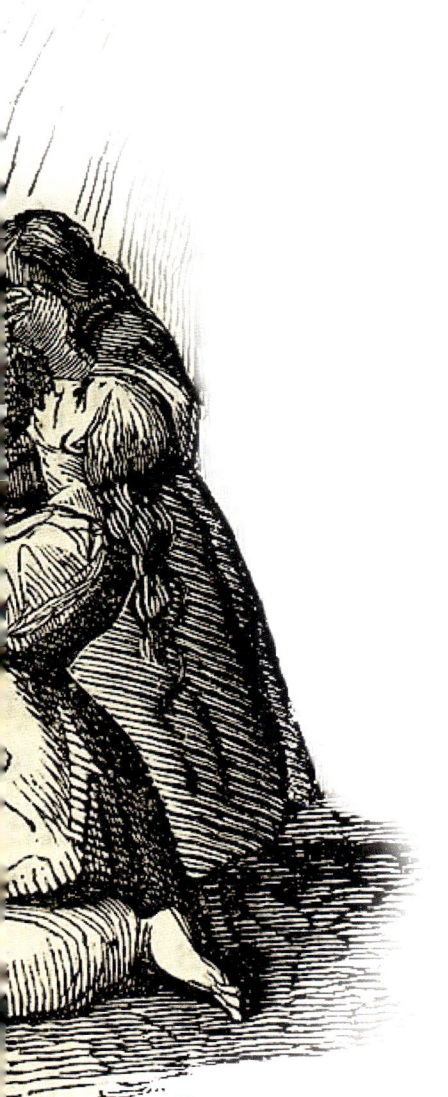

En la toma de Villafranca, en 1834, se manifestó la violencia que los carlistas ejercían contra los civiles, a los que controlaban con listas como la elaborada en Estella en 1836. Las continuas exposiciones de la Diputación, el discurso del diputado a Cortes Gaspar Elordi y otros documentos revelan la ruina y la desolación producidos por las continuas peticiones de suministros de los contendientes. Al mismo tiempo, varios escritos ponen de relieve la impronta liberal de la Diputación y de localidades diversas, como Ochagavía.

Sublime sacrificio de un padre de familia.

Grabado representando la despedida de su familia de un hombre acusado de facilitar víveres a los liberales, arrestado por los carlistas.

Ilustración de Manuel Miranda, grabado de Chamorro.

Publicado en Madrid, 1845

Museo Zumalakarregi

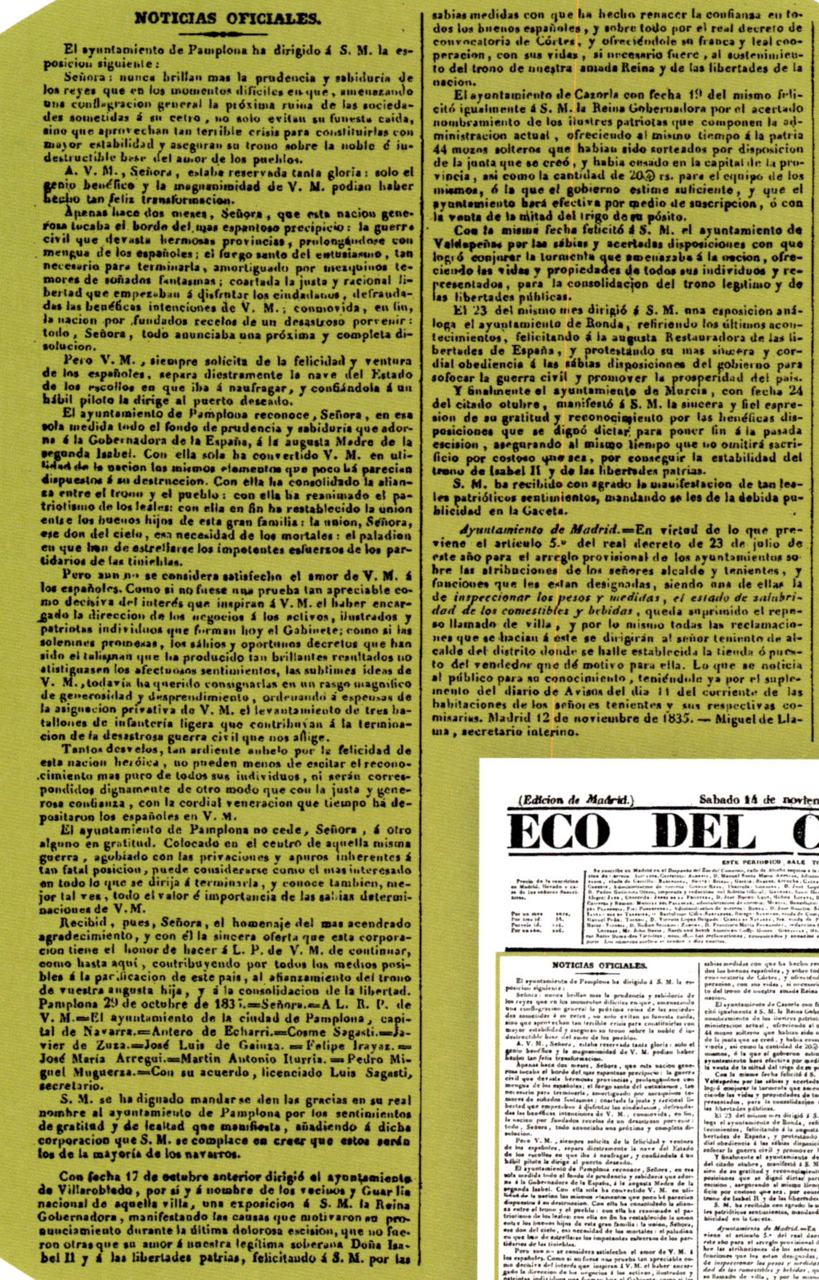

NOTICIAS OFICIALES.

El ayuntamiento de Pamplona ha dirigido á S. M. la esposicion siguiente:

Señora: nunca brillan mas la prudencia y sabiduria de los reyes que en los momentos difíciles en que, amenazando una conflagracion general la próxima ruina de las sociedades sometidas á su cetro, no solo evitan su funesta caida, sino que aprovechan tan terrible crisis para constituirlas con mayor estabilidad y aseguran su trono sobre la noble é indestructible base del amor de los pueblos.

A. V. M., Señora, estaba reservada tanta gloria: solo el genio benéfico y la magnanimidad de V. M. podian haber hecho tan feliz transformacion.

Apenas hace dos meses, Señora, que esta nacion generosa tocaba el bordo del mas espantoso precipicio: la guerra civil que devasta hermosas provincias, prolongándose con mengua de los españoles; el fuego santo del entusiasmo, tan necesario para terminarla, amortiguado por mezquinos temores de soñados fantasmas; coartada la justa y racional libertad que empezaban á disfrutar los ciudadanos, defraudadas las benéficas intenciones de V. M.; conmovida, en fin, la nacion por fundados recelos de un desastroso porvenir: todo, Señora, todo anunciaba una próxima y completa disolucion.

Pero V. M., siempre solícita de la felicidad y ventura de los españoles, separa diestramente la nave del Estado de los escollos en que iba á naufragar, y confiándola á un hábil piloto la dirige al puerto deseado.

El ayuntamiento de Pamplona reconoce, Señora, en esa sola medida todo el fondo de prudencia y sabiduria que adorna á la Gobernadora de la España, á la augusta Madre de la segunda Isabel. Con ella sola ha convertido V. M. en utilidad de la nacion los mismos elementos que poco há parecian dispuestos á su destruccion. Con ella ha consolidado la alianza entre el trono y el pueblo: con ella ha reanimado el patriotismo de los leales: con ella en fin ha restablecido la union entre los buenos hijos de esta gran familia: la union, Señora, ese don del cielo, esa necesidad de los mortales: el paladion en que han de estrellarse los impotentes esfuerzos de los partidarios de las tinieblas.

Pero aun no se considera satisfecho el amor de V. M. á los españoles. Como si no fuese una prueba tan apreciable como decisiva del interés que inspiran á V. M. el haber encargado la direccion de los negocios á los activos, ilustrados y patriotas individuos que forman hoy el Gabinete; como si las solemnes promesas, los sábios y oportunos decretos que han sido el talisman que ha producido tan brillantes resultados no atistiguasen los afectuosos sentimientos, las sublimes ideas de V. M., todavía ha querido consignarlas en un rasgo magnífico de generosidad y desprendimiento, ordenando á espensas de la asignacion privativa de V. M. el levantamiento de tres batallones de infantería ligera que contribuyan á la terminacion de la desastrosa guerra civil que nos aflige.

Tantos desvelos, tan ardiente anhelo por la felicidad de esta nacion heróica, no pueden menos de escitar el reconocimiento mas puro de todos sus individuos, ni serán correspondidos dignamente de otro modo que con la justa y generosa confianza, con la cordial veneracion que tiempo há depositaron los españoles en V. M.

El ayuntamiento de Pamplona no cede, Señora, á otro alguno en gratitud. Colocado en el centro de aquella misma guerra, agobiado con las privaciones y apuros inherentes á tan fatal posicion, puede considerarse como el mas interesado en todo lo que se dirija á terminarla, y conoce tambien, mejor tal vez, todo el valor é importancia de las sábias determinaciones de V. M.

Recibid, pues, Señora, el homenaje del mas acendrado agradecimiento, y con él la sincera oferta que esta corporacion tiene el honor de hacer á L. P. de V. M. de continuar, como hasta aquí, contribuyendo por todos los medios posibles á la pacificacion de este pais, al afianzamiento del trono de vuestra augusta hija, y á la consolidacion de la libertad. Pamplona 29 de octubre de 1835.=Señora.=A L. R. P. de V. M.=El ayuntamiento de la ciudad de Pamplona, capital de Navarra.=Antero de Echarri.=Cosme Sagasti.=Javier de Zuza.=José Luis de Gainza.=Felipe Irayaz.=José María Arregui.=Martin Antonio Iturria.=Pedro Miguel Muguerza.=Con su acuerdo, licenciado Luis Sagasti, secretario.

S. M. se ha dignado mandar se den las gracias en su real nombre al ayuntamiento de Pamplona por los sentimientos de gratitud y de lealtad que manifiesta, añadiendo á dicha corporacion que S. M. se complace en creer que estos serán los de la mayoría de los navarros.

Con fecha 17 de octubre anterior dirigió el ayuntamiento de Villarobledo, por sí y á nombre de los vecinos y Guardia nacional de aquella villa, una exposicion á S. M. la Reina Gobernadora, manifestando las causas que motivaron su pronunciamiento durante la última dolorosa escision, que no fueron otras que su amor á nuestra legítima soberana Doña Isabel II y á las libertades patrias, felicitando á S. M. por las sabias medidas con que ha hecho renacer la confianza en todos los buenos españoles, y sobre todo por el real decreto de convocatoria de Córtes, y ofreciéndole su franca y leal cooperacion, con sus vidas, si necesario fuere, al sostenimiento del trono de nuestra amada Reina y de las libertades de la nacion.

El ayuntamiento de Cazorla con fecha 19 del mismo felicitó igualmente á S. M. la Reina Gobernadora por el acertado nombramiento de los ilustres patriotas que componen la administracion actual, ofreciendo al mismo tiempo á la patria 44 mozos solteros que habian sido sorteados por disposicion de la junta que se creó, y habia cesado en la capital de la provincia, así como la cantidad de 20.000 rs. para el equipo de los mismos, ó la que el gobierno estime suficiente, y que el ayuntamiento hará efectiva por medio de suscripcion, ó con la venta de la mitad del trigo de su pósito.

Con la misma fecha felicitó á S. M. el ayuntamiento de Valdepeñas por las sábias y acertadas disposiciones con que logró conjurar la tormenta que amenazaba á la nacion, ofreciendo las vidas y propiedades de todos sus individuos y representados, para la consolidacion del trono legítimo y de las libertades públicas.

El 23 del mismo mes dirigió á S. M. una esposicion análoga el ayuntamiento de Ronda, refiriendo los últimos acontecimientos, felicitando á la augusta Restauradora de las libertades de España, y protestando su mas sincera y cordial obediencia á las sábias disposiciones del gobierno para sofocar la guerra civil y promover la prosperidad del pais.

Y finalmente el ayuntamiento de Murcia, con fecha 24 del citado otubre, manifestó á S. M. la sincera y fiel espresion de su gratitud y reconocimiento por las benéficas disposiciones que se dignó dictar para poner fin á la pasada escision, asegurando al mismo tiempo que no omitirá sacrificio por costoso que sea, por conseguir la estabilidad del trono de Isabel II y de las libertades patrias.

S. M. ha recibido con agrado la manifestacion de tan leales patrióticos sentimientos, mandando se les de la debida publicidad en la Gaceta.

Ayuntamiento de Madrid.=En virtud de lo que previene el artículo 5.º del real decreto de 23 de julio de este año para el arreglo provisional de los ayuntamientos sobre las atribuciones de los señores alcalde y tenientes, y funciones que les estan designadas, siendo una de ellas la de *inspeccionar los pesos y medidas, el estado de salubridad de los comestibles y bebidas*, queda suprimido el repeso llamado de villa, y por lo mismo todas las reclamaciones que se hacian á este se dirigirán al señor teniente de alcalde del distrito donde se halle establecida la tienda ó puesto del vendedor que dé motivo para ella. Lo que se noticia al público para su conocimiento, teniéndole ya por el suplemento del diario de Avisos del dia 11 del corriente de las habitaciones de los señores tenientes y sus respectivas comisarías. Madrid 12 de noviembre de 1835. — Miguel de Llama, secretario interino.

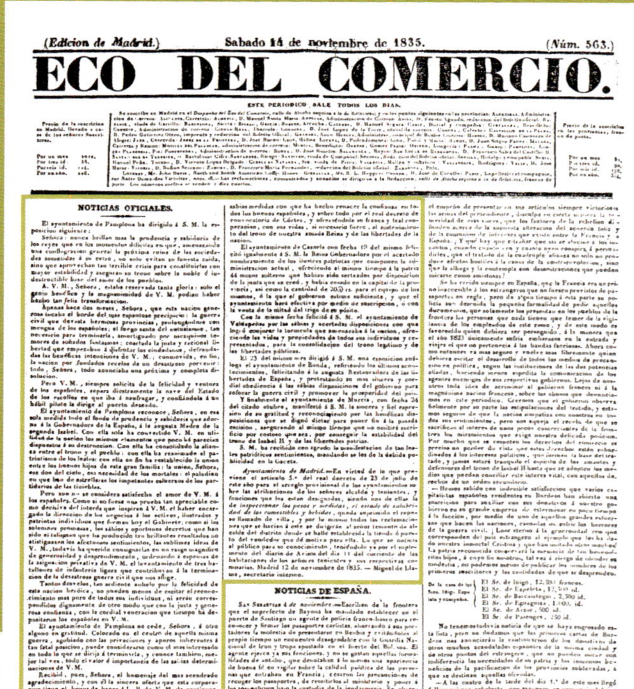

(Edicion de Madrid.) Sabado 14 de noviembre de 1835. (Núm. 563.)

ECO DEL COMERCIO.

ESTE PERIODICO SALE TODOS LOS DIAS.

Exposición del Ayuntamiento de Pamplona a la reina Isabel II, publicada en el *Eco del Comercio*.

Madrid, 14 de noviembre de 1835

BNE, Hemeroteca Digital

DOC. 5.1.

Parte de la acción sostenida por los Urbanos de Villafranca contra los carlistas, relatando los daños y menoscabos causados por las tropas de Zumalacárregui.

Madrid, 12 de diciembre de 1834

AGN, HEMEROTECA, GACETA_DE_MADRID_N3, pág. 3

74

sion y principalmente el escuadron del 6º por la brillante carga que dió á los facciosos. Dios guarde á V. S. muchos años. Binefar 16 de enero de 1837.= José de Oribe.=Sr. comandante general del alto Aragon.

De la ciudad de Tudela se nos ha dirigido la siguiente felicitacion que su ayuntamiento constitucional ha elevado á la Excma. Diputacion provincial asegurándonos que en iguales términos lo ha hecho la villa de Cintruenigo.

EXCMO. SR.

Con indecible placer he leido las esposiciones documentadas que V. E. ha tenido á bien dirigir al Congreso Nacional y al Gobierno de S. M. con fecha 2 y 12 del corriente solicitando los remedios mas conducentes á la desgraciada situacion en que se encuentra nuestra provincia por la desastrosa guerra civil, y las desmedidas exigencias militares; porque en ambos documentos dignos de la alta mision encomendada á V. E. por el pueblo Navarro para representarle legítimamente están desenvueltos con maestría, franqueza y energía todos los hechos remarcables que han contribuido á nuestro infortunio en esta desastrosa guerra, al par que los principios de justicia y de conveniencia que existen para considerar á Navarra por sus distinguidos servicios y lealtad bajo las mismas reglas que á las demas provincias y libre de azote del despotismo militar. Al paso que he resuelto que esas manifestaciones queden colocadas en mi archivo, para recuerdo grato de la posteridad hácia unos representantes, que en medio de las críticas circunstancias actuales levantan su animosa voz al Congreso, al Gobierno y á la Nacion entera para hacer conocer el verdadero estado de una provincia tan injustamente perseguida, y proporcionar un alivio á sus padecimientos con el lenguage de firmeza, verdad y franqueza características de navarros, atrayéndose una aprobacion unánime en todos los que se precian de corresponder á ese nombre: yo, representante de uno de sus principales pueblos, identificado con las mismas ideas que V. E. manifiesta en las esposiciones, le felicito por unos pasos tan acertados, y por la manera con que se han ejecutado, congratulándome con los buenos patriotas de que Navarra tenga una representacion tan acreedora de ocupar ese distinguido lugar.

Igualmente ha merecido la mas general aprobacion el paso que V. E. acaba de dar con la Excma. Señora viuda del ilustre caudillo nuestro compatriota D. Francisco Espoz y Mina por medio de la manifestacion de 9 del corriente, reclamando su cadaver como que corresponde al país natal en que tantas glorias y virtudes cívicas deben recordar sus habitantes sobre la tumba, proporcionadas por su heroismo sin tacha, en que estará para siempre interesado el pueblo Navarro, de cuya determinacion felicito igualmente á V. E., dándole las debidas gracias porque no pierde ocasion de colocar en el buen lugar que se merece la Provincia que se ha puesto bajo su direccion. = Dios guarde á V. E. muchos años. De mi consistorio y Enero 22 de 1837. = Excmo. Sr. El ayuntamiento constitucional de Tudela cabeza de su partido. *Siguen las firmas.*

Alocucion que el ayuntamiento constitucional de Ochagavía ha dirigido á los habitantes al tiempo de tomar posesion.

Ochagavianos: El ayuntamiento Constitucional que acaba de tomar posesion, cree un deber dirigiros su voz, para manifestaros sus intenciones.

Los individuos que lo componemos, estamos penetrados de nuestra verdadera mision, que es el buen gobierno del pueblo.

Constitucion y orden será nuestra divisa; y estamos dispuestos á sacrificar hasta nuestras vidas en defensa de tan sagrados objetos. Si todavía existiese en esta villa algun impenitente carlista, sepa que al menor hecho de conspiracion en favor del infame bando, caerémos sobre él con todo el peso de las leyes. Y del mismo modo estamos resueltos á reprimir con el mayor teson y rigor á cualquiera que osase perturbar la tranquilidad pública bajo de ningun pretesto.

Economía, claridad y publicidad en los gastos y cuentas; reformas útiles, alivio del pueblo, y exacto cumplimiento de las órdenes del Gobierno será nuestro norte. ¡Conciudadanos! confiad en vuestro ayuntamiento.

Union y fraternidad os recomendamos á todos. Si union existe entre todos, cuando se trata de defender la patria y correr con valor al puesto del honor, ¿por qué no olvidarémos todo lo pasado que sirva para alejar la fraternidad de los hijos de una misma familia? Sea este pueblo en adelante envidiable por la armonía, vuestro ayuntamiento dirigirá sus afanes á ese objeto.

¡Ciudadanos! ¡Viva la Constitucion! ¡Viva el Congreso Nacional! ¡Vivan las Reinas Constitucionales! Ochagavía 21 de Enero de 1837.=El ayuntamiento Constitucional y en su nombre = Fernando Bezunartea. Alcalde.=José María Sancet.=Martin José Arbe, regidores.

Habiéndose tratado en las últimas sesiones de Cortes de algunos puntos interesantes á Navarra, en que se han vertido opiniones encontradas, tal vez por falta de una noticia exacta de la historia de este país, habiamos tomado la pluma para formar un pequeño extracto de ella con la imparcialidad y buena fe con que deseamos se haga justicia á las pretensiones de nuestros representantes, desechando todo lo que pueda estrivar en el espíritu mezquino de provincialismo ó de privilegios contrarios al sistema de union que ardientemente deseamos de todos los miembros de la monarquía española; pero casualmente ha llegado á nuestras manos un prólogo inédito, preparado para una nueva edicion de la historia de la conquista de Navarra que escribió en 1513 Luis Correa; y pareciéndonos que este prólogo llena completamente el plan que nos habiamos propuesto, nos hemos decidido á darlo al público, tal cual está escrito, creyendo que en ello hacemos un servicio á los amantes de la verdad: dice asi.

»*Prólogo del Editor.*

»Luis Correa escribió la historia de la conquista de Navarra, como testigo presencial, segun él mismo lo dice en su proemio; la escribió por complacer á D. Gutierre de Padilla comendador mayor de la órden

---

DOC. 5.2.

Alocución del Ayuntamiento constitucional de Ochagavía a los vecinos declarando su compromiso con el buen gobierno y el orden público y su defensa de la Constitución y de las reinas constitucionales, tras haber tomado posesión.

Ochagavía, 21 de enero de 1837

(publ. *Boletín Oficial de Pamplona*, 30 de enero de 1837)

AMP, BOP, 31-1-1837

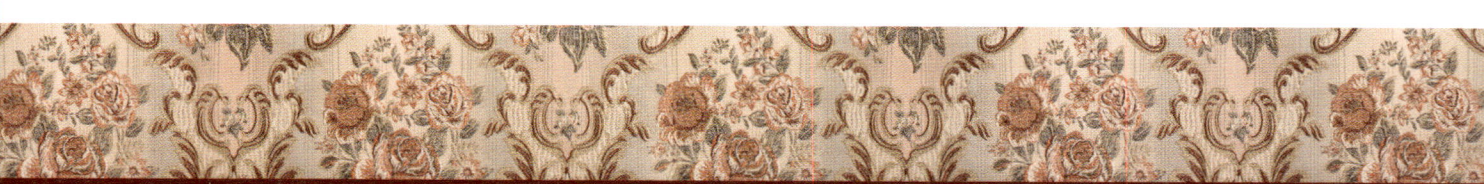

GOBIERNO POLITICO DE NAVARRA.

CIRCULAR.

Deseando tener conocimiento sino exacto á lo menos aproximado de los males y pérdidas que los pueblos de esta provincia han sufrido en la guerra felizmente terminada, los respectivos Ayuntamientos constitucionales de los pueblos, Valles ó Cendeas, contestarán al márgen de esta circular, y me la devolverán en el preciso termino de un mes, á las preguntas siguientes. Pamplona 27 de Octubre de 1839.=Rodrigo Castañon.

Pueblo ó Valle de

| Preguntas. | Respuestas. |

Qué número de almas tiene la Jurisdicion. . . . .
Cuántos hombres han tomado voluntariamente las armas en el ejército de la Reina.
Cuántos en la milicia Nacional. . . . .
Cuántos de dicho Ejército murieron por heridas ó por efecto de ellas. .
Cuántos de la milicia Nacional. . . . .
Cuántos de los que tomaron parte en el Ejército quedaron inútiles ó enfermos de por vida. . . . .
Cuántos idem de la milicia Nacional. . . . .
Cuántos del Ejército volvieron á sus casas ó se sabe que están en otras. .
Cuántos . . . idem . . . . . cuyo paradero se ignora. . . . . . .
Cuántos tomaron voluntariamente las armas en favor de Don Cárlos. . .
Cuántos forzosamente. . . . .
Cuántos murieron por heridas ó efecto de ellas. . . . .
Cuántos quedaron inútiles ó enfermos de por vida. . . . . . .
Cuántos volvieron á sus casas ó se sabe que están en otras. . . . .
Cuántos cuyo paradero se ignora ó restan volver. . . . . . .
Cuántos paisanos, adultos, vecinos ó residentes en la jurisdicion perecieron por hierro, fuego ó fatigas de la guerra. . . . .
Cuántas mugeres ó niños. . . . .
Cuántos paisanos quedaron estropeados para siempre. . . . . .
Cuántas familias enteras emigraron de la jurisdicion abandonando sus casas por compromisos politicos. . . . .
Cuántas por estragos de la guerra ó por miedo á ellos. . . . . .
Cuántos cadáveres de personas estrañas muertas violentamente fueron enterradas en el cementerio ó campo de ese término. . . . . .
Cuántas caballerías ó bestias de carga y labor fueron muertas ó arrebatadas á los vecinos para el servicio de guerra y no recobradas. . . . .
Cuántas reses mayores les fueron exigidas por reparto, ó tomadas á la fuerza para raciones y no pagadas. . . . .
Cuántas menores. . . . .
Cuántas casas fueron destruidas ó incendiadas. . . . . . .
Cuántos edificios públicos, molinos, fábricas &c. . . . . . .
Cuántos puentes de piedra. . . . .
Cuántas cortaduras hechas en los caminos reales. . . . . . .
Cuántos árboles mayores aproximadamente fueron talados ó cortados para el suministro de leña ó fortificaciones. . . . .
Cuántos árboles frutales y olivos. . . . .
Cuántas cepas han sido arrancadas. . . . .

OBSERVACIONES.

Fecha y firma del Presidente del Ayuntamiento.

DOC. 5.3.

Circular del Gobierno Político de Navarra interrogando a los Ayuntamientos para conocer las consecuencias negativas de la guerra.

Pamplona, 27 de octubre de 1839
(publ. *Boletín Oficial de Pamplona*, 31 de octubre de 1839)

AGN, HEMEROTECA, BOP_N2.83, pág. 5

76

JUNTA PROVISIONAL
DE
GOBIERNO DE NAVARRA.

NAVARROS.

Instalada la Junta provisional de gobierno, siguiendo el ejemplo de casi todas las provincias de la Nacion, es llegado el caso de manifestar su pensamiento político, y la marcha que se propone seguir mientras las imperiosas circunstancias del dia hagan necesaria su existencia.

Conservar á todo trance el órden público, haciendo que sean respetadas las personas y propiedades, y prestar franco y decidido apoyo al sostenimiento de la constitucion, del trono de Isabel 2.ª y de la independencia nacional; he aqui sus principios, que son tambien los de la mayoría inmensa de los españoles.

Navarros: vuestros mayores supieron darse instituciones libres, y conservarlas por dilatados siglos; pero la mano del tiempo y mas aun el despotismo de los reyes las redujeron casi á la nada: y, perdido el recuerdo de lo que fuisteis, pronto hubierais sufrido la suerte comun. El dia de la regeneracion es llegado; y al entrar en la gran familia española recobrareis mejoradas vuestra libertad y dignidad; y la justicia de la Nacion no olvidará tampoco vuestros intereses materiales, como lo tiene ofrecido en una ley solemne. Siempre habeis sido grandes y generosos: la Junta espera que no desmentireis vuestro carácter en esta ocasion.

Pamplona 3 de Octubre de 1840. La Junta provisional de gobierno de Navarra. = Angel Rodriguez de Círia, vice-presidente. = José María Notario = Lorenzo Mutilua =Atanasio Ubago = Benito Rodriguez de Arellano = Luis Iñarra, vocal sec.º

DOC. 5.4.

Alocución de la Junta Provisional de Gobierno de Navarra a los navarros manifestando su compromiso con el orden público, la Constitución, Isabel II y la independencia nacional.

Pamplona, 3 de octubre de 1840

AGN, DFN, Caj. 20268/3

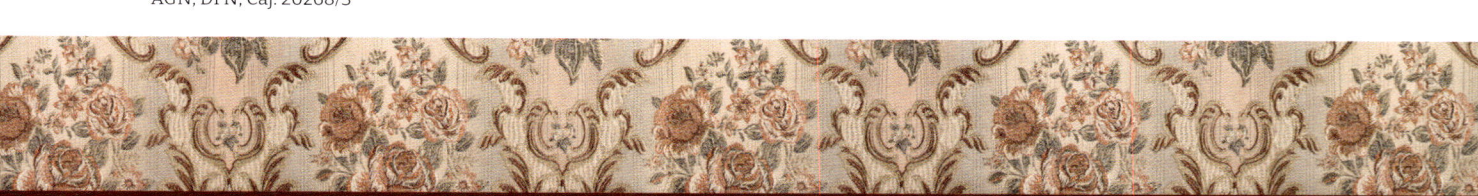

En virtud de lo mandado p.r el Ex.mo S.r Conde de Sra Eguía General en Gefe del E.to N.l en su oficio de veinte de Enero ultimo, teniendo pr.te la q.e le ha pasado la comision nombrada p.a el efecto, compuesta de sugetos fidedignos.

1ª Clase

Sugetos contrarios al Rey N.S. Exaltados en el grado mas superior que defienden á la misma con las Armas en la mano

Naturales y vecinos de Estella

1 – Jose Maria Abadia (a) el coso de Abadia soltero cosrador.
2 – Ambrosio Larrainzar casado hacendad.
3 – Diego Larrainzar casado y tres hijos.
4 – Benito Larrainzar soltero de d.ho Ambrosio.
5 – Manuel Larranz casado molinero.
6 – Manuel Manero casado Pavon de la duela.
7 – Ramon Azcona casado hornero.
8 – d.n Jusso Maldonado soltero hijo de Padre hacendado.
9 – d.n Pantaleon Maldonado su hermano soltero, individuo del Ayuntam.to electo p.r Rodil.
10 – Angel Seroiciain casado labrador.
11 – Jose Ruiz soltero cesador.
12 – Ramon Rojas casado panadecaso;

13 – Romuald Rojas casado traginero.
14 – Leonard Rojas soltero hijo de d.ho Ramon.
15 – d.n Cayetano Razquin, Abogado, casado, corregidor q.e fue de esta ciudad p.r el Gobierno usurpador.
16 – Jose Longinos de Beta, casado sin oficio conocid.
17 – Ruperto Beta su hijo soltero.
18 – d.n Pedro Maria Vidaurreta, casado comerciante Presidente del Ayuntam.to elegid.p.r Rodil.
19 – Antonio Vidaurreta comerciante su hijo soltero.
20 – d.n Anselmo Vicuña ⎱ solteros hijos de d.n Ueda
21 – d.n Ramon Vicuña ⎰ hacendada.
22 – Quirico Marcen casado Zapatero.
23 – Alejandro Ruiz soltero Urbano pasad.al Ex.to N.l.
24 – Juan Bau.ta Ruger casado Guarnicionero.
25 – Ant.o Beta casado Comerciante.
26 – d.n Gaspar Elordi soltero Legista.
27 – Jose Maria Atiñon soltero, moralista.
28 – Victor Eznahaga soltero sin oficio.
29 – d.n Miguel Mimasriz casado hacendado.
30 – Benigno Ruiz del Galarreca solt.o Cusial.
31 – Rufino Ochoa ⎱ solteros hijos de d.n Rafa
32 – Pedro Juan Ochoa ⎰
33 – Jose Maria Esfalte estudiante gramarico.
34 – Anselmo Goicoechea soltero cesero.
35 – Narciso Moreres soltero Legista.
36 – Santos Iribas ⎱ solt.os hermanos, co-
37 – Lorenzo Iribas ⎰ merciantes.

DOC. 5.5.

Lista de 188 estelleses liberales confeccionada por el Ayuntamiento carlista de Estella por desafectos a la causa de Don Carlos.

Estella, 19 de febrero de 1836

Archivo Municipal de Estella, Libro de Actas, n. 125

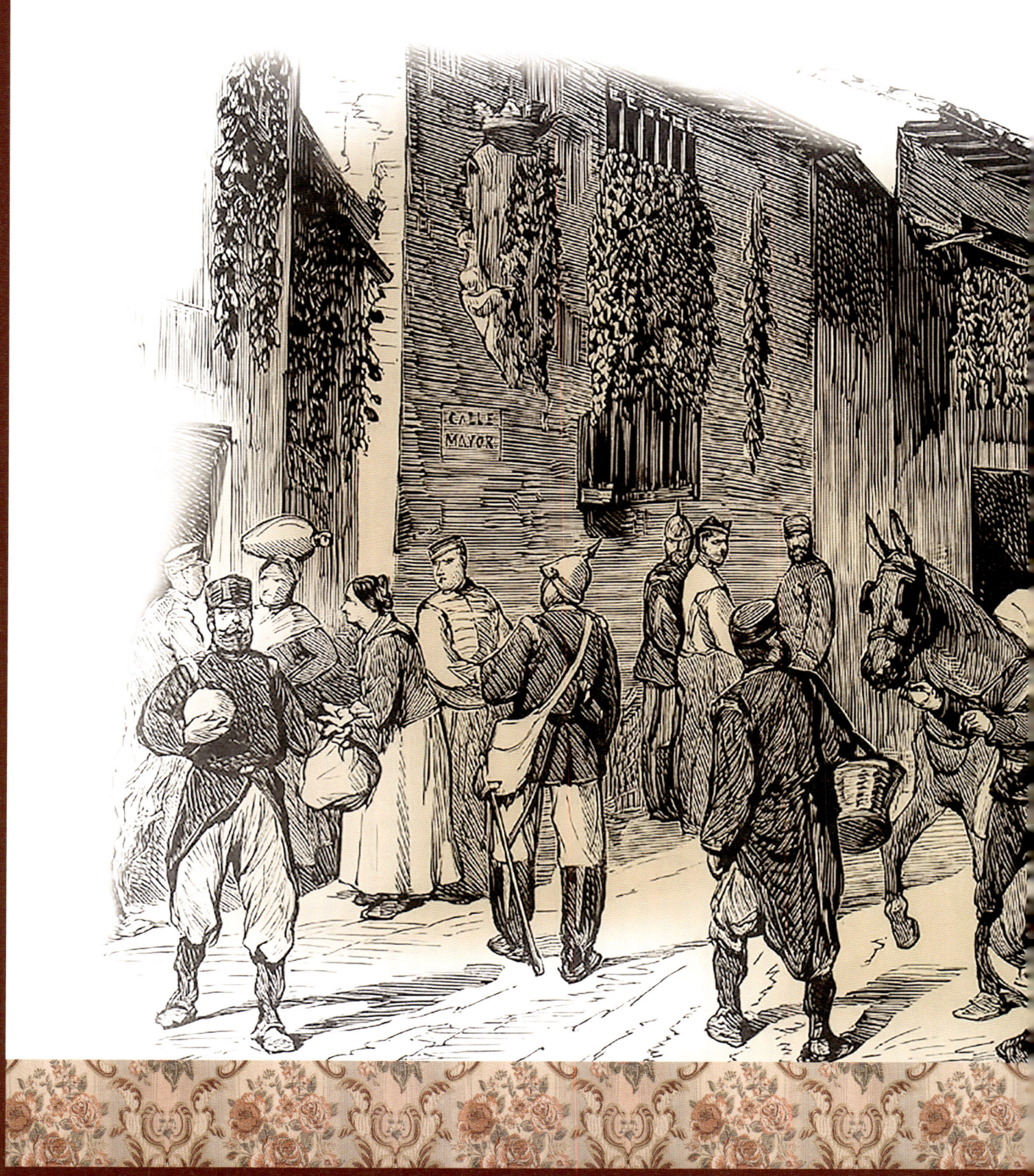

El esfuerzo bélico: los cuerpos francos

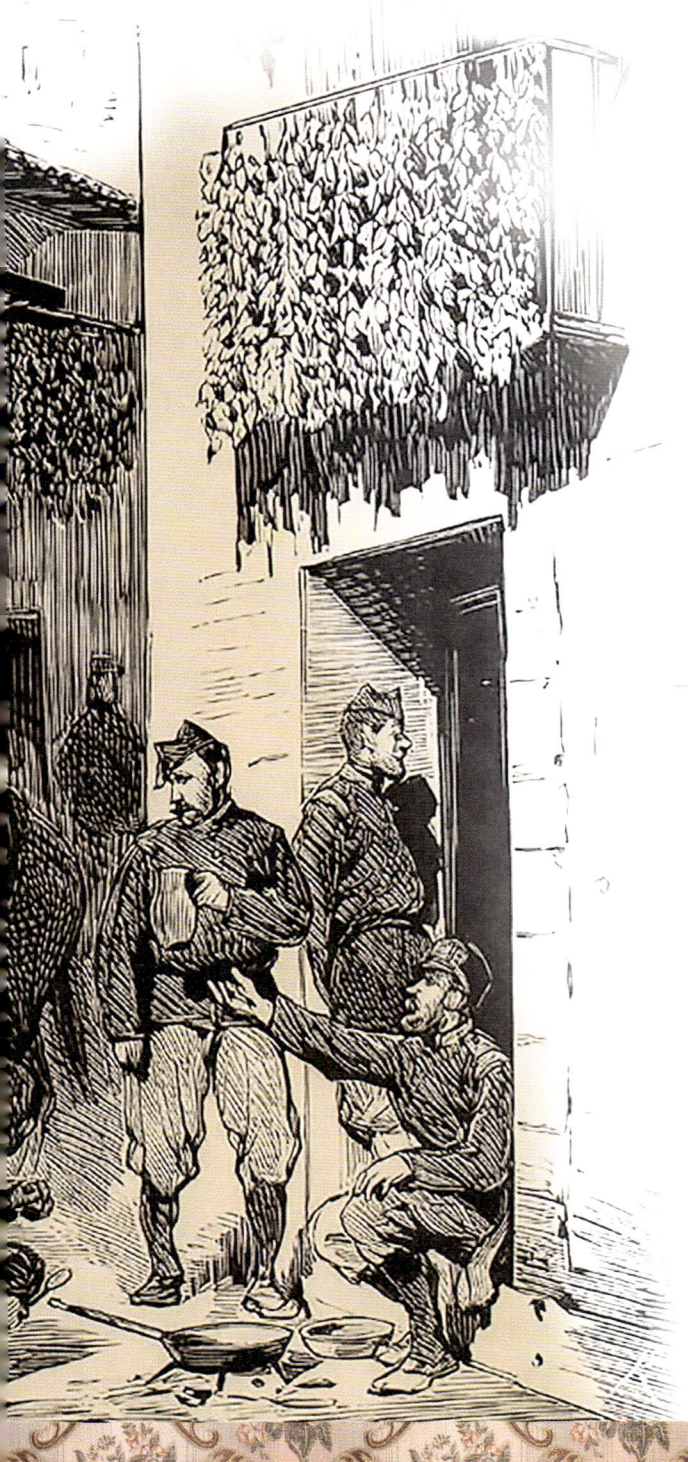

Junto a la Milicia Nacional, en la guerra de los Siete Años (1833-1839), se organizaron los Tiradores y Flanqueadores de Isabel II y el Batallón Franco Provisional de Navarra y otros cuerpos francos similares como las compañías de Protección y Seguridad Pública, de Gendarmes y de Salvaguardia en Pamplona y la de Guías del general. A ellos se añadieron la Confederación Liberal de la Montaña de Navarra, que movilizó unos 2.000 hombres, y las pequeñas partidas del arcediano de Aibar y de Urbano Igarreta, "el Mochuelo".

Lodosa. Aspecto de la calle Mayor en un día de llegada de tropas.

Ilustración de Nemesio Lagarde, grabado de Rico.

Publicado en Madrid, 1875

Koldo Mitxelena Kulturunea

Alocución a los navarros del párroco de Lodosa, Alejandro García Olloqui (Lodosa, 1792-1867), "el cura de la manta".

23 de octubre de 1834 (publicado en el *Eco del Comercio*, 5 de febrero de 1834)

BNE, Hemeroteca Digital

80

S. M. la Reina Gobernadora, por reales decretos, se ha servido separar de sus respectivos destinos á D. José María Tejero, alcalde mayor de Talavera de la Reina: á D. Manuel Martinez, alcalde mayor de Villadiego: á D. Manuel Ruiz de Montoya, corregidor de Verin: á D. Francisco de Paula Reig, alcalde mayor de S. Felipe: á D. Francisco Antonio Macho Villegas, alcalde mayor de Villarejo de Fuentes: á D. Antonio María Ortiz, alcalde mayor de Fuentes del Maestre: á D. Remigio Romero Prieto, alcalde mayor de Doña Mencia: á D. Manuel García Saez Santander, alcalde mayor de Infantes; y á D. Eugenio Javalquinto y Portillo, alcalde mayor de Priego.

Tambien se ha servido jubilar á D. Gabriel Gutierrez, alcalde mayor de Valladolid: á Manuel Martin y Bayon, alcalde mayor de Búrgos; y á D. Antonio Ramon Careaga, alcalde mayor de Aranda de Duero.

Asimismo se ha servido nombrar S. M. la Reina Gobernadora, en calidad de interinos, para la alcaldía mayor del partido de Navahermosa á D. Manuel de Benavides: para la de Igualada á D. José Romero Ortega: para la de Sigüenza á D. José Lopez Ponce: para el corregimiento de Tarazona á D. Francisco Perez de Lucía: para la alcaldía mayor de Santafé á D. Juan de Dios Guzman: para la de Agreda á D. José Aragon: para la de Lerma á D. Juan Victor Navarro: para la de Antequera á D. Pedro Henrique Montero: para el corregimiento de Cuenca á D. Antonio Lafuente: para el de Alcaraz á D. Pantaleon Vitini: para el de Barbastro á D. Anselmo Baquedano: para la alcaldía mayor de Campillos á D. Antonio María Castilla: para la de S. Clemente á D. Francisco Senen y Seneo: para la de Murcia á D. José García Vergara: para la de Cartagena á D. José Macho de Quevedo: para la de Valls á D. Jaime Prenafeta: para la de Canjavar á D. Gines María de las Heras: para la de Avilés á D. Pascual Argüelles Toral: para la de Villanueva de los Infantes á D. Javier de Surga: para la de Montilla del Palancar á D. José María Serrano: para el corregimiento de Talavera de la Reina á D. Francisco de Paula Murciano: para el de Requena á D. Eugenio Rufino Hernandez: para el de Andujar á D. Laureano Rojo de Norzagaray: para el de Chinchilla á D. Benito Romero: para el de Verin á D. Buenaventura Olave: para el de Carmona á D. Roque Naranjo: para la alcaldía mayor del Burgo de Osma á D. Luis Martinez Laviesca: para el corregimiento de Ecia á D. Antonio Baños: para la alcaldía mayor de San Felipe á D. José Lopez Enguidanos: para la de Villamartin de Valdeorras á D. Manuel Criado Ferrer: para la de Celanova á D. Antonio Arias Quiroga: para la de Alberique á D. Andres Llagarria: para la de Almazan á D. Juan Teran: para la de Priego á D. José Parejo: para la de Señorin de Carballino á D. Francisco Pellico Paniagua: para el corregimiento de Ubeda á D. José Ramon Moreno: para la alcaldía mayor de Torrecilla de Cameros á D. Miguel Ibañez: para la de Búrgos á D. Juan Rodriguez Guillen: para la de Villarcayo á D. Lorenzo Cobo de Heras: para la de Melgar de Fernamental á D. Gerónimo Tegerina: para la de Aranda de Duero á D. Ramon Pardo y Osorio: para la de Cabuérniga á D. Andres Gabriel Canovas: para la de Castrourdiales á D Alejo Lopez de la Galle: para la de Villacarriedo á D. Canuto Cevallos: para la de Ramales á D. José Navas: para la de San Vicente de la Barquera á D. Segundo S. Juan: para la de Cañete á D. José Ripoll y Galves: para la de Escalona á D. Julian Martinez Yanguas: para la de Ordenes á D. Aquilino Urioste, y para el corregimiento de Calahorra á D. Mariano Amadori.

Exposición de la milicia urbana de infantería
y caballería de Tudela a la Reina Gobernadora,
mostrando su adhesión a la reina Isabel II.

Gaceta de Madrid, 5 de febrero de 1835

BNE, Hemeroteca Digital

81

Madrid 4 de Febrero.

El comisario régio de Navarra D. José García Suelto ha elevado con fecha de 28 del pasado á S. M. la REINA Gobernadora, por conducto del ministerio de lo Interior, una exposición de los Urbanos de infantería y caballería de la ciudad de Tudela, los cuales manifiestan reverentemente á S. M. el sentimiento é indignacion con que han sabido los sucesos de 18 del mismo mes, ocurridos en esta corte.

Resueltos aquellos valientes á morir con las armas en la mano en defensa del trono de S. M. Doña ISABEL II, expresan que no es menor su ardimiento en sostener el ESTATUTO REAL, que felizmente nos rige, la obediencia al gobierno y á las leyes, y la subordinacion y disciplina tan esencial á la fuerza armada, que sin ellas, dicen, la sociedad se convertiria en un espantoso caos. Sus principios invariables son que los gobernados tienen el medio de manifestar sus deseos por el órgano de los representantes que la nacion ha elegido; y que apelar á otro recurso es un acto ilegal, un delito de rebelion. Por esto se felicitan sinceramente al ver la noble conducta observada por sus compañeros de armas y guarnicion de Madrid en los tristes sucesos que han afligido la capital de la monarquía.

El comisario régio añade que iguales sentimientos á favor del trono y de las leyes animan á los Urbanos de Valtierra y de Arguedas, de que él mismo ha sido testigo y admirador.

S. M. la REINA Gobernadora ha visto con el mayor agrado la leal manifestacion de tan beneméritos individuos de la Milicia urbana, los cuales habiendo sellado tantas veces con su sangre el juramento de defender el legítimo trono de ISABEL II, estan dispuestos á consumar el sacrificio de sus vidas para el sostenimiento del órden público y del ESTATUTO REAL.

82

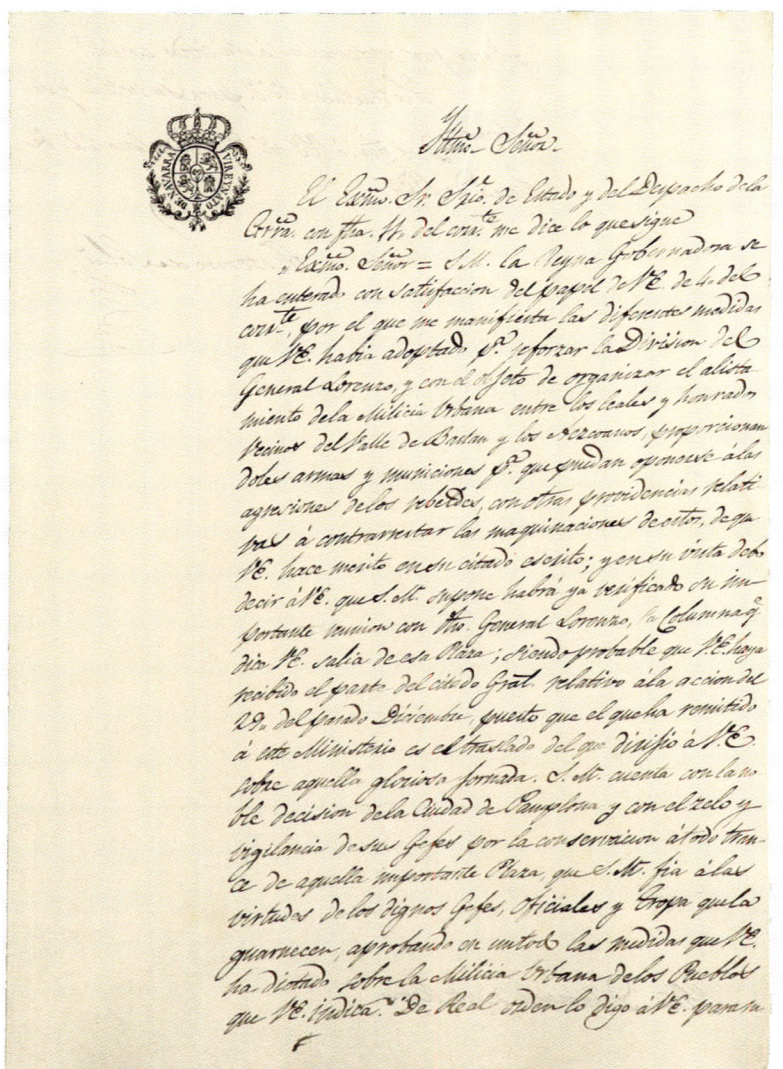

DOC. 6.1.

Real Orden aprobando las medidas del virrey interino para reforzar la División del general Lorenzo y organizar el alistamiento de la Milicia Urbana en Baztán y Aézcoa.

25 de enero de 1834

AGN, RE_GUERRA, Leg. 33, carp. 28

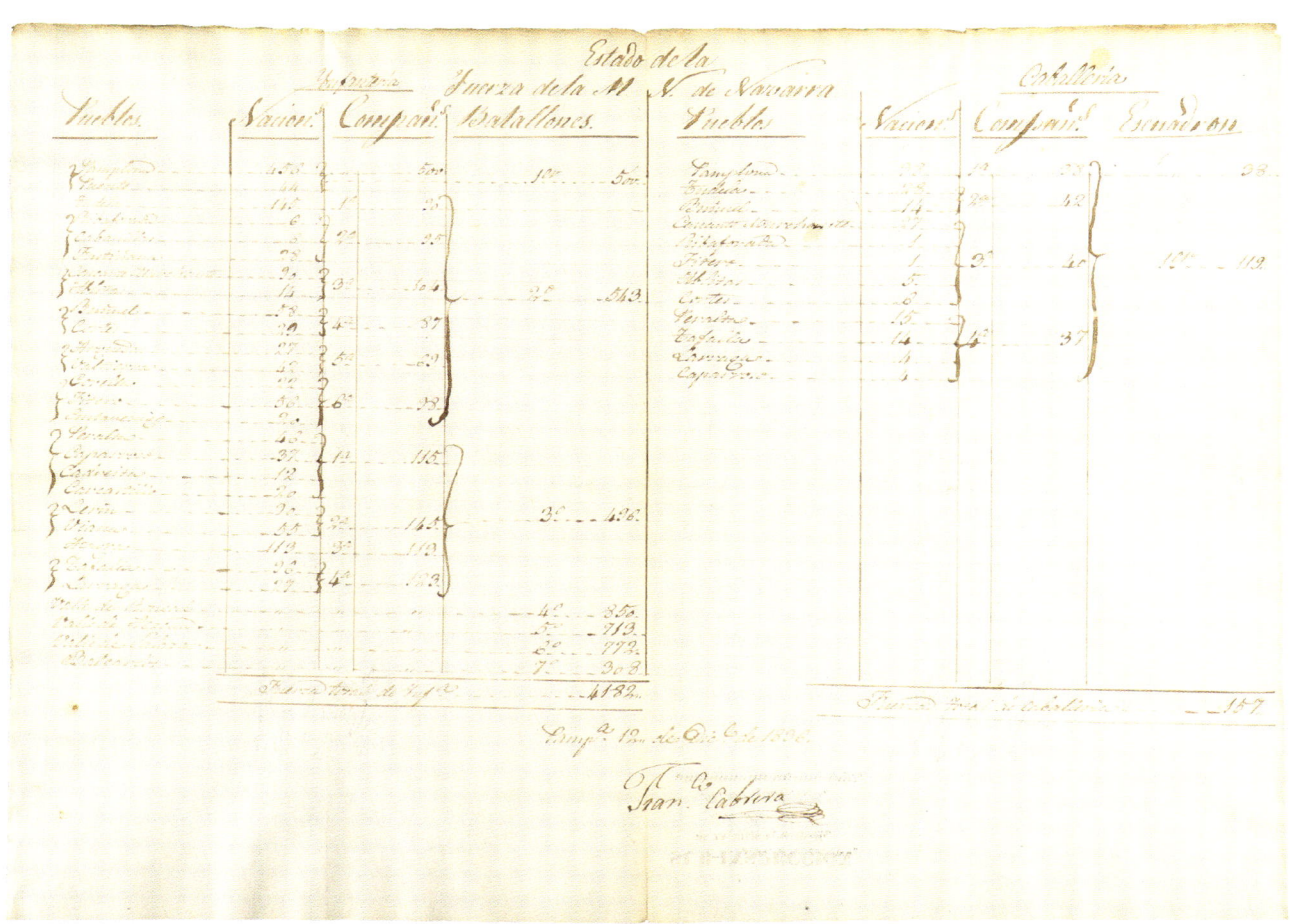

DOC. 6.2.

Estado de la fuerza de la Milicia Nacional de Navarra.

Pamplona, 12 de diciembre de 1836

AMP, Guerra y Milicias, leg. 23, nº 2

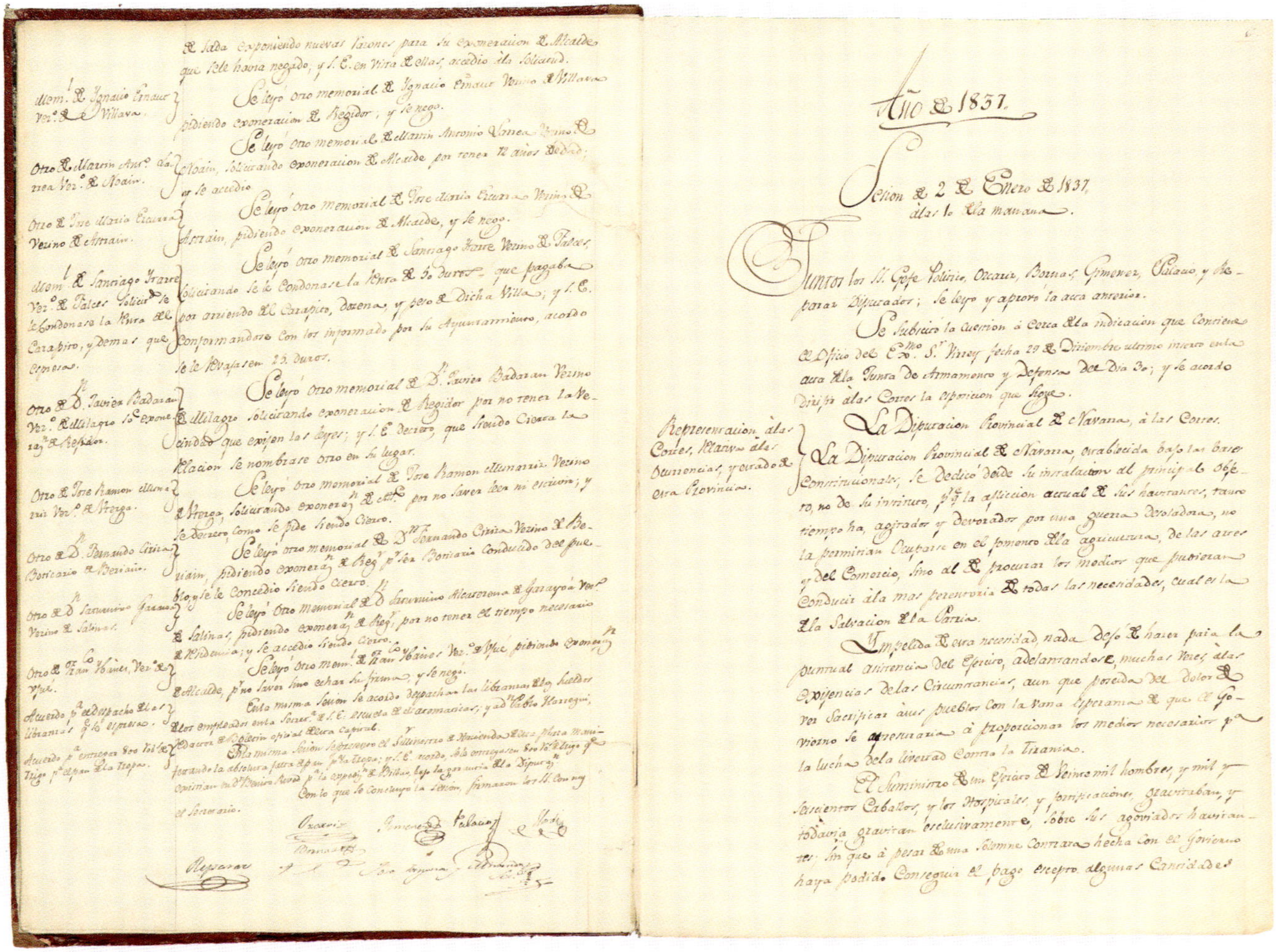

84

DOC. 6.3.

Representación de la Diputación Provincial de Navarra a las Cortes sobre el desolador estado de la provincia y los enormes sacrificios que suponía el suministro para 20.000 hombres, 1.600 caballos, hospitales y fortificaciones y protestando por el "despotismo militar" que arruinaba Navarra.

Pamplona, 2 de enero de 1837

AGN, DFN,L.385, fols. 7v-8r

res y se incorporaron al Ejército Constitucional, ó se trasladaron á las plazas de armas, ciudades y pueblos defendibles, sosteniendo hasta el fin la causa de la libertad contra las tropas francesas ó rebeldes; y no habiéndose presentado á recogerlos los individuos que á continuacion se expresan, se inserta este aviso en el presente Boletin para que llegando á noticia de los interesados ó de sus parientes en caso de haber fallecido, lo verifiquen por sí ó por medio de persona que deleguen al efecto. Pamplona 19 de Noviembre de 1841.== Fernando Madoz.

Relacion nominal de los individuos que no se han presentado á recoger los diplomas de que se hace mérito en el anuncio anterior.

D. Alberto Aranalde, D. Gerónimo Artuch, D. José María Aviñon, D. Juan Alfonso, D. Ramon Arguiñano, D. Santiago Aldaz, D. Joaquin Vidaurre, D. Anacleto Buelta, D. Javier Vidarte, D. Manuel Beguer, D. Antonio Beruete, D. José Beruete, Don Manuel Vilella, D. Seberino Burbano, D. Benito Bisié, D. Manuel Villanueva, D. Antonio Zalona, Don Andres Zalona, D. Luis Zaro, D. Miguel Cadena y Escartin, D. Agustin Zarate, D. Agustin Caballero, D. Benito Ciga, D. Sebastian Dudomén, D. Gerónimo Domingo, D. Joaquin María Domingo, D. Pedro Echarte, D. Juan Angel Echarri, D. Domingo Escartin, D. Francisco Elizalde, D. Andres Eulogio Echarri, D. Sebastian Esquiroz, D. Antonio Fernandez D. Joaquin Got, D. Joaquin Jalon, D. Bernabé García, D. Miguel Goicoechea, y Latiegui, D. Pedro José Goyena, D. Zenon Garayoa, D. Pedro Garjon, D. Andres Iriarte, D. Vicente Irigoyen, D. Ipólito Inda, D. Miguel Antonio Iturralde, D. Javier Isturiz, D. Manuel Idoy, D. Antonio Iracheta, D. José Antonio Iriar, D. Tomas Irurozqui, D. Ignacio Lizaso, D. Francisco Larrea, D. Juan Llaurado, D. Miguel Larumbe, D. José Lezaun, D. Mauricio Lamarque, D. Manuel María Morales, D. Juan Muzija, D. Ilario Nuñez, D. Eusebio Monreal, D. Juan de Dios Moso, D. José Marco, D. Francisco Martinez, D. José Martinez D. Lorenzo Marturel, D. Lorenzo Olartecoechea, D. Antonio Osarte, D. Gerónimo Oroquieta, D. Manuel Puch, D. Antonio Pinilla, D. Joaquin Rendon, Don Juan Bautista Rugel, D. Benito Ribed, Don Ramon Rodriguez, D. Julian Sarasa, D. Prudencio Sarasate, D. Fermin Santesteban, D. Angel Senosiain, D. Bermundo Sanchez, D. Joaquin Subiran, D. Cosme Sagasti, D. Manuel Troconiz.

2.ª Seccion.

Habiendo sido robados en la provincia de Guipuzcoa y monte inmediato al pueblo de Vidania, tres machos mulares, cuyas señas se anotan á continuacion; encargo muy particularmente á los Sres. Alcaldes Constitucionales de esta provincia y demas autoridades dependientes de la mia, vigilen con el mayor cuidado las ferias, mercados ú otros puntos de compra y venta de aqella clase de animales á fin de que si reconocen alguna clase de ellos lo pongan á mi disposicion, con el que se titule su dueño. Pamplona 6 de Setiembre de 1841.==Fernando Madoz.

Señas de los machos mulares.

El primero es grande y tiene en una de las orejas una marca parecida á una C. El segundo tiene la mano derecha labrada con fuego hácia la flexion de la rodilla. El tercero de seis y media á siete cuartas de altura, de morro negro y con cabeza de seda. Todos tres son cerrados y llevan mantas encarnadas.

Negociado número 8.

Habiendo sido robadas dos caballerias en los términos de Belchite, provincia de Zaragoza, cuyas señas se estampan á continuacion, encargo á los alcaldes constitucionales de esta de Navarra procuren inquirir el paradero de las citadas caballerias y caso de ser habidas las recojan á su poder, dando parte inmediatamente á esta Gefatura. Pamplona 21 de Setiembre de 1841.==Fernando Madoz.

Señas.

Un macho de tres años, de siete palmos y medio y dos dedos de alzada, negro entre pardo, morro de fuegos, una marca como una cortada al morro alto y en los riñones un bulto que se le hizo del aparejo.

Una mula de siete años, su abrazada ocho palmos menos dos dedos, pelo negro, morro de fuego en el lado izquierdo de la raya de la esquiladura tiene una señal de haberle hechado magistral y los garrones de atras abultados.

Juzgado de primera instancia de Tafalla.

D. Mariano Casanoba, Juez de primera instancia de este partido;

Hago saber que en la causa criminal que pende en este juzgado sobre incorporacion ó cooperacion á la rebelion de O-donell, contra Francisco Perez ausente vecino de la Villa de Fitillas por auto de ayer, se ha mandado lo siguiene.== Dirijase el correspondiente exorto al M. I. S. Gefe político de la Provincia, insertando las señas de Francisco Perez para que se sirba acordar se inscriba para su captura en el Boletin oficial de la misma. Dado en Tafalla á 20 de Noviembre de 1841.== Mariano Casanova.== Por su mandado.==Justode Ororbia, Escribano.

Señas del ausente Francisco Perez.

Estatura 5 pies, Pelo castaño, ojos id., cara redonda, barba poco poblada, color bajo, pantalon de lienzo blanco, toca á estilo del pais y boina azul y una capa azul de soldado de caballería.==Ororbia, Escribano.== Insértese.== Madoz.

Imprenta de D. Ramon Domingo.

DOC. 6.4.

Lista de milicianos nacionales navarros pendientes de recoger el diploma concedido en 1841 por el Regente por haberse incorporado en 1823 al Ejército Constitucional sosteniendo "la causa de la libertad" contra las tropas francesas o absolutistas.

Pamplona, 19 de noviembre de 1841

(publ. *Boletín Oficial de Pamplona*, 25 de noviembre de 1841)

UPNA, BIBLIOTECA, BOP 25-XI-1841

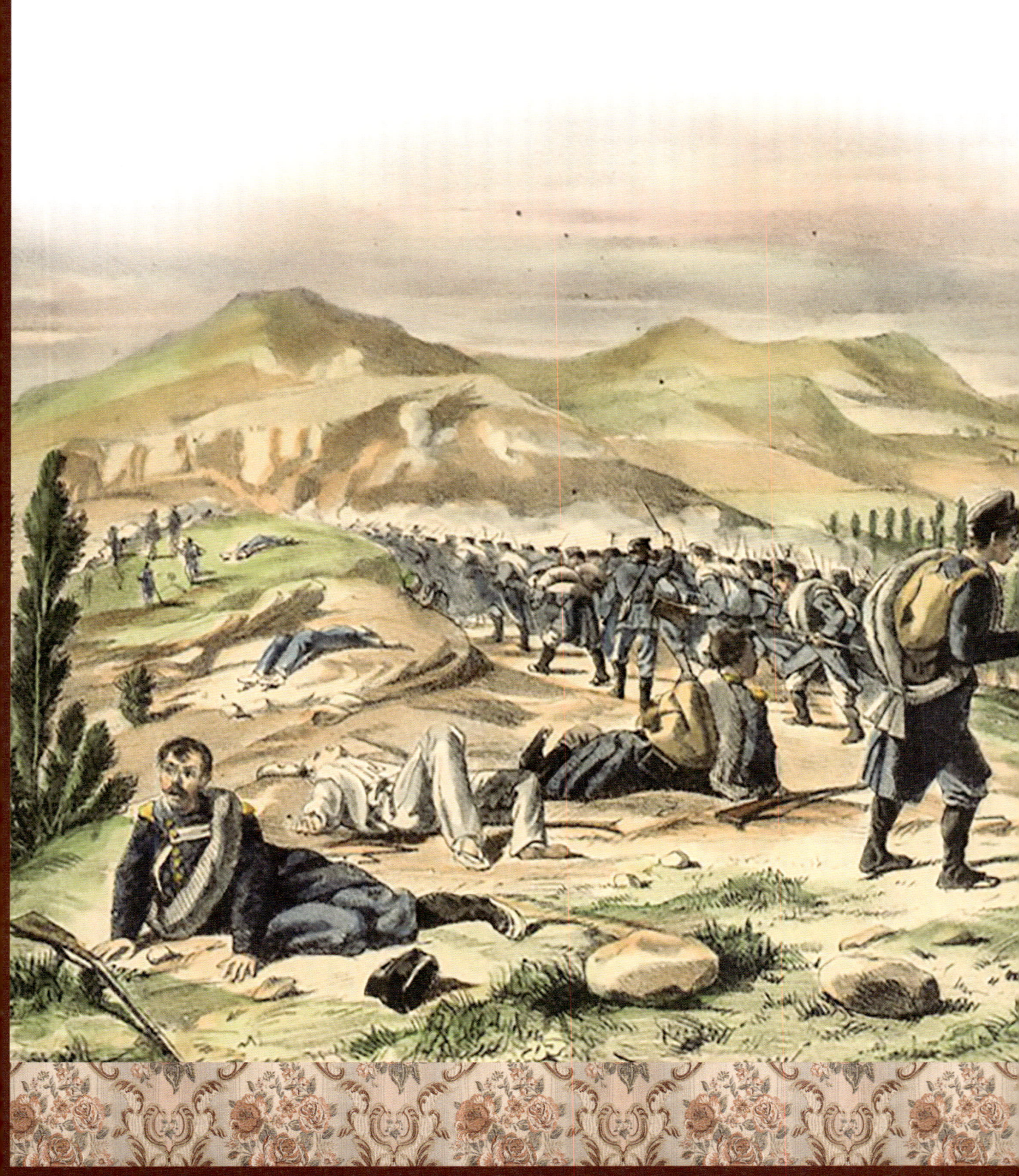

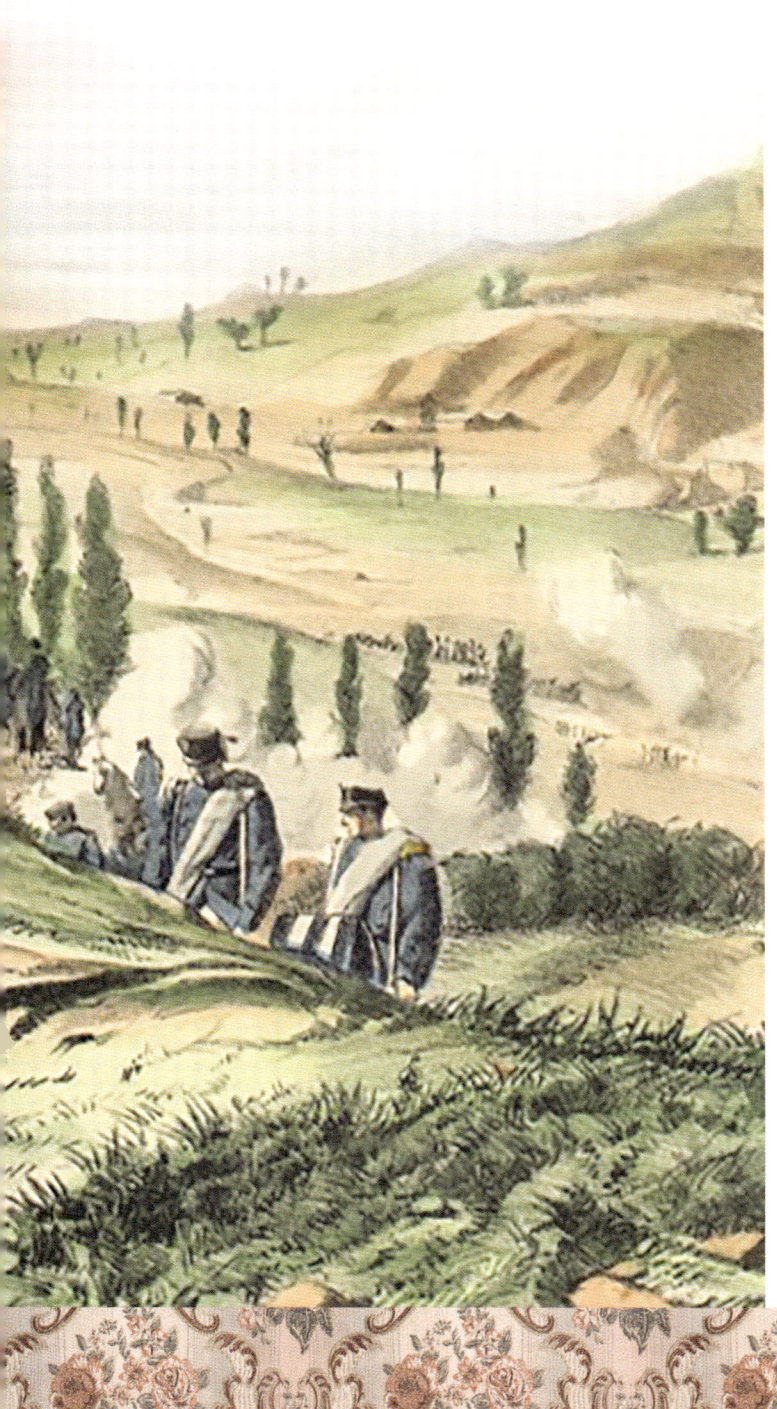

Los militares profesionales navarros en el Ejército liberal

Aunque, por lo general, no se repare en ello, buena parte de los militares navarros que habían combatido en la guerra de la Independencia y en la guerra Realista de 1822-1823 lo hicieron también en la primera guerra carlista y posteriormente siguieron en el Ejército hasta su muerte. En la primera carlistada lucharon unos 350 jefes y oficiales y parte de ellos llegó a hacerlo en la guerra de 1872-1876. Así lo ponen de manifiesto sus respectivas hojas de servicios que recogen los principales hitos de su carrera profesional.

Panorama de la Guerra Civil en el Norte: batalla de Puente la Reina (4 de octubre de 1873).

Ilustración de Josep Lluis Pellicer i Fenyé, grabado de Plá.

Publicado en Madrid, 1875

AGN,FIG_VISTAS,N.15

A *El Eco de Pamplona* dirije un veterano una carta, en la cual hallamos los siguientes párrafos:

"Tuvimos en la guerra de los siete años en campaña á los generales siguientes, todos navarros.

D. Francisco Espoz y Mina, Orán, Iribarren, Gurrea, Clemente, tres hermanos Ezpeleta, dos Aspiroz, dos Iriarte, Irañeta y no recuerdo si algun otro; á los valientes y distinguidos coroneles Barrena, Mendivil, Navascués, dos Iriartes, Arregui, Sauca, Zugarramurdi, Gambarte, Moriones padre, Urzainqui, los dos hermanos Mencos y tal vez algun otro. Tuvimos comandantes y capitanes tan bravos como Ulibarrena, Torres, Pastor, Rediu, Miranda, Gaston, Solchaga, Aguirre, Goyeneche, Aldea, Elizondo, Bornás, Barricarte, Zabalza, Mayo, Aleman, Ayerrazaro, Rodriguez Arellano, Oría, Rojas, Ochoa, Morales de Rada, los hermanos Oscariz, Martinez de Ubago, García Galdeano y varios otros que sin duda no recuerda mi debilitada memoria. Subalternos, D. Santos Riczu, Ferrando, Pietas, dos Iriartes hijos, dos Moriones hijos, Mendivil hijo, Vera padre é hijos, Laquidain padre é hijo, Frias, Goicoechea, Martinez de Morentin, Baraibar, Landa y Abadía, con otros muchos que seria largo enumerar.

Tuvimos dos batallones de tiradores que en nada desmerecieron de los más bravos del ejército, y cuyos huesos descansan en su mayor parte en esos montes y valles que vemos desde nuestras murallas, y que entonces se llamaron la línea de Zubiri. cuya línea costó al enemigo enormes pérdidas.

Tuvimos tambien la partida que se llamó del Mechuelo, mandada por el bizarro D. Urban Igareta, que prestó importantísimos servicios.

Tuvimos escuadrones de franqueadores denominados de Isabel II, que llegaron á formar regimientos, y tuvo por su primer coronel al bravo Leimerich, y aquí viene como de molde referir un brillante episodio. Daba el general Leon una batalla en los campos de Arroniz; carga el valiente coronel con sus escuadrones, arrolla al enemigo y, llevado de su arrojo, salta una gran zanja, se rehace aquel y lo hace prisionero; advierte el bravo comandante Urzainqui que se llevan al coronel, y

exclamó: "¡Seguidme, valientes!", salta el primero la zanja, le siguen los que pueden hacerlo, rescatan á su jefe, si bien á costa de la vida del valiente sargento Barron, cuyo caballo se resistió á volver á sus compañeros, que le vieron morir sin poderle auxiliar.

Y para una provincia que tiene esa historia se pide el hierro y el fuego, olvidando que tiene su ley paccionada, que cumple religiosamente además de las calamidades que pesan sobre ella."

Carta de un veterano de la primera guerra carlista.

El Eco de Pamplona el 15 de diciembre de 1875 (reproducida en El Globo, 18-XII-1875)

BNE. Hemeroteca Digital

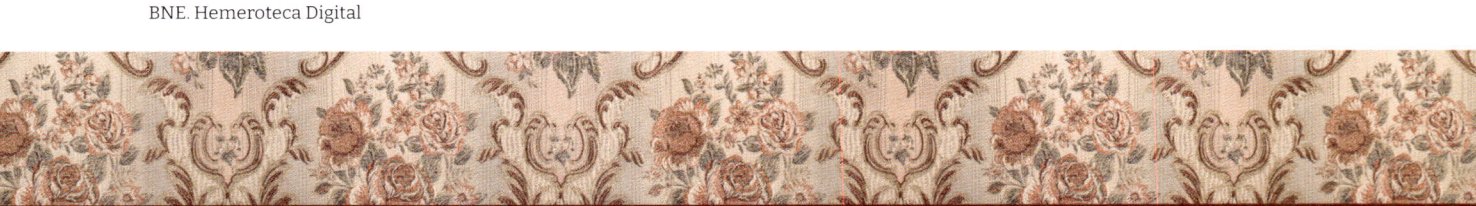

DOÑA ISABEL SEGUNDA, POR LA GRACIA DE DIOS

Y POR LA CONSTITUCION DE LA MONARQUIA ESPAÑOLA REINA DE LAS ESPAÑAS, Y EN SU
REAL NOMBRE DURANTE SU MENOR EDAD DON BALDOMERO ESPARTERO, DUQUE DE LA
VICTORIA Y DE MORELLA, REGENTE DEL REINO.

Por cuanto *atendiendo á los distinguidos méritos de los Dn.*
Ramon Corres, teniente coronel Mayor Supernumera-
rio del Regimiento Caballería de ... Albuera y ...
... y á los servicios que había prestado en defensa
de la libertad, he venido en concederos por mi
resolución de esta fecha el grado de Coronel de
Caballería sin antiguedad hasta que lo obtengan
los que os preceden en la escala de vuestra clase.

Por tanto mandó á los Capitanes generales, Gobernadores de las armas y demas Cabos mayores y
menores, Oficiales y Soldados de los Ejércitos, que prévio el juramento que debeis prestar á la
Constitucion, si ya no lo hubiéseis hecho, os hayan y tengan por tal *Coronel*
graduado de *Caballería*
y os guarden y hagan guardar las honras, gracias, preeminencias y exenciones que por razon de
este grado os tocan y deben ser guardadas bien y cumplidamente; y que el Intendente militar del
distrito ó Ejército donde fuéreis á servir dé la órden conveniente para que se tome razon, y forme
asiento de este grado en la Contaduría principal ó Intervencion. Dado en *Valencia*
á *11* de *Agosto*
de mil ochocientos cuarenta *y uno.*

V. A., á nombre de S. M., concede grado de

89

DOC. 7.1.

**La reina asciende a coronel de caballería a Ramón
Corres Bedia (Marañón, 1790) por su compromiso
en la defensa de la libertad.**

Madrid, 11 de agosto de 1841

España. Ministerio de Defensa.

Archivo General Militar de Segovia, 3476C_EXP_01

90

DOC. 7.2.

Hoja de servicios del coronel de caballería Claudio Ichaso Morrás, natural de Los Arcos.

Madrid, 26 de noviembre de 1838

España. Ministerio de Defensa.

Archivo General Militar de Segovia, 1ª-132I_EXP_0

DOC. 7.3.

Hoja de servicios del comandante Matías Solchaga Bailós, natural de Falces, combatiente en la guerra de la Independencia y contra los realistas y los carlistas.

Pamplona, 11 de noviembre de 1858

España. Ministerio de Defensa.

Archivo General Militar de Segovia, 1ª-3028S

DOC. 7.4.

Hoja de servicios de Francisco Espoz y Mina (Idocin, 1781-Barcelona, 1836).

1821

AGN, AP_ESPOZ_MINA,Caj.17,N.4

DOC. 7.5.

**Poder del alférez de flanqueadores Cayetano Nos
a su esposa para administrar y vender sus bienes.**

Pamplona, 1835

AGN,NOT.PAMPLONA,PROT.PEDRO ECHARTE

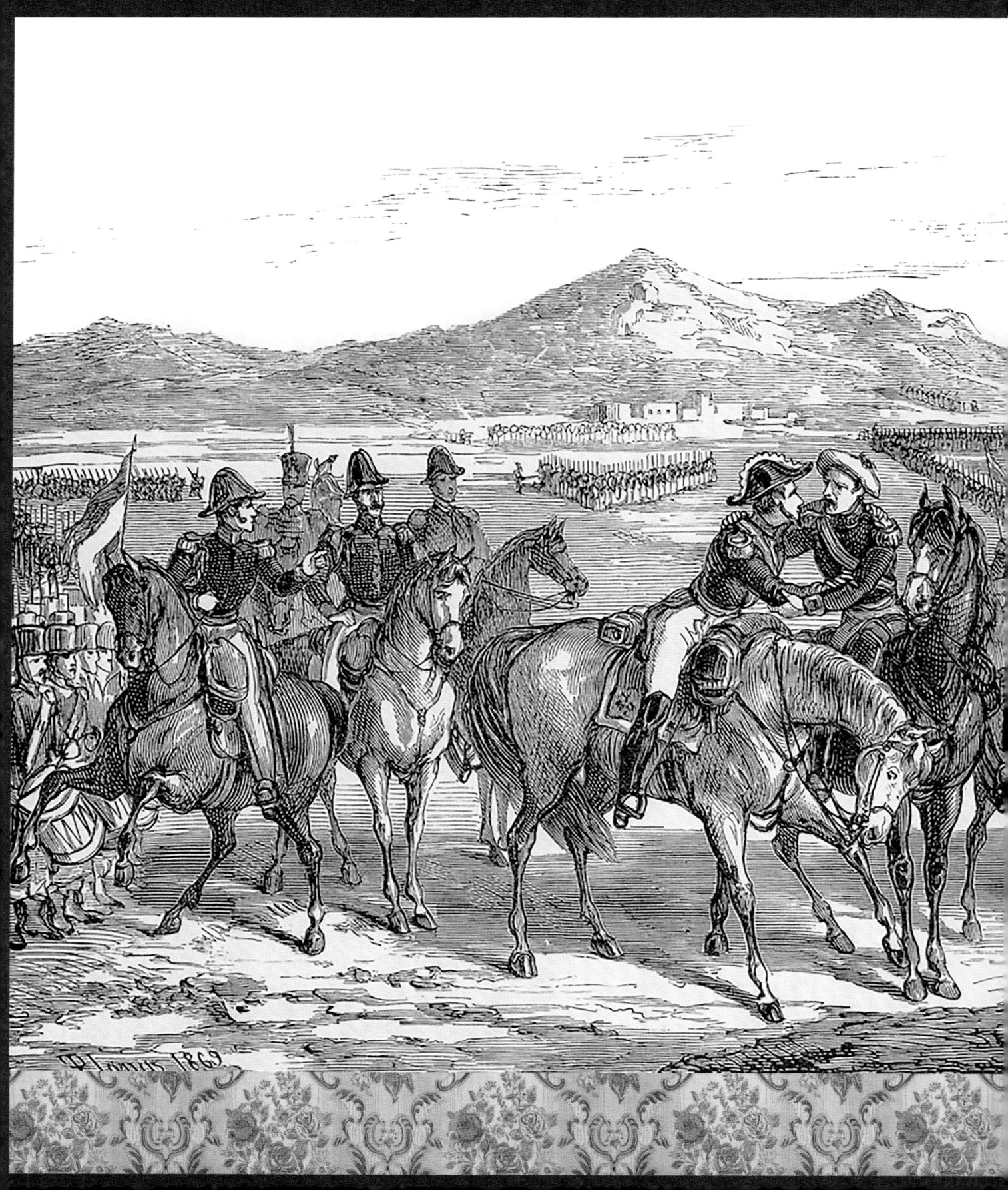

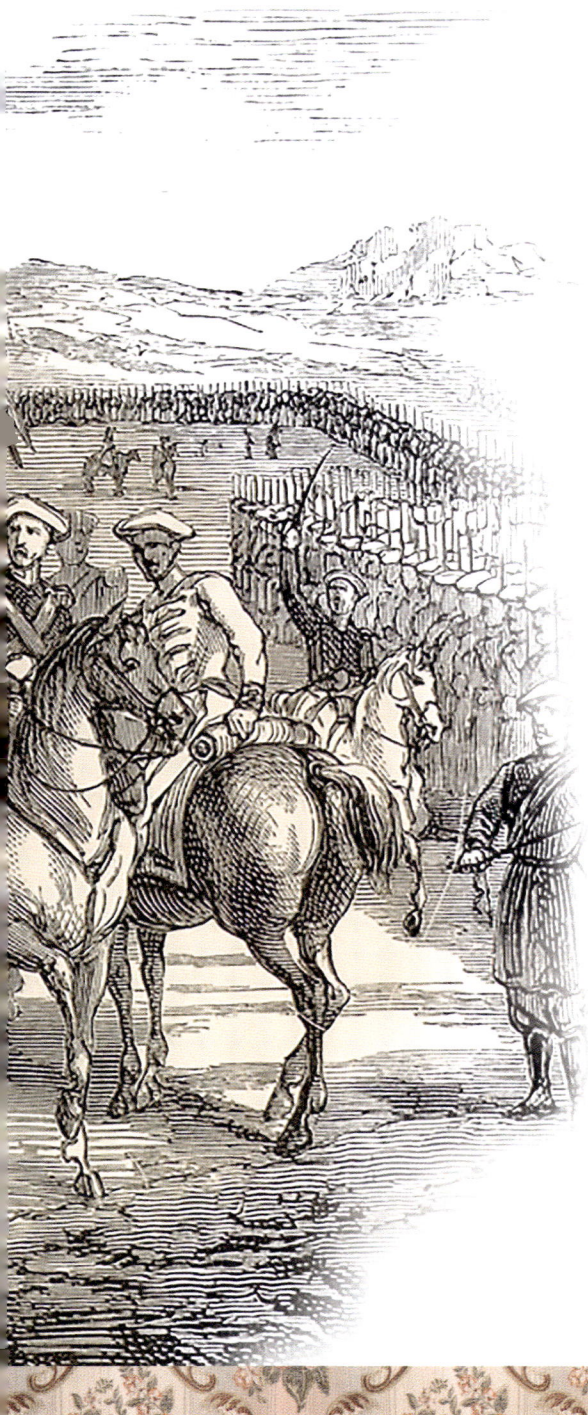

Los liberales y la aprobación de la Ley de Fueros de 1841

Ya en 1835 los liberales plantearon sin ambigüedades la necesidad de una reforma radical de las instituciones privativas del todavía reino de Navarra. Frente a los partidarios de mantener sin variación alguna sus seculares instituciones, los textos seleccionados ponen de relieve los esfuerzos de la Diputación y de personalidades liberales tan relevantes como Yanguas y Miranda, en compatibilizarlas con la unidad constitucional mediante la controvertida Ley de Modificación de Fueros de 1841 (la "Paccionada").

Convenio de Vergara.

Grabado con representación del abrazo entre el general isabelino Espartero y el carlista Maroto, que selló el Convenio de Vergara (1839).

Ilustración de Panatty, grabado de Hortigosa

Publicado en Madrid, 1844

Museo Zumalakarregi

en la depositaría, espresando la inversion que hayan tenido, las existencias ó déficit que hubiere, y el número de pobres que se haya socorrido.

(Se continuará.)

Noticias de Bilbao, segun el centinela de los pirineos del 10 del corriente.

En el cuartel general de Durango se aseguraba que el general Espartero habia sido batido el 5, y que se habia retirado á la orilla derecha del Nervion. La llegada á Portugalete de la vanguardia de la division de Alcalá, y el movimiento de aquel general para salirla al encuentro, han servido de testo á esta noticia, que conceptuamos enteramente falsa. La division de Alcalá, compuesta de 4000 hombres, debió llegar á Portugalete el 7 lo mas tarde.

Los carlistas, dicen segun su correspondencia, que los bilbainos se verán precisados á rendirse, si no se les socorre inmediatamente. El deseo ardiente que tienen de apoderarse de esta villa, los engaña sobre los recursos y resolucion de sus defensores, sin embargo de que debieran hacerles mas circunspectos los 43 y mas dias de sitio que van transcurridos.

La villa está todavia abundantemente provista de víveres y municiones; seis mil hombres resueltos la defienden con mas de 70 piezas en batería, y los carlistas han podido ya esperimentar el valor de Santos S. Miguel y Antonio Arana. Es imposible, por otra parte, que Espartero reforzado con la division de Alcalá no pueda habrirse paso por entre los batallones carlistas.

Los sitiadores, que desde el 30 de Noviembre, no han hecho ninguna demonstracion contra la villa, han retirado su artillería gruesa, pero la ligera corona siempre las nuevas obras que han levantado.

El Faro, confirmando estas mismas noticias, añade que el ejército se halla en escelente disposicion, y que en Portugalete se esperaba que para el 8 ó el 9 entraría en Bilbao.

PAMPLONA.

Ya que por las circunstancias de la guerra en que nos hallamos, no sea dable que el pueblo conozca todos los saludables efectos del régimen de igualdad legal y de justicia que afortunadamente hemos adoptado, no se pierda á lo menos ningun medio de hacerle comprender las ventajas que debe reportar del mismo, luego que amanezca la aurora venturosa de la paz, y puedan los gobernantes dedicar todos sus conatos al bien y felicidad de los gobernados, que es el objeto de la sociedad civil y el deseo íntimo de todo hombre en particular. Entre los varios abusos que figuran como primer término en el gótico cuadro de los fueros de Navarra, es el privilegio concedido á la aristocrácia antigua de este pais, y todavia continua, conocido con el derecho de vecindad forana; segun el cual los hijosdalgo que tuvieren en un pueblo distinto del de su residencia y vecindad una casa ó cuatro tapias viejas, llamadas *casal*, deben disfrutar de todos los aprovechamientos vecinales, como si viviesen en él y soportasen las cargas de tales, amen de una porcion doble que les pertenece en el que están avecindados.

Tan escandaloso privilegio, propio solo de los tiempos feudales de donde trae su origen, no ha podido menos de levantar el clamor de los hombres del estado llano, por aferrados que se les haya supuesto con sus rancios fueros, que no lo están ciertamente; y asi es que en el año 1821, época anterior de libertad, elevaron al Gobierno noventa y nueve villas y lugares de esta provincia una vigorosa esposicion pidiendo la abolicion de tan ominosa carga, á lo que se accedió por las Cortes mediante decreto de 24 de Mayo del propio año.

Los ilustrados patriotas que componian aquel sábio congreso, bien conocieron desde luego que el modo mejor de hacer amables, é imperecederas las instituciones políticas es el interesar á los pueblos en su conservacion con providencias que mejoren su suerte; y, guiados de este principio, no titubearon un momento en acceder á las justas reclamaciones de los agraviados. Verdad es que ni aquella saludable reforma ni otras igualmente ventajosas pudieron sostenerse largo tiempo contra el rabioso embate de los hipócritas de adentro y déspotas de fuera, conjurados todos en la ruina de un sistema que hacia bambalear el sólido edificio de su poder; pero no por eso dejó de presentarse siempre como la mas grata y apetecible al recuerdo de los pueblos; y aun hoy es el dia que la recibirán con el mayor placer, aunque abatidos y casi moribundos con tantas pérdidas y sacrificios.

Tal vez la Diputacion provincial, compuesta de patriotas eminentes é interesados en el bien del mayor número, se haya anticipado á nuestros deseos, reclamando de las Cortes actuales el restablecimiento de aquel decreto; pero de cualquiera manera, no hemos querido dejar pasar la ocasion que se nos ha presentado de hablar de él, bien persuadidos que nunca puede perjudicar este recuerdo, máxime si se atiende á que Navarra por su régimen peculiar que todavia se observa en su mayor parte, como por la situacion en que se encuentra, es una de las provincias que menos beneficios goza del Gobierno representativo, que es el de la igualdad y justicia, como lo hemos dicho al principio de este artículo.

Parece que en la villa de Ochagavía ha habido algunos desórdenes la noche de S. Francisco, habiendo resultado una muerte, tres heridos, y vístose en el mayor peligro la vida del benemérito capitan de los movilizados. Espérase que las autoridades superiores harán un exámen sério para descubrir si ha habido tolerancia ó descuido de parte de quien tenia obligacion de haberlos evitado, para exigirle la mas estrecha responsabilidad.

El 12.º batallon faccioso estaba la mañana del 13, en Echauri, y el 2.º en Larrainzar y Lizaso. En Erice permanecia la partida que recorre todas estas inmediaciones al mando del cabecilla Otamendi. Se ve, pues, que el enemigo con fuerzas insignificantes entretiene nuestras tropas, si bien ahora la mayor parte de estas se hallan hácia Lerin y Tudela, á donde parece que se acercan algunas bandas de los foragidos de Gomez, para conseguir..... lo de Cabrera.

Pamplona: Imprenta de Ramon Domingo.

Artículo sobre el papel de los Fueros en el levantamiento carlista y negando que los navarros quieran su conservación íntegra.

Boletín Oficial de Pamplona, 16 de diciembre de 1836

AMP, BOP, 16-XII-1836

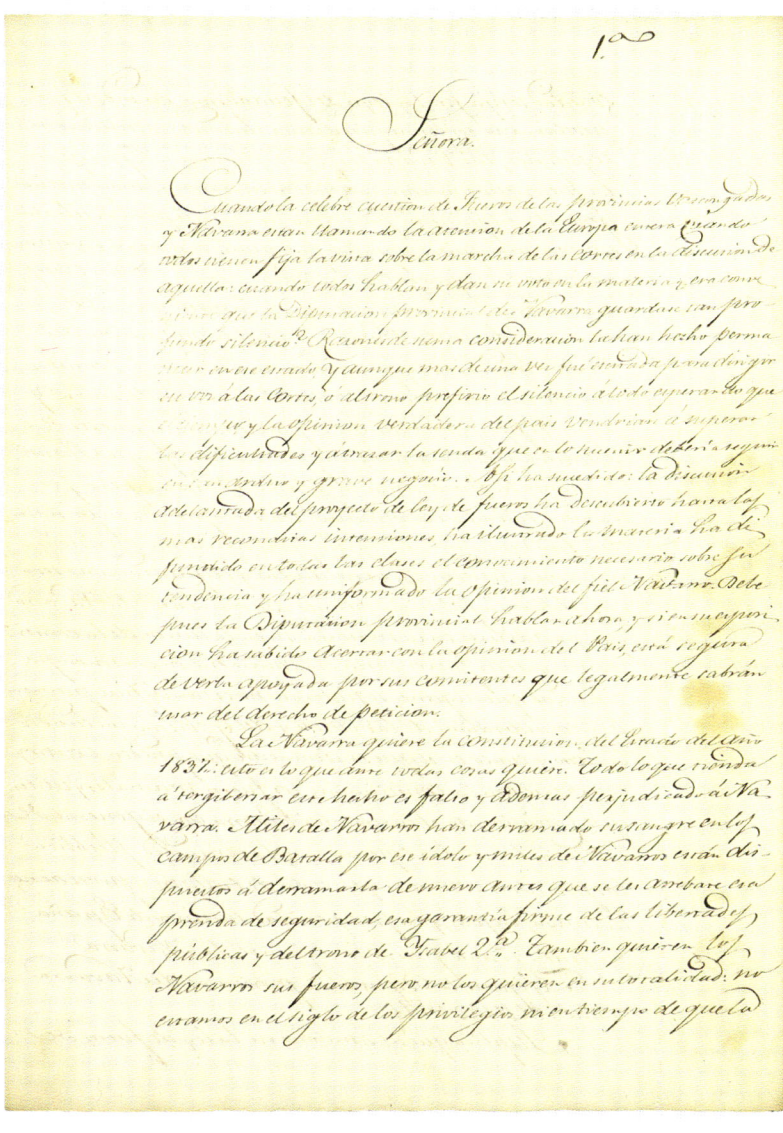

DOC. 8.1.

Exposición de la Diputación de Navarra a la reina sobre el restablecimiento de los fueros y la conciliación del interés del reino con el general de la nación, pidiendo la confirmación de los fueros quedando a salvo la constitución de la monarquía.

Pamplona, 24 de octubre de 1839

AGN, DFN,Caj.2337/1

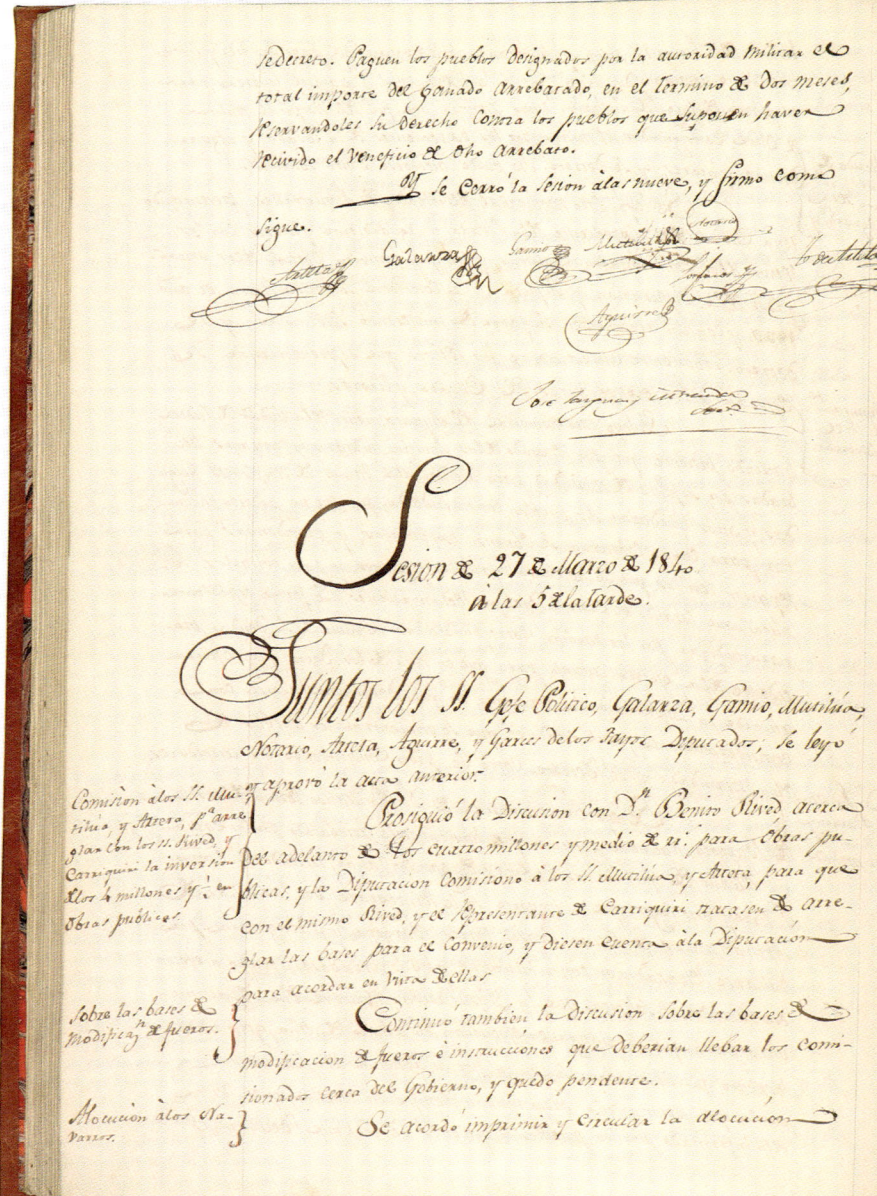

DOC. 8.2.

Alocución de la Diputación Provincial de Navarra a los navarros sobre la cuestión foral, declarando observar la Constitución de 1837 y guardar fidelidad a Isabel II y a los fueros.

Pamplona, 27 de marzo de 1840

AGN, DFN,L.387,f. 110r-111r

Siguiente.

NAVARROS. Vuestra nueva Diputación, formada bajo el lisongero auspicio de los venerandos fueros, confirmados por las Cortes españolas en la ley de 25 de octubre último, os dirige hoy la voz para manifestaros francamente la senda que los ardientes deseos que la animan hacia vuestra felicidad, la tienen trazada; á fin de arribar á tan recomendable logro.

La Diputación ha comenzado prestando el sagrado juramento de observar la Constitución del año 1837, de fidelidad á nuestra legítima Reyna Dª Ysabel 2ª y los Fueros de Navarra, sin perjuicio de la unidad constitucional; y se complace en anunciaros, que observando exactamente estas tres bases, en la reorganización del sistema político, administrativo y gubernativo de Navarra, nada os quedará que desear de los goces anteriores, que nos proporcionaba nuestra Constitución particular ni de los que las luces del siglo, y las nuevas necesidades, creadas por el tiempo, han hecho ya indispensables á todas las Naciones.

La Constitución del año 1837 es, en la esencia, lo mismo que los fueros primitivos de Navarra, que vuestro valor y vuestras virtudes crearon, y han sabido conservar, en medio de los trastornos de todos los imperios, por espacio de once siglos. Nuestras privativas instituciones, en lugar de padecer el menor quebranto, se mejoran al influjo de la sabiduría de la Representación Nacional, donde hemos tenido y tenemos nuestros Diputados elegidos por el voto general; y se consolidarán al abrigo del poder de la España toda, interesada en su observancia.

Existen, sin embargo, intereses materiales inherentes á nuestro sistema particular, hábitos y costumbres que —— es necesario combinar con el nuevo orden de cosas; la conservación de todo cuanto en nuestro antiguo fuero puede contribuir al bien del país, y de lo que puede mejorarse, haciéndolo conciliable con la fraternidad á que nuestra localidad, y nuestras simpatías, nos ligan con el resto de la

100

ALERTA Á LOS NAVARROS.

Con este título voy á dar al público lo que quisiera no tener necesidad de decir, pero que desgraciadamente provocan sin cesar espíritus destinados á tener en continua agitacion á la sociedad y mortificarla. Acaso este papel se resentirá del entusiasmo de la pasion de su autor, conmovida al ver el conato criminal de ciertos hombres hácia la guerra; entusiasmo noble y patriótico, por que solo aspira á que se conserve la paz entre todos los navarros y á que, en medio de ella, caminémos, del mejor modo posible, y unidos al gobierno constitucional, en el camino de las reformas útiles á la sociedad sin reacciones, siempre funestas al bien público. Por lo mismo, y por que mi ataque se dirige á las pasiones, creo merecer indulgencia sí, imitando en algo á los escritos que refúto, hablo tambien á las pasiones; pero yo procuraré que mi lenguaje vaya auxiliado de la razon y de la filosofía, pues que quiero convencer y no seducir como los que se di—

DOC. 8.3.

¡Alerta a los navarros!, folleto publicado por José de Yanguas y Miranda de forma anónima.

Pamplona, Imprenta de Francisco Erasun, 1843

BN, Fondo Azcona, E-4-5/36(1)

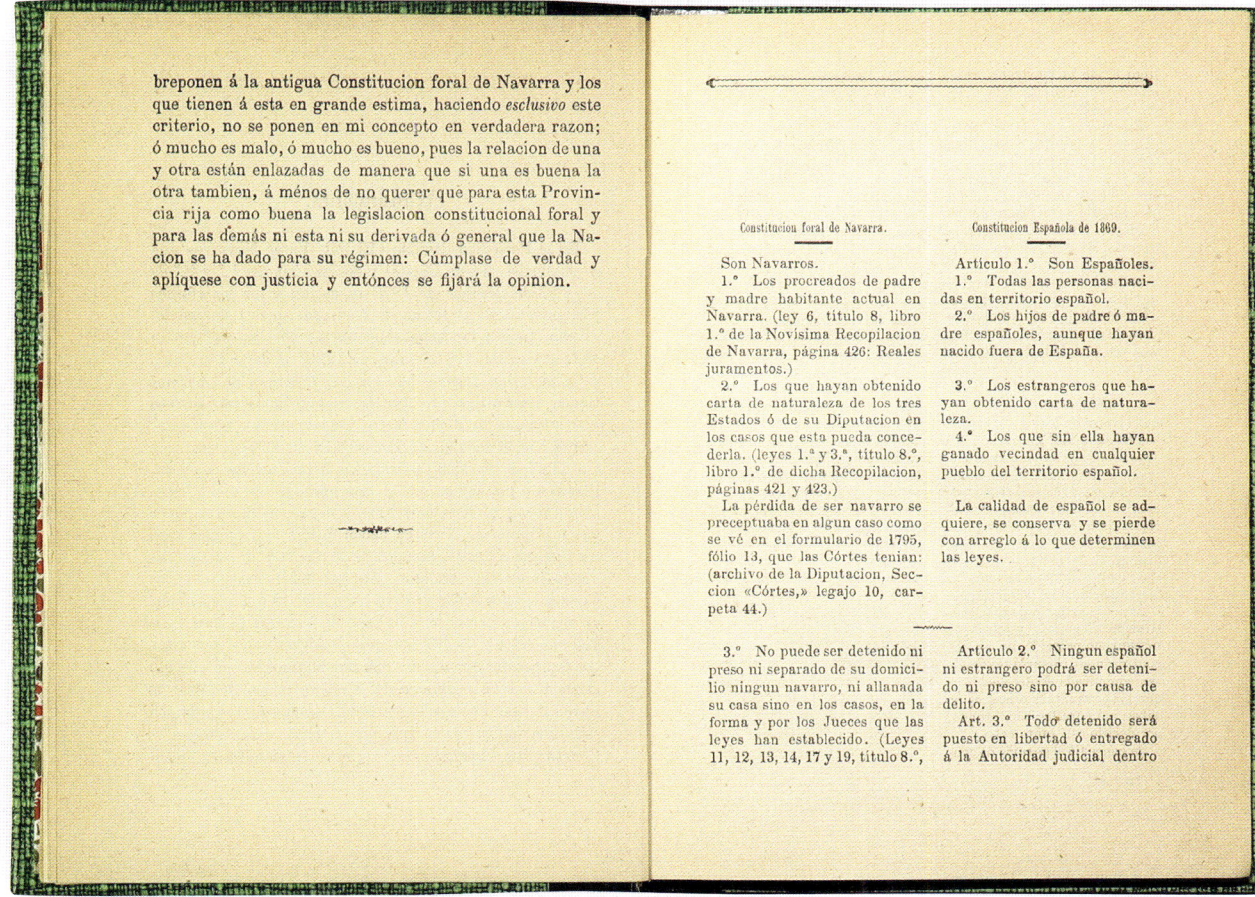

breponen á la antigua Constitucion foral de Navarra y los que tienen á esta en grande estima, haciendo *esclusivo* este criterio, no se ponen en mi concepto en verdadera razon; ó mucho es malo, ó mucho es bueno, pues la relacion de una y otra están enlazadas de manera que si una es buena la otra tambien, á ménos de no querer que para esta Provincia rija como buena la legislacion constitucional foral y para las demás ni esta ni su derivada ó general que la Nacion se ha dado para su régimen: Cúmplase de verdad y aplíquese con justicia y entónces se fijará la opinion.

Constitucion foral de Navarra.

Son Navarros.

1.º Los procreados de padre y madre habitante actual en Navarra. (ley 6, titulo 8, libro 1.º de la Novísima Recopilacion de Navarra, página 426: Reales juramentos.)

2.º Los que hayan obtenido carta de naturaleza de los tres Estados ó de su Diputacion en los casos que esta pueda concederla. (leyes 1.ª y 3.ª, título 8.º, libro 1.º de dicha Recopilacion, páginas 421 y 423.)

La pérdida de ser navarro se preceptuaba en algun caso como se vé en el formulario de 1795, fólio 13, que las Córtes tenian: (archivo de la Diputacion, Seccion «Córtes,» legajo 10, carpeta 44.)

3.º No puede ser detenido ni preso ni separado de su domicilio ningun navarro, ni allanada su casa sino en los casos, en la forma y por los Jueces que las leyes han establecido. (Leyes 11, 12, 13, 14, 17 y 19, titulo 8.º,

Constitucion Española de 1869.

Artículo 1.º Son Españoles.

1.º Todas las personas nacidas en territorio español.

2.º Los hijos de padre ó madre españoles, aunque hayan nacido fuera de España.

3.º Los estrangeros que hayan obtenido carta de naturaleza.

4.º Los que sin ella hayan ganado vecindad en cualquier pueblo del territorio español.

La calidad de español se adquiere, se conserva y se pierde con arreglo á lo que determinen las leyes.

Artículo 2.º Ningun español ni estrangero podrá ser detenido ni preso sino por causa de delito.

Art. 3.º Todo detenido será puesto en libertad ó entregado á la Autoridad judicial dentro

DOC. 8.4.

Cotejo de los Fueros y Leyes Políticas de Navarra y de la Constitución española de 1869.

Francisco Baztán y Goñi

Pamplona, Imprenta Provincial, 1873
AGN, BIBLIOTECA, FBH/531

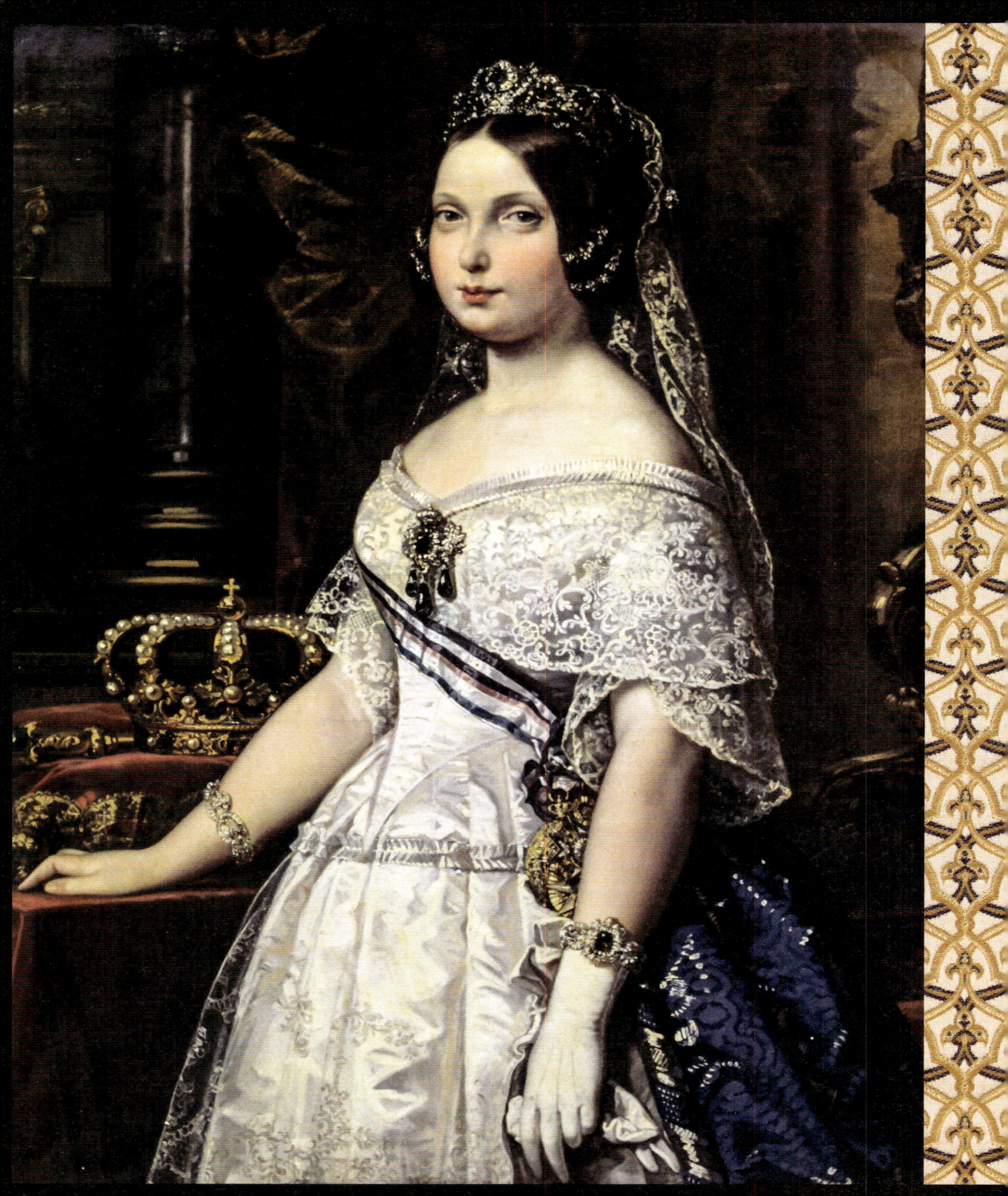

De la Ley de 1841 a la revolución de 1868

La implementación de la Ley de 1841 encontró su primer obstáculo en octubre de ese año, cuando los liberales moderados que se sublevaron en Pamplona, apoyados en parte por los carlistas, prometieron la reintegración foral. Con todo, fracasaron por la rotunda oposición de los progresistas.

En 1844 los representantes de los numerosos pecheros de Navarra pidieron enérgicamente a las Cortes de España que, de una vez por todas, se cumplieran los decretos aprobados en Cádiz en 1811 que abolían las prestaciones reales y personales de origen señorial. Aun así, las pechas todavía subsistieron varios años.

Por otro lado, en el período isabelino se consolidó una burguesía liberal mayoritariamente moderada, que controló la Diputación Provincial, los principales Ayuntamientos y la representación en Cortes, en cuyas elecciones de 1837 a 1844, sin embargo, predominaron los progresistas.

La Unión Liberal de O'Donnell de 1854 tuvo éxito, sobre todo en Pamplona, pues ingresaron en ella miembros cualificados de los dos mencionados partidos y también otros individuos mucho menos conocidos, ya que en total se adhirieron al manifiesto de la nueva fuerza política 681 vecinos.

En la década siguiente, al tiempo que emergían con fuerza los neocatólicos, el panorama del liberalismo navarro se hizo más complejo. Surgió algún periódico liberal, como el diario *El Progresista Navarro* (1865-1866), que fue también portavoz de los demócratas y entabló una agria y larga polémica con el obispo de Pamplona, a propósito de la cuestión de Italia.

1841-1868

Isabel II, reina de España.

Retrato oficial encargado por la Diputación Provincial de Navarra.

Federico de Madrazo y Kuntz

1844

Palacio de Navarra

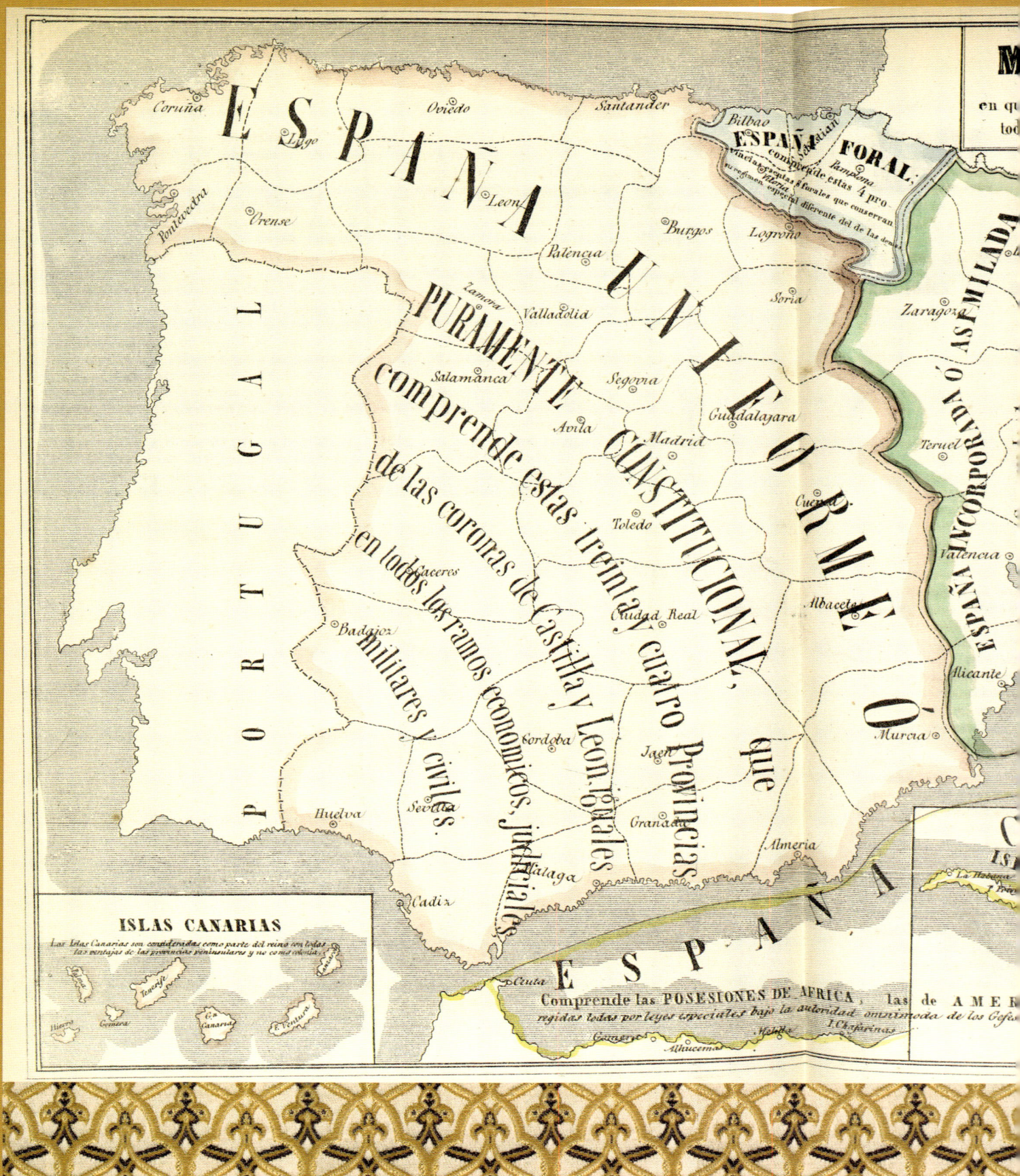

ESPAÑA

Coruña
Lugo
Oviedo
Santander
Bilbao *San Sebastian*

ESPAÑA FORAL
comprende estas 4 pro-
vincias *Pamplona*
que *Vitoria*
su regimen

Pontevedra
Orense
Leon
Palencia
Burgos
Logroño
Soria

UNIFORME Ó

Zaragoza

ESPAÑA INCORPORADA Ó ASIMILADA

PORTUGAL

PURAMENTE
Zamora
Valladolid
Segovia
Salamanca
Avila
Madrid
Guadalajara
Teruel

CONSTITUCIONAL,

comprende estas treinta
Cuenca
Toledo
Valencia

de las coronas de Castilla y Leon tocales
Caceres
Badajoz
Ciudad Real
Albacete

en todos los ramos economicos, judiciales
cuatro Provincias, que

militares y civiles.
Cordoba
Jaen
Alicante
Murcia

Huelva
Sevilla
Granada
Almeria

Malaga
Cadiz

ESPAÑA

ISLAS CANARIAS
Las Islas Canarias son consideradas como parte del reino con todas
las ventajas de las provincias peninsulares y no como colonia.

Hierro *Gomera* *Tenerife* *G.ª Canaria* *F. Ventura*

ESPAÑA
Ceuta

Comprende las POSESIONES DE AFRICA, las de AMER
regidas todas por leyes especiales bajo la autoridad omnimoda de los Gefes

Gomera *Alhucema* *Melilla* *I. Chafarinas*

C
ISP
La Habana
Prov

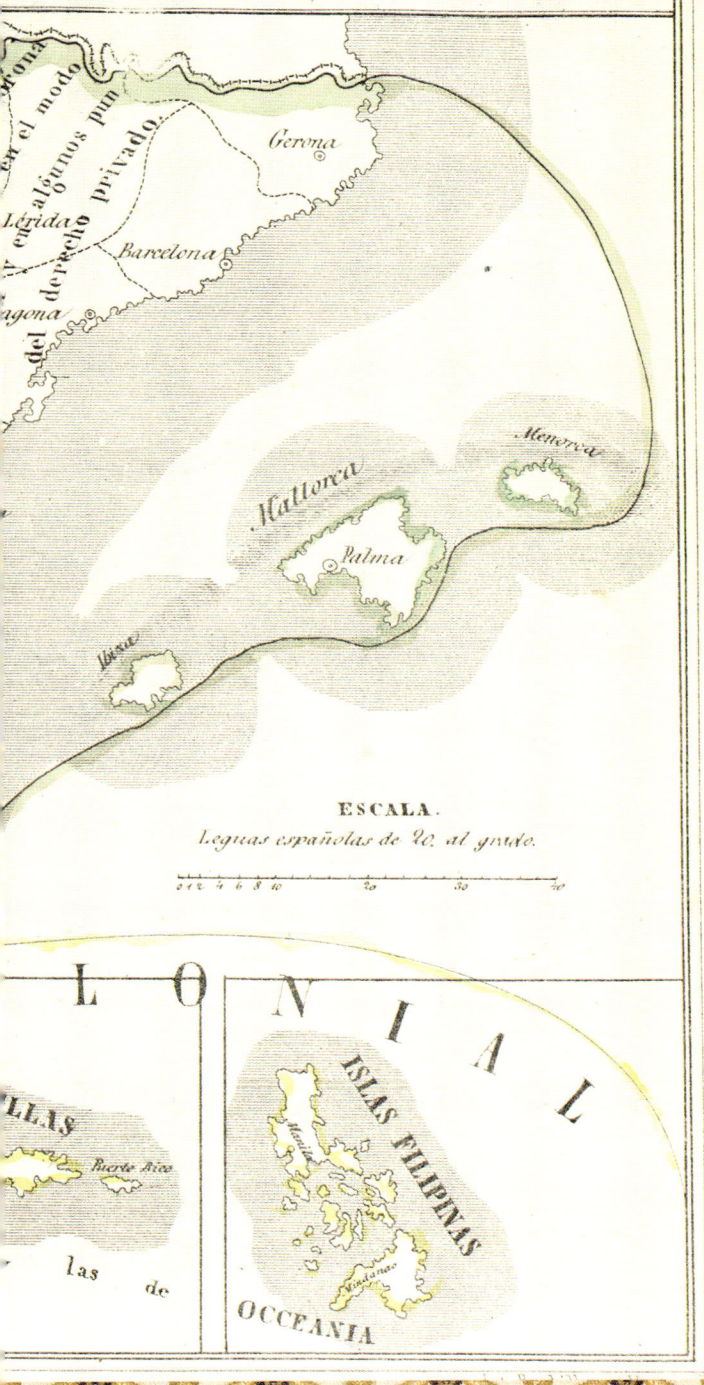

POLITICO DE ESPAÑA

...ta la division territorial con la clasificacion politica de
...ncias de la Monarquia, segun el régimen especial domin.te en ellas.

ESCALA.
Leguas españolas de 20. al grado.

La consolidación de la Ley de 1841 y la lucha contra las desigualdades sociales

Al principio de esta etapa los progresistas se mostraron firmes partidarios de Espartero y después surgieron controversias sobre la interpretación de la Ley de 1841, la llamada "Paccionada", que, de todos modos, fue arraigando por el firme apoyo de las instituciones y la publicística.

A la par, en la década de los cuarenta, se retomaron los esfuerzos para terminar con las desigualdades propias del Antiguo Régimen, tales como la marginación de los numerosos pecheros que revela el libro de Esteban Ozcáriz Torres (1846).

Mapa político de España en que se presenta la división con la clasificación política de todas las provincias de la Monarquía según el régimen especial dominante en ellas.
Francisco Jorge Torres Villegas
Publicado en Madrid, 1852.
Ministerio de Cultura y Deporte.
Biblioteca Nacional de España

PARTIDO LIBERAL MODERADO

1. JUAN PABLO RIBED
2. AGUSTÍN ARMENDARIZ
3. JOAQUÍN I. MENCOS
4. FLORENCIO GARCÍA GOYENA
5. FULGENCIO BARRERA
6. ROMÁN MARICHALAR

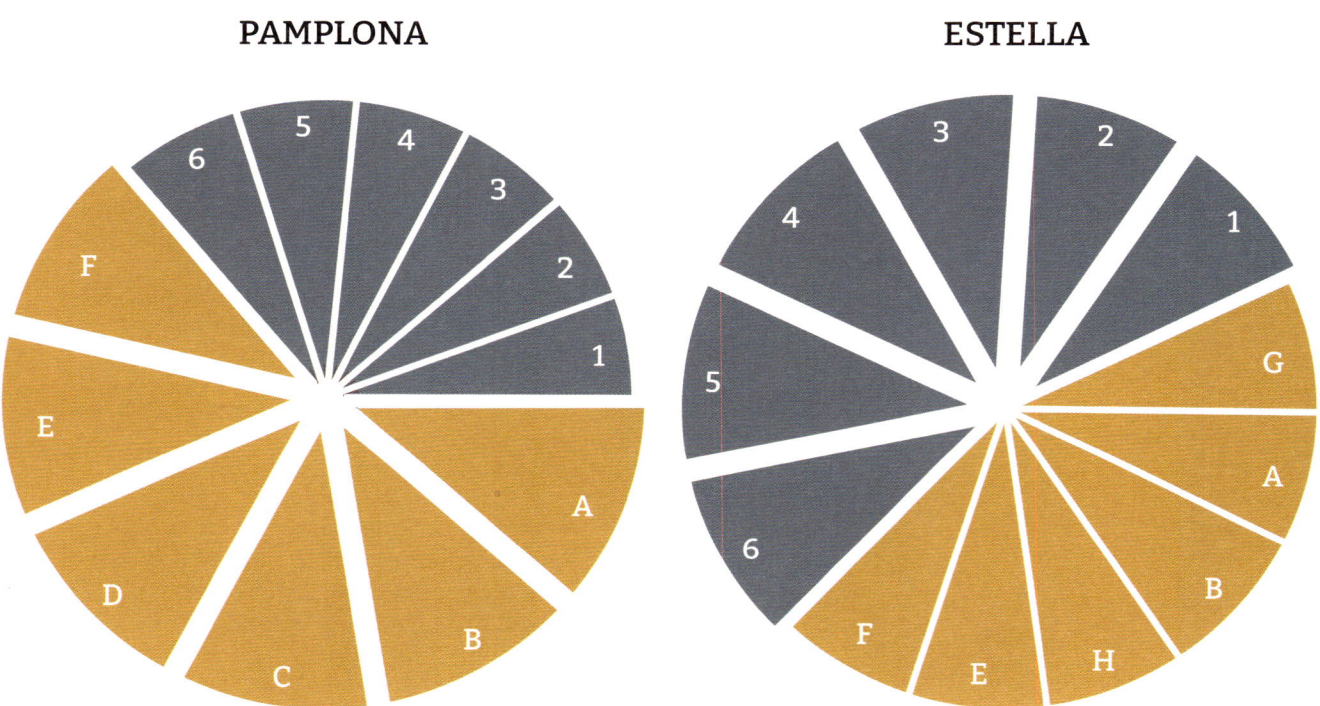

PAMPLONA   **ESTELLA**

PARTIDO PROGRESISTA

A. LUIS SAGASTI
B. GASPAR ELORDI
C. JOSÉ F. GOYENECHE
D. JOSÉ ALONSO
E. PASCUAL MADOZ
F. AGUSTÍN FERNANDEZ DE GAMBOA
G. ATANASIO MTEZ. DE UBAGO
H. JOSÉ ALONSO

Resultado de las elecciones de 1840 en Pamplona y Estella en las que la participación fue del 60,7% (votaron 7.977 hombres de los 13.135 que componían el censo electoral).

(BALDUZ CALLEJA, J. A., *Exaltados, tibios y retrógrados. Las elecciones de diputados a Cortes en la Navarra isabelina (1833-1868)* Gobierno de Navarra, Pamplona, 2019, pp. 254-255)

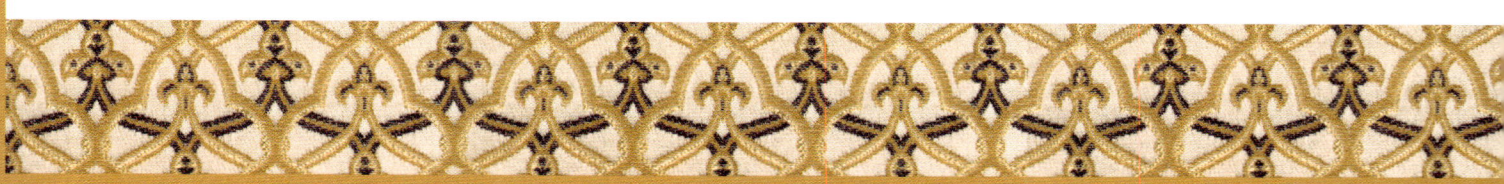

NAVARROS.

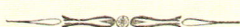

Una insurreccion militar ha llenado de consternacion y de ruinas á vuestra Capital, y amenaza renovar las sangrientas escenas de la guerra civil, de que habeis sido victimas durante seis años. El genio esterminador de la discordia intenta seduciros de nuevo para que seais viles instrumentos de ambiciones particulares, que son siempre el objeto principal de los trastornadores del órden público y de los que atentan contra el Gobierno establecido. En estas peligrosas circunstancias vuestra Diputacion, que no puede engañaros sin engañarse asi misma, debe dirigiros su voz para libertar á los incautos de cualquiera seduccion: felizmente observa que las terribles lecciones de lo pasado no han sido perdidas para vosotros, y que los pueblos todos miran con desprecio las sujeciones de los malévolos que quieren envolver á la España en una nueva guerra: Habeis esperimentado ya los beneficios de la paz, y que el Gobierno legitimamente establecido por las Cortes de la Nacion, bajo la Regencia del Duque de la Victoria, ha correspondido fielmente hasta hoy, á lo que exige vuestra felicidad y á la conservacion de vuestros Fueros. No os dejeis, pues engañar con alagüeñas promesas: permaneced tranquilos en vuestros hogares: obedeced y respetad á las autoridades constituidas, y descansad confiados en el celo de vuestra Diputacion. De esta manera, y no de otra, podreis salvar vuestra existencia, y corresponder á lo que la lealtad exige de vosotros. Pamplona 13 de octubre de 1841.

La Diputacion Provincial de Navarra.

Fernando Madoz, Presidente   *Manuel Añoa.*

Antonio Aperregui.   *Lorenzo Mutilua*   *José Elorz.*

José Yanguas y Miranda,
Sec.º

DOC. 9.1.

Alocución de la Diputación Provincial de Navarra a los navarros, alertando de los peligros de la sublevación militar de O'Donnell en Pamplona contra la regencia de Espartero.

Pamplona, 13 de octubre de 1841

(publ. como suplemento al *Boletín Oficial de Pamplona*, 7 de octubre de 1841)

AGN, HEMEROTECA, BOP_N4.80, pág, 5

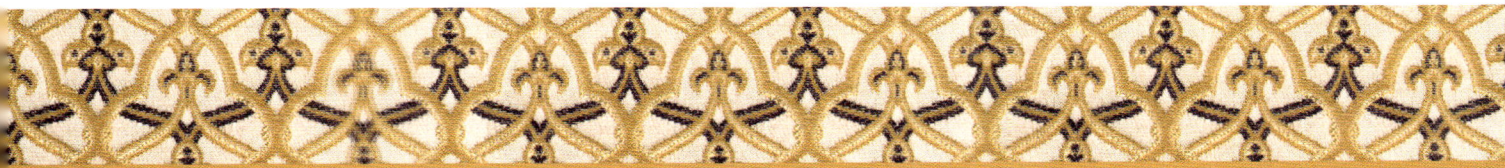

108

DOC. 9.2.

Exposición de los pecheros de Navarra a las Cortes españolas solicitando la abolición de las pechas (tributo que se paga en metálico o en especie).

Pamplona, 16 de noviembre de 1844

Archivo del Congreso de los Diputados, S.Gral. Leg. 4979 Único

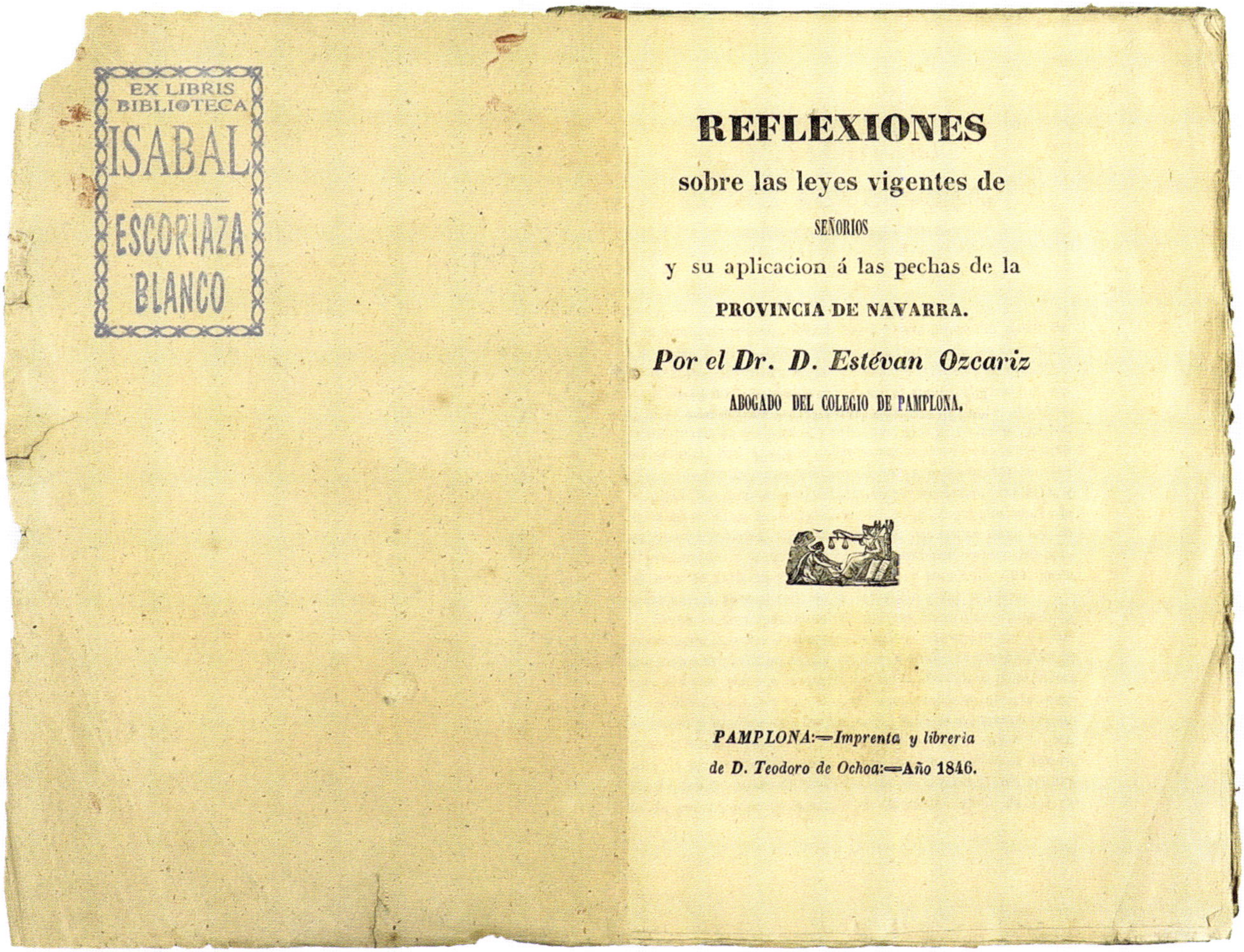

REFLEXIONES

sobre las leyes vigentes de

SEÑORIOS

y su aplicacion á las pechas de la

PROVINCIA DE NAVARRA.

Por el Dr. D. Estévan Ozcariz

ABOGADO DEL COLEGIO DE PAMPLONA.

PAMPLONA:—Imprenta y libreria
de D. Teodoro de Ochoa:—Año 1846.

DOC. 9.3.

Reflexiones sobre las leyes vigentes de Señoríos y su aplicación a las pechas de la provincia de Navarra.

Esteban Ozcáriz Torres

Pamplona, Imprenta de Teodoro de Ochoa, 1846

AGN, BIBLIOTECA, Caja 45/19

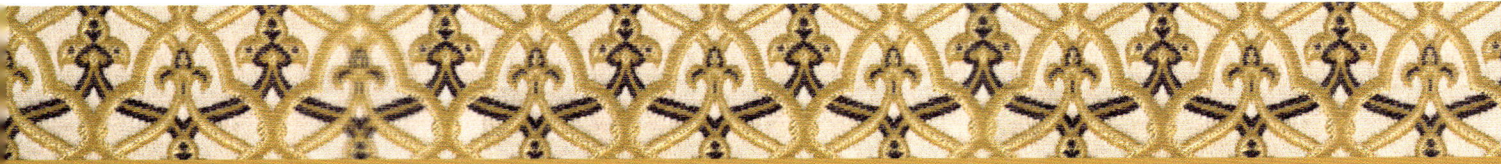

DOC. 9.4.

Lista de milicianos nacionales y patriotas de Viana, Tudela, Tafalla, Estella, Lumbier y Pamplona merecedores de la condecoración cívica concedida por el Regente por el pronunciamiento de septiembre de 1840.

Pamplona, 23 de mayo de 1842

(publ. *Boletín Oficial de Pamplona*, 27 de mayo de 1842)

AGN, HEMEROTECA, BOP_N5.63

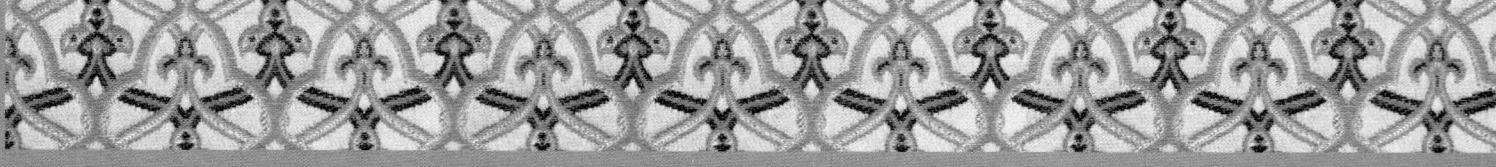

drán carácter alguno de empleados.

Art. 17. Lo que se pague por cuenta de las consignaciones señaladas para escribientes, de que habla el art. 15, se justificará con nóminas firmadas por estos. Con igual nómina se justificará la parte respectiva á la consignacion para auxiliares del negociado de culto y clero.

Art. 18. Los contadores de provincia rendirán por semestres cuentas documentadas de la inversion de los caudales que recibe por las consignaciones para gastos ordinarios de escritorio, correo, impresiones y libros.

Art. 19. Estando reglamentada recientemente la contaduría de Rentas de la provincia de Madrid con arreglo á las consideraciones escepcionales que la distinguen, los que sirvan en ella las plazas de oficiales hasta el 8.° inclusive, gozarán de los derechos que declara el art. 2.° de este decreto; y en todo lo demas se sujetarán á las reglas establecidas en el mismo para las demas contadurías de su clase. Tendreislo entendido, y lo comunicareis á quien corresponda para su cumplimiento.

El que he dispuesto se inserte en el presente Boletin para su publicidad y demas efectos oportunos. Pamplona 7 de Diciembre de 1842. — Francisco de Gorria.

Negociado 8.° — Circular.

El dia 1.° del actual desertó de la ciudad de Vitoria el artillero de la 2.ª batería de la 4.ª brigada de montaña Francisco Isa natural de Legorreta en Guipuzcoa y quinto en el reemplazo actual por la villa de Cáseda en esta provincia, cuyas señas se anotan á continuacion. Las justicias de los pueblos de la misma dispondrán su captura y conduccion á esta ciudad en el caso de presentarse en su jurisdiccion. Pamplona 4 de Diciembre de 1842. — Francisco de Gorria.

Señas del mencionado Isa.

Pelo y cejas castaño claro, ojos oscuros, color claro, nariz regular, barba ninguna, edad 20 años, estatura 5 pies 3 pulgadas.

SERENISIMO SEÑOR.

La Milicia nacional de Pamplona, que ha visto con el mayor desagrado é indignacion los funestos y deplorables acontecimientos, que han tenido lugar en la industriosa Barcelona, no llenaria cumplidamente con sus deberes, si en momentos tan críticos no ofreciera á V. A. toda la cooperacion, para sostener las instituciones que la Nacion se ha dado.

V. A. que conoce bien el carácter franco y leal de los navarros, debe estar persuadido de que esta fuerza ciudadana, que tan recientemente ha sellado con su propia sangre su acendrado amor y sincera adhesion á la Constitucion de 1837, al Trono de la inocente Isabel y á la Regencia, que el pueblo español concedió á V. A., no desmentirá en el peligro, la constancia y fidelidad, de que ha dado repetidas é inequívocas pruebas en ocasiones bien espinosas.

¡Pluguiera al Cielo que su fuerza numérica correspondiera á sus grandes deseos, para dar á V. A. en esta ocasion todos los medios necesarios, para reprimir con mano fuerte, y sofocar radicalmente desórdenes y atentados, cuyo móvil es bien ostensible á todo buen español! En tan feliz posicion los hechos dirian mas que las palabras, é interpretarian mejor el corazon navarro.

Dignese, pues, V. A. acojer con su acostumbrada benevolencia los sentimientos de que se halla animada esta Milicia ciudadana, dispuesta en todos momentos á combatir los enemigos del órden público y de las instituciones vigentes, sea cualquiera el disfraz con que se encubran los enmascarados perturbadores. Pamplona y Noviembre 28 de 1842. — Sermo. Sr. El comandante de infantería, Luis Sagasti. — El comandante de caballería, Tadeo Guendulain. — El mayor accidental de infantería, Serapio Lipuzcoa. — Por la clase de capitanes Pedro Maria Beunza. — Por la clase de teniente, Celedonio Iturzaeta. — Por la clase de subtenientes, Atanasio Unzu. — José Muñoz Por la clase de sargentos, Esteban Huizi — Felipe Iraizoz — Angel Zapater — Pablo Ibarbia — Pedro Antonio Landa — Por la clase de cabos, Fernando Colmenares — Serafin Abadia — Fermin Sanciñena — Pedro Meudive — Fidel Ozcariz. Por la clase de nacionales, Victoriano Roldan — Francisco Cayuela — Tomas Gorve — Teodoro Inda — Juan Sarasa.

Batallon de milicianos nacionales de Valcarlos 7.° de Navarra. — El batallon de milicia nacional de Valcarlos, por conducto de su gefe tiene el honor de manifestar á V. S. ha visto con sentimiento los sucesos de Barcelona, en que hijos espúreos de la patria han osado derramar la sangre de sus hermanos del ejército, privando de la vida á aquellos valientes que en cien combates en defensa de la libertad y trono de nuestra inocente Reina D.ª Isabel II pudieron salvarla. — Este batallon, siempre fiel en sus principios, no puede menos de ofrecerse á V. S. para sostener el órden y defensa á todo trance la Constitucion del estado, el trono de la inocente Reina D.ª Isabel II, y la Regencia de S. A. el Srmo. Sr. Duque de la Victoria y de Morella. — Reciba V. S. esta manifestacion sincera de los sentimientos de los Valcarlinos, que se hallan dispuestos para hacer que la ley sea respetada. Valcarlos 3 de Diciembre de 1842. — El Mayor Comandante accidental. — Manuel de Masso — M. I. S. Gefe superior político de Navarra.

BOLETIN EXTRAORDINARIO DE PAMPLONA
del Miércoles 7 de Diciembre de 1842.

El Excmo. Sr. Secretario de Estado y del Despacho de la Guerra con fecha 4 del que rige dice al Excmo. Sr. capitan general de esta provincia desde el cuartel del Regente á las 3 de la tarde lo que sigue:

Excmo. Sr. — Al Sr. Ministro de Marina encargado interinamente del Despacho del de la Guerra digo hoy lo siguiente. — Barcelona ha sucumbido á las 11 de la mañana; el imperio de la ley acaba de restablecerse dentro de sus muros. Los diferentes cuerpos del ejército ocupan la plaza y todos los fuertes de la misma. Las autoridades de los diversos ra-

DOC. 9.5.

La Milicia Nacional de Pamplona y el Batallón de Milicianos Nacionales de Valcarlos se adhieren y apoyan a la reina Isabel II y al regente Espartero tras los sucesos de Barcelona.

Pamplona/Valcarlos, 28 de noviembre/3 de diciembre de 1842

(publ. *Boletín Oficial de Pamplona*, 9 de diciembre de 1842)

AMP, Hemeroteca

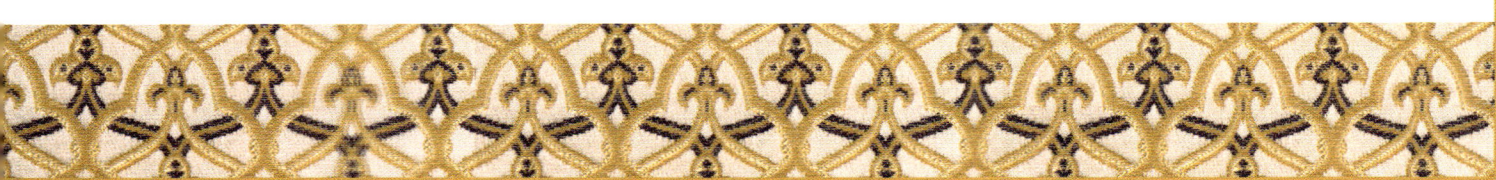

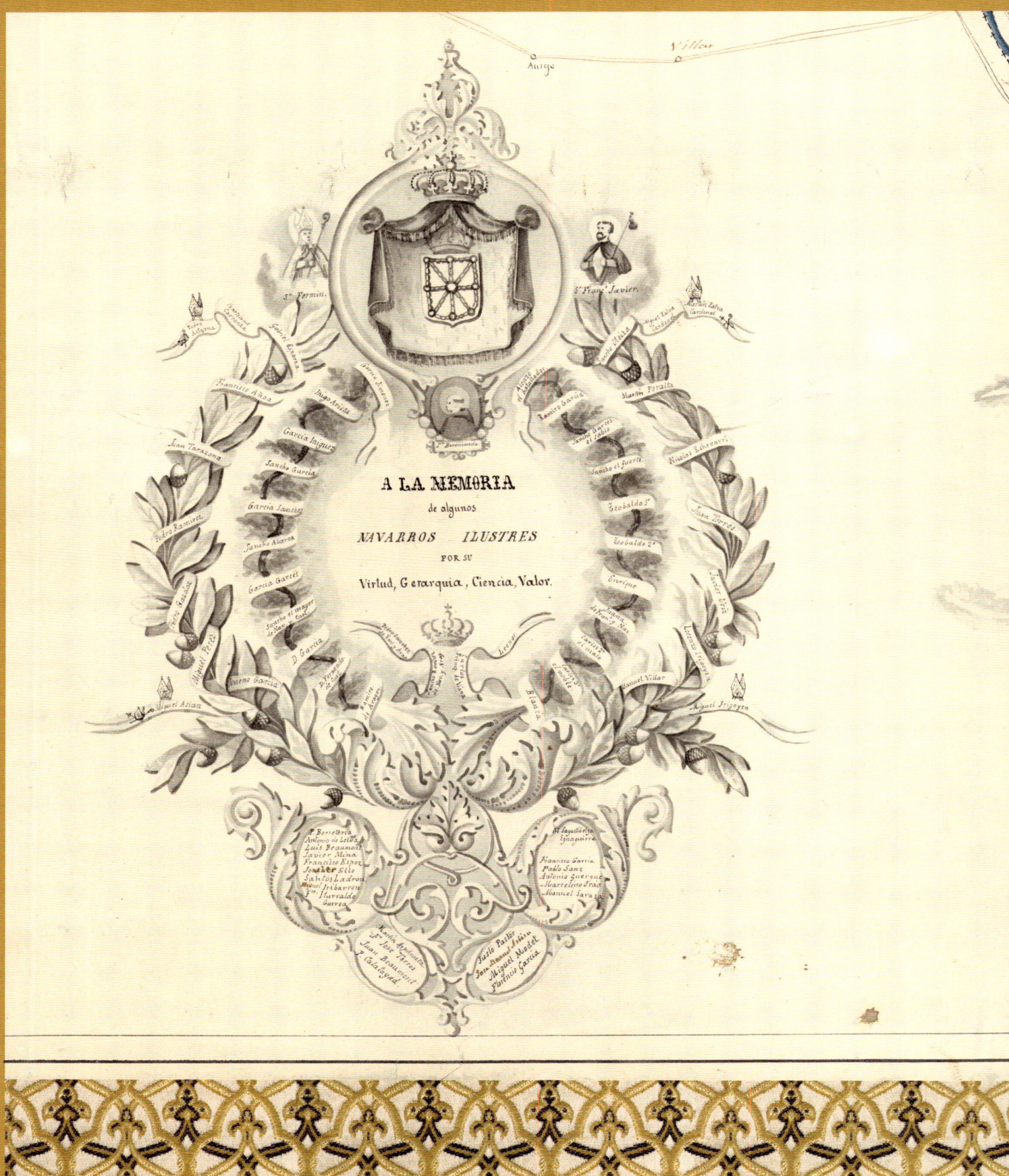

A LA MEMORIA
de algunos
NAVARROS ILUSTRES
POR SU
Virtud, Gerarquia, Ciencia, Valor.

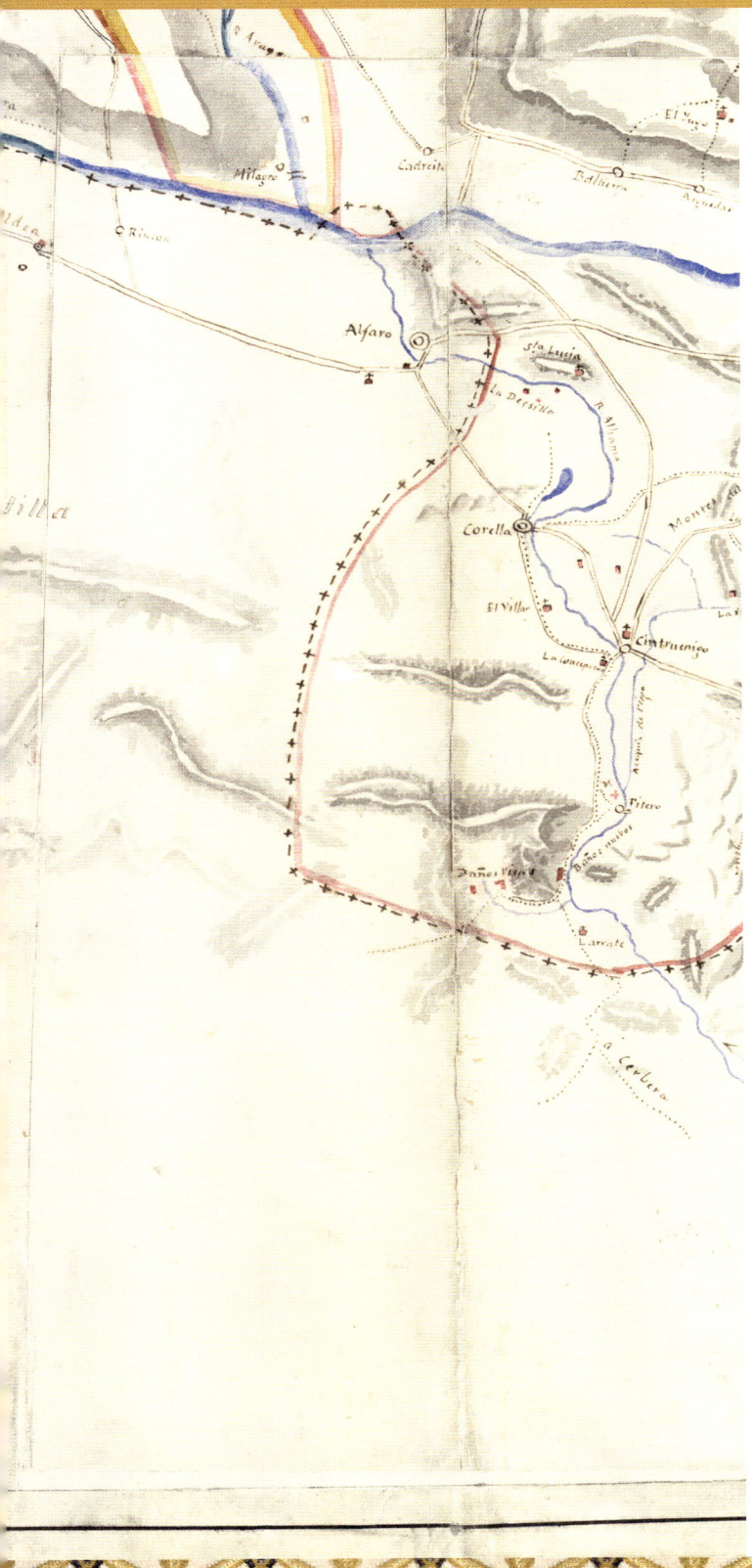

La creciente diversidad de los liberales navarros

En 1842 apareció *El Observador Navarro*, que se proclamó tan constitucionalista como fuerista. Con todo, Yanguas y Miranda lo calificó, sin mayores argumentos, de "larvadamente carlista".

El panorama político de los liberales se hizo más complejo con la organización de la Unión Liberal, en 1854, y de los demócratas, en 1865. Este año apareció el batallador diario *El Progresista Navarro*, que polemizó agriamente con el obispo de Pamplona, el olitense Pedro Cirilo Úriz y Labairu, a propósito de la cuestión de Italia.

Plano-Mapa de Navarra.

Dedicado a la memoria de algunos navarros ilustres por su virtud, jerarquía, ciencia y valor.

Florencio Sanz y Baeza

Pamplona, 1850

AGN, FIG_CARTOGRAFIA, N.299

SECCIÓN POLITICA.

MADRID 15 DE FEBRERO.

Continúa la lista de lo recaudado para la suscricion á los monumentos fúnebres que han de levantarse en Madrid á la memoria de los señores Calatrava, Argüelles y Mendizabal.

Pamplona.

	Reales		Reales
F. O.	19	Eusebio Olano.	8
F. E.	19	Comandante retirado Urbano Igarreta.	8
José Javier Viderte.	19		
F. M.	4	Dos ciudadanos.	8
Antonio Corroza.	19	José Carbajal.	5
J. S.	19	Vicente Graus.	19
Atanasio Unzu.	100	Florencio Gil.	8
Leonardo San Roman.	19	Bautista Lizarraga.	19
José Antonio Aristi	19	Fermin Zabulo.	8
J. C.	40	Sebastian Zabulo.	8
Dos esclaustrados.	8	Mauro Elizondo.	10
J. M. Larrayoz.	4	Ramon Latasa.	4
F. R.	4	Pedro Mendive.	2
Juan Campion.	40	Fermin Sanciñena.	8
Ciriaco Garcia.	19	José Azpilcueta.	4
Tomás Jaen.	100	Félix Beunza.	4
Tiburcio Irigoyen.	19	Leon Aizcorbe.	10
Coronel retirado Manuel Arregui.	20	Fermin Arteaga.	10
Manuel Solano.	4	Tomás Astrain.	4
Luis Iñarra.	100	Eleuterio Arteaga.	6
Miguel Santos.	57	Esteban Huici.	4
Javier Santos.	38	Angel Huici.	4
Vicente Santos.	38	Joaquin Huici.	4
Pablo Bergé.	19	Alvaro Huici.	4
Angel Rodriguez de Ciria.	19	Fermin Abadia.	8
Ponciano Irizar.	19	Martin Riezu.	8
Leon Marquina.	6	Joaquin Riezu.	8
Un esclaustrado de Navarra.	38	Miguel Lusarreta.	10
Baldomero San Roman.	2	Juan Sarasa.	10
José Maria Urrizola	2	Angel Aztarain.	4
Pascual Sandoval.	2	Leon Gonzalo.	4
Pedro Gonzalez.	2	Francisco Olano.	4
José Yagüe.	2	Martin Hugalde.	6
Manuel Barrera.	4	Juan Errazu.	4
Sinforiano Olagüe.	6	Juan Bautista Arrechea.	10
Gregorio Blasco.	2	Nicasio Roldan.	8
Javier Zugarramurdi.	4	Pedro Zabalza.	4
Justo Zugarramurdi.	4	Matias Linzoain.	6
Luis Fernandez.	4	Lázaro Onsalo.	4
Dimas Fernandez.	4	Quince militares.	157
Isidro Fernandez.	4	José María Eguaguirre.	6
Sandalio Fernandez.	4	Emilio Eguaguirre.	4
Juan Aramburu.	4	Juan Alonso.	4
José Goñi.	4	Cárlos Alonso.	4
Ramon Ezciza.	10	Babil Burguete.	6
Cecilio Gonzalo.	4	Ildefonso Goñi.	4
Mauro Dendiarena.	4	Ramon Elizalde.	4
Nazario Urrizola.	4	Francisco Unciti.	4
Angel Iturralde.	10	Zoilo Martinez.	4
Gracian Sarasa.	10	Miguel Irribarren.	4
Javier Asurmendi.	4	Juan Ostiz.	2
Angel Zapater.	2	Antonio Ardanaz.	4
Lucas Badostain.	3	Pedro Maria Beunza.	4
Ambrosio Badostain.	3	Teodoro Incia.	6
Justé Erro.	2	Francisco Yarnoz.	4
Joaquin Isturiz.	2	Manuel Lodosa.	4
Antonio Castañé.	2	Gregorio Lodosa.	6
		Ilario Nicolay.	4
		Manuel Esparza.	10
		Total.	**1543**

Puente la Reina.

	Rs. vn.		Rs. vn.
Juan Bautista Echaiz.	10	Andrés Martinez.	10
Cándido Saenz.	10	Nicolás Ureta.	10
Martin Usoz.	10	Juan Amblar.	10
Benito Velasco.	10	Francisco Soto.	40
Martin Razquin.			158
Un ex-sargento del provincial de Valladolid.	10	Se rebajan diez reales segun carta del encargado en Puente, fecha 15 de Enero por recaudacion.	10
Cayetano Ciganda.	10		
Enrique Lemus.	8		
Tomás Saenz.	10	Liquido.	148
Domingo Borrajo.			
José Pozo.			
José Caparroso.			

Resúmen.

		Se deducen: cuatro rs. vn. gasto de correos.	4
Recaudado en Pamplona.	1543		
Idem en Puente, liquido.	148		
Totales.	**1691**	**Total liquido.**	**1687**

Cuya suma de 1687 rs. vn. ha sido entregada en este dia en casa de la viuda de Rivul é hijos, comisionada del Banco nacional de San Fernando, segun sus dos recibos de fechas, uno del 28 de Noviembre último, y el otro de esta fecha.—Pamplona 6 de Febrero de 1854.—Luis Iñarra.—A. Rodriguez de Ciria.—Vicente Castilla.—Fidel Ozcariz.—Vicente Santos.—Es copia.

Pamploneses que participaron en la suscripción para erigir monumentos en Madrid a la memoria de Calatrava, Argüelles y Mendizábal.

El Clamor Público, 15-II-1854, p. 1

BNE. Hemeroteca Digital

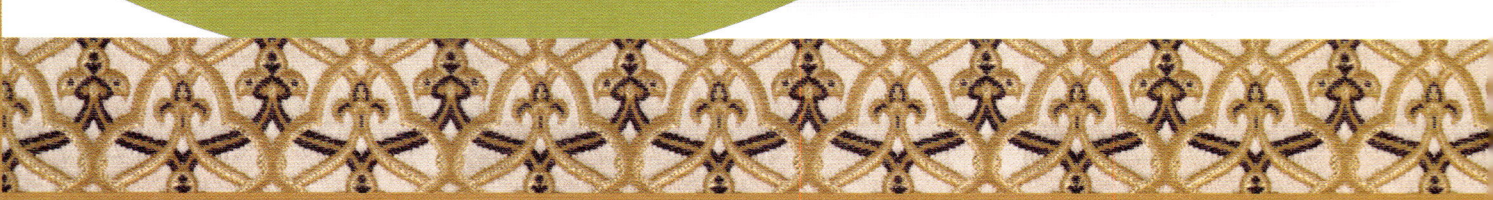

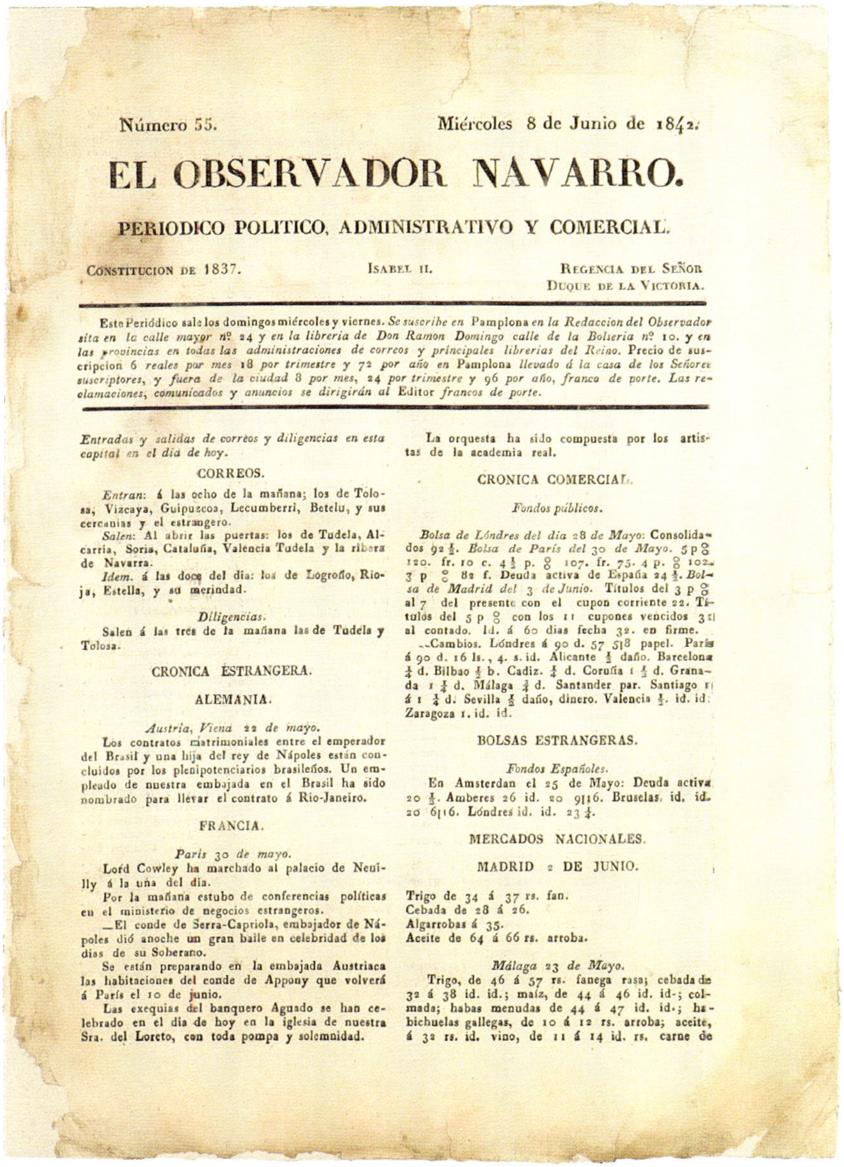

Número 55. Miércoles 8 de Junio de 1842.

EL OBSERVADOR NAVARRO.

PERIODICO POLITICO, ADMINISTRATIVO Y COMERCIAL.

CONSTITUCION DE 1837. ISABEL II. REGENCIA DEL SEÑOR DUQUE DE LA VICTORIA.

Este Periódico sale los domingos miércoles y viernes. *Se suscribe en* Pamplona *en la Redaccion del Observador sita en la calle mayor nº 24 y en la libreria de Don Ramon Domingo calle de la Bolseria nº 10. y en las provincias en todas las administraciones de correos y principales librerias del Reino.* Precio de suscripcion 6 *reales por mes* 18 *por trimestre y* 72 *por año en* Pamplona *llevado á la casa de los Señores suscriptores, y fuera de la ciudad* 8 *por mes,* 24 *por trimestre y* 96 *por año, franco de porte. Las reclamaciones, comunicados y anuncios se dirigirán al* Editor *francos de porte.*

Entradas y salidas de correos y diligencias en esta capital en el dia de hoy.

CORREOS.

Entran: á las ocho de la mañana; los de Tolosa, Vizcaya, Guipuzcoa, Lecumberri, Betelu, y sus cercanias y el estrangero.

Salen: Al abrir las puertas: los de Tudela, Alcarria, Soria, Cataluña, Valencia Tudela y la ribera de Navarra.

Idem. á las doce del dia: los de Logroño, Rioja, Estella, y su merindad.

Diligencias.

Salen á las tres de la mañana las de Tudela y Tolosa.

CRONICA ESTRANGERA.

ALEMANIA.

Austria, Viena 22 de mayo.

Los contratos matrimoniales entre el emperador del Brasil y una hija del rey de Nápoles están concluidos por los plenipotenciarios brasileños. Un empleado de nuestra embajada en el Brasil ha sido nombrado para llevar el contrato á Rio-Janeiro.

FRANCIA.

Paris 30 de mayo.

Lord Cowley ha marchado al palacio de Neuilly á la una del dia.

Por la mañana estubo de conferencias políticas en el ministerio de negocios estrangeros.

—El conde de Serra-Capriola, embajador de Nápoles dió anoche un gran baile en celebridad de los dias de su Soberano.

Se están preparando en la embajada Austriaca las habitaciones del conde de Appony que volverá á París el 10 de junio.

Las exequias del banquero Aguado se han celebrado en el dia de hoy en la iglesia de nuestra Sra. del Loreto, con toda pompa y solemnidad.

La orquesta ha sido compuesta por los artistas de la academia real.

CRONICA COMERCIAL.

Fondos públicos.

Bolsa de Lóndres del dia 28 de Mayo: Consolidados 92 $\frac{1}{2}$. *Bolsa de París del 30 de Mayo.* 5 p % 120. fr. 10 c. 4 $\frac{1}{2}$ p. % 107. fr. 75. 4 p. % 102. 3 p % 82 f. Deuda activa de España 24 $\frac{1}{2}$. *Bolsa de Madrid del 3 de Junio.* Títulos del 3 p % al 7 del presente con el cupon corriente 22. Títulos del 5 p % con los 11 cupones vencidos 31 al contado. Id. á 60 dias fecha 32. en firme.

—Cambios. Lóndres á 90 d. 57 5/8 papel. París á 90 d. 16 ls., 4. s. id. Alicante $\frac{1}{2}$ daño. Barcelona $\frac{1}{4}$ d. Bilbao $\frac{1}{2}$ b. Cadiz. $\frac{1}{4}$ d. Coruña 1 $\frac{1}{2}$ d. Granada 1 $\frac{1}{4}$ d. Málaga $\frac{3}{4}$ d. Santander par. Santiago 1 á 1 $\frac{1}{4}$ d. Sevilla $\frac{1}{2}$ daño, dinero. Valencia $\frac{1}{2}$. id. id. Zaragoza 1. id. id.

BOLSAS ESTRANGERAS.

Fondos Españoles.

En Amsterdan el 25 de Mayo: Deuda activa 20 $\frac{1}{2}$. Amberes 26 id. 20 9/16. Bruselas. id. id. 20 6/16. Lóndres id. id. 23 $\frac{1}{4}$.

MERCADOS NACIONALES.

MADRID 2 DE JUNIO.

Trigo de 34 á 37 rs. fan.
Cebada de 28 á 26.
Algarrobas á 35.
Aceite de 64 á 66 rs. arroba.

Málaga 23 de Mayo.

Trigo, de 46 á 57 rs. fanega rasa; cebada de 32 á 38 id. id.; maíz, de 44 á 46 id. id.; colmada; habas menudas de 44 á 47 id. id.; habichuelas gallegas, de 10 á 12 rs. arroba; aceite, á 32 rs. id. vino, de 11 á 14 id. rs. carne de

DOC. 10.1.

***El Observador Navarro*, periódico pamplonés cuyos lemas fueron la Constitución de 1837, Isabel II, la Regencia de Espartero y la defensa de la Ley de Modificación de Fueros de 16 de agosto de 1841 ("La Paccionada").**

Pamplona, 8 de junio de 1842

AGN, HEMEROTECA, VARIOS_N8/8

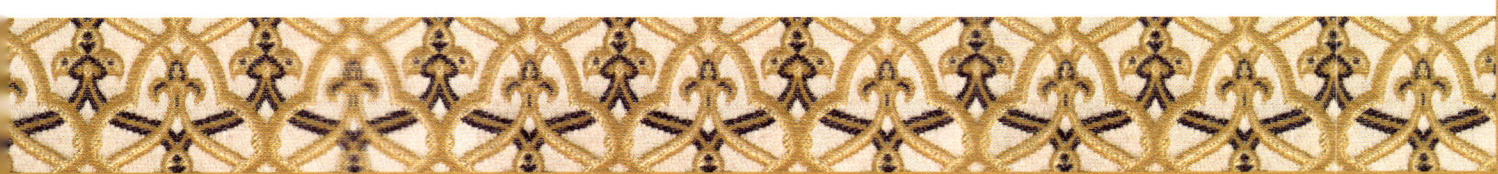

116

Año 1854. Miércoles 26 de Julio Número 89.

BOLETIN OFICIAL DE LA PROVINCIA DE Navarra.

PARTE OFICIAL DE LA GACETA.
(Gaceta del dia 22 de Julio.)

LA REINA nuestra Señora (Q. D. G.) y su Augusta Real Familia continúan en esta Corte sin novedad en su importante salud.

=

La suscricion abierta en el Café Suizo para las viudas y huérfanos de los beneméritos patriotas que hayan fallecido en la heróica villa de Madrid en defensa de las instituciones liberales contra la tiranía, ha producido hasta el dia lo siguiente; cuyos fondos quedan depositados en la Tesoreria del M. I. Ayuntamiento constitucional de esta ciudad.

	Rs vn.
El General Irañeta	60
Valentin Garralda	60
Brigadier Moriones	60
El Coronel Moran	60
D. Valentin Urra	60
Vicente Castilla	50
Angel Iturralde	60
Pablo Iturregui	
Manuel Breton de Zapata	20
José Joaquin Albaro Busmano	40
Angel Albeniz	50
José Caldero, alias Capita por Cayetano Sanz el espada	100
Matossi y compañia	100
Lorenzo Semaden	20
Vicente Grados	40
Ramon Zugarramurdi	40
Manuel Albaro	19
Tomás Azcarate	19
Teodoro Perez de Eulate	19
Tomás Pieltain	19
Francisco Semaden	20
Nicolás Alcazar	19
Santiago Simuentis	19
Juan de Soto	8
Ramon Boeiza	50
Justo Cayuela	100
Cristobal Sanchez Torres	19
Fernando Daoiz	60
Tomás Idigedas	60
Fermin Abadia	19
Fermin Gainza	40
Vicente Echague	20
Juan Lanes	4
Timoteo Bergasa	19
Gregorio Labastida	39
Pedro de Torres Izquierdo	40
Coorado Garcia	10
Leon Aizcorve	10
Pedro Aurquia	10
Pablo Ecala	4
Pedro Anoz	10
Suma	**1487**

Suma anterior	1487
D. Mauricio Lecumberri	4
Paulino Guergon	8
Miguel Antonio Iturralde	10
Deogracias Cuesta	10
Severo Megias	2
Tomás Goicoechea	4
José Choperena	8
Luis Losarcos	45
Ponciano Irizar	19
Antonio Rota	19
José Zabalza	19
Santiago Bunbana	12
Antonio Baldibielso	2
Cándido L.	1
Ignacio Saenz de Graci	20
Florencio Gil	19
Sotero Larrainzar	15
Un suscritor	19
M. I.	10
Z. S.	80
S. C.	80
Jacinto Campion	80
Francisco Cayuela por sí y su hijo Domingo	42
Martin Riezu	20
Benito Olaverri	19
Francisco Salanueva	20
Fausto Elio	19
Un particular	8
Miguel Piudo	19
Juan Moñor	19
Sebastian Rodriguez	4
Miguel de Cáceres	20
Miguel Lusarreta	20
Esteban Huici	20
Marcelo Muniain	16
Mariano Cantalapiedra	6
Fermin Arteaga	20
Anselmo Ascarate y Sagasti	10
Rufino Azcarate y Sagasti	10
Mariano Moreno	10
Manuel Maria Tirapu	10
Francisco Siniague	10
E. A.	19
Benito Lerruz	19
Joaquin Sevilla	38
Miguel Sanz	19
Juan José Sanz	19
Francisco Amatriain	19
Angel Oyarzun	19
Claudio Arbizu	40
Prudencio Campos	19
Manuel Iribas	19
Juan Nepomuceno Valdelomar	19
Luis de Cea Bermudez	19
Javier Goñi	19
Santiago Alduz	10
Total	**2.572**

Se continuará.

DOC. 10.2.

Pamploneses que participan en la suscripción abierta en el Café Suizo a favor de las viudas y huérfanos de los defensores de la libertad de Madrid.

Madrid, 10 de julio de 1854

(publ. *Boletín Oficial de la Provincia de Navarra*, 26 de julio de 1854)

AGN, HEMEROTECA, BOPN_N8.89, pág. 1

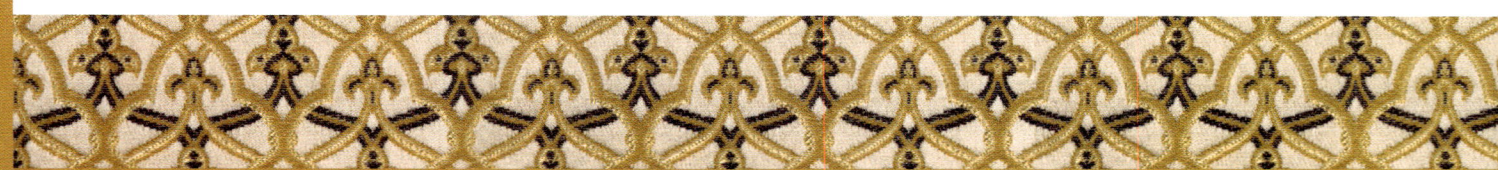

ELECTORES DE LA MERINDAD DE ESTELLA.

El Gobierno de S. M ha acordado, con arreglo á la ley, que se renueven por mitad las Diputaciones Provinciales; y la suerte, ha decidido que cesen los Diputados que tan dignamente representaban esta Merindad. Hay pues que proceder á la elección de los dos que en la nueva Diputacion han de continuar por este distrito.

Si la actual Diputacion ha cumplido con sus deberes; si ha interpretado bien y fielmente vuestros deseos, vuestras aspiraciones y vuestros pensamientos, como en más de una ocasion se lo há manifestado la Provincia entera; cumplamos ahora nosotros con el que la gratitud y nuestro propio interés nos imponen reelijiendo á los mismos D. Ricardo Jaen y D. Francisco Javier Baztan. Tal vez alguno de ellos se niegue á continuar desempeñando tan difícil como importante cargo; mas esto no debe obstar para que nosotros le demos una prueba de nuestra aprobacion y aprecio. Estella Febrero 21 de 1860.

Tiburcio Alvizu. = *Blas Cintora.* = *Manuel Ochoa.*

Mateo Mendavia. = *Angel de Tejada.* = *Juan Antonio Unzué*

S.ʳ D.

117

DOC. 10.3.

Llamamiento de seis estelleses a apoyar a dos candidatos liberales en las elecciones provinciales de 1860.

AGN, AP_BAZTAN, Caj. 1

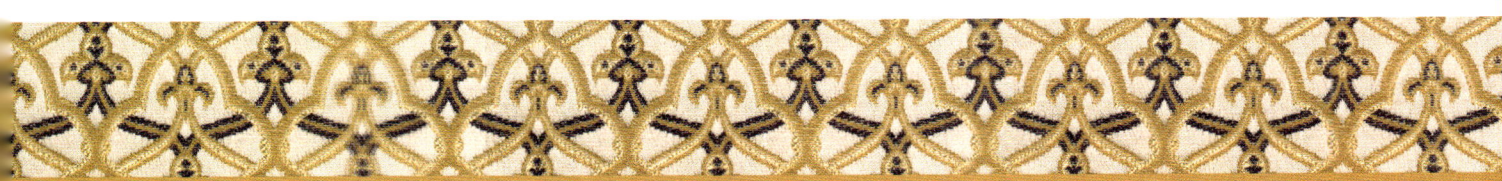

118

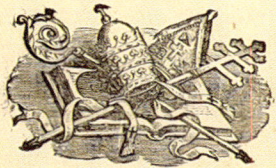

✠

AVISO PASTORAL

QUE

EL EXCMO. É ILLMO. SR.

OBISPO DE PAMPLONA

DIRIGE

AL CLERO Y PUEBLO DE SU DIÓCESIS,

CON MOTIVO

DE LA PROPAGANDA ANTI-CATÓLICA

DE NUESTROS DIAS.

PAMPLONA:
Imprenta de Francisco Erasun y Rada.
1865.

6428

DOC. 10.4.

Aviso Pastoral que el Excmo. e Iltmo. Sr. Obispo de Pamplona dirige al clero y pueblo de su diócesis con motivo de la propaganda anticatólica de nuestros días.

Pamplona, Imprenta de Francisco Erasun y Rada, 1865

BN, Cª 5/181

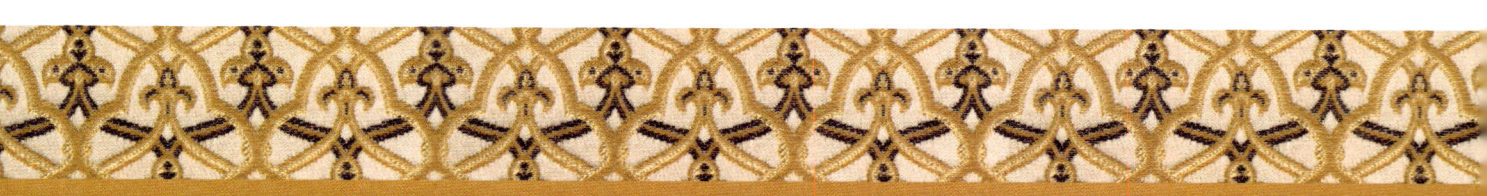

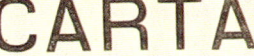

CARTA

dirigida á la redaccion

DE

EL PROGRESISTA NAVARRO,

CON MOTIVO DE LA PASTORAL

DEL

EXCMO. E ILLMO. SR. OBISPO DE PAMPLONA,

POR

D. Luis María Lasala,

CATEDRATICO DE LA ESCUELA NOMAL SUPERIOR DE NAVARRA.

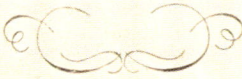

PAMPLONA:
Imprenta de Julian Muñoz y Francisco Sabater.
1865.

6429

DOC. 10.5.

*Carta dirigida a la redacción de El Progresista
Navarro con motivo de la Pastoral del
Excmo. e Illmo. Sr. Obispo de Pamplona.*

Luis María Lasala

Pamplona, 17 de noviembre de 1865

BN, Cª 5/182

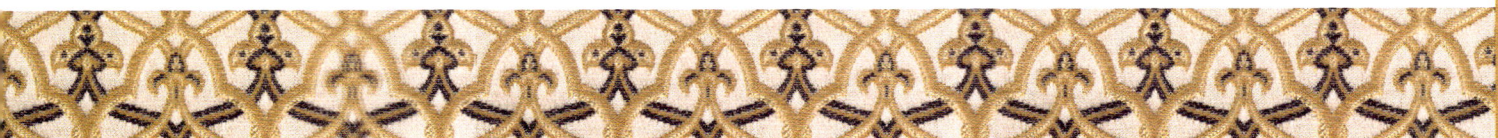

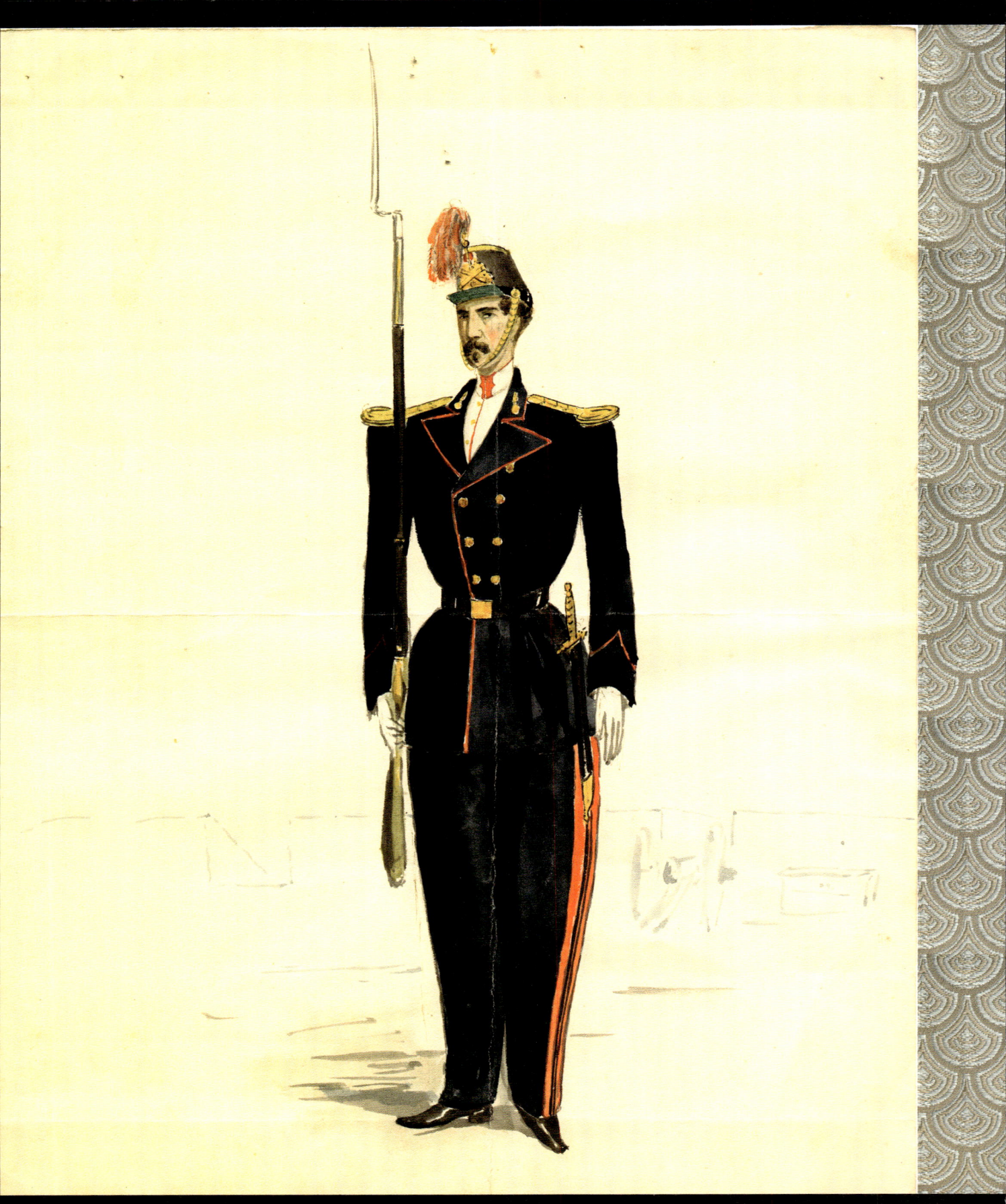

El Sexenio Democrático y la última guerra carlista

La floración de periódicos liberales, tanto monárquicos como republicanos, en Pamplona y Tudela, es buena prueba de la heterogeneidad del panorama político navarro en esta etapa.

Entonces los liberales manifestaron que defenderían la Ley de 1841 para conservarla incólume y propugnaron que Navarra formase un estado federal por sí misma. Igualmente, organizaron los Voluntarios de la Libertad y de la República, así como la Milicia Nacional, en las principales localidades y la Diputación Foral formó cuerpos armados para mantener el nuevo orden político y luchar contra los carlistas. Sus efectivos, unidos a los navarros que servían en el Ejército, llegaron a unos 6.000 hombres, es decir, aproximadamente la mitad de los que combatieron en las tropas del pretendiente.

Al final de la guerra, *El Eco de Navarra* trató de desmentir "el dogma de que toda Navarra era carlista". Asimismo, los mandos de los Voluntarios de la Libertad arremetieron enérgicamente contra algunos periodistas que minimizaron y descalificaron su esfuerzo bélico.

Durante la contienda la población civil sufrió toda clase de penalidades. Así, Pamplona estuvo sitiada por los carlistas y se vivieron episodios de gran crueldad, como la matanza de 37 voluntarios de la República de Cirauqui, que fueron masacrados después de haberse rendido.

Después de la guerra, los liberales fueron indemnizados por las pérdidas que les habían causado los carlistas, pero se quejaron amargamente de que estos recibieron mejor trato de los gobiernos conservadores e incluso de algún liberal fusionista.

1868-1876

Diseño del uniforma de la sección de artillería del batallón de la milicia nacional local de Pamplona.

Pamplona, 1855

AGN, FIG_RETRATO,N.202

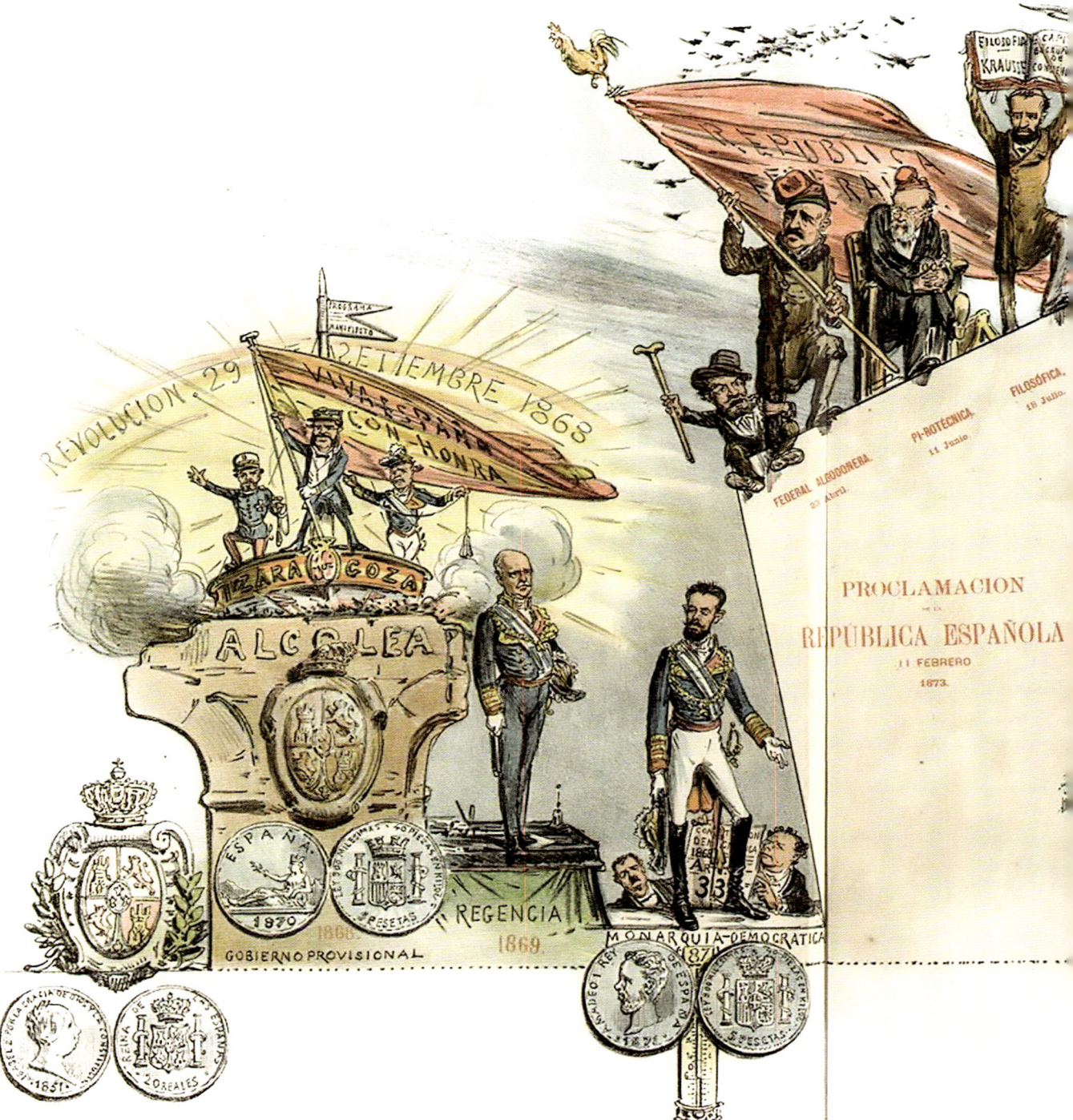

DESDE ALCOLEA A SAGUNTO, PASANDO POR

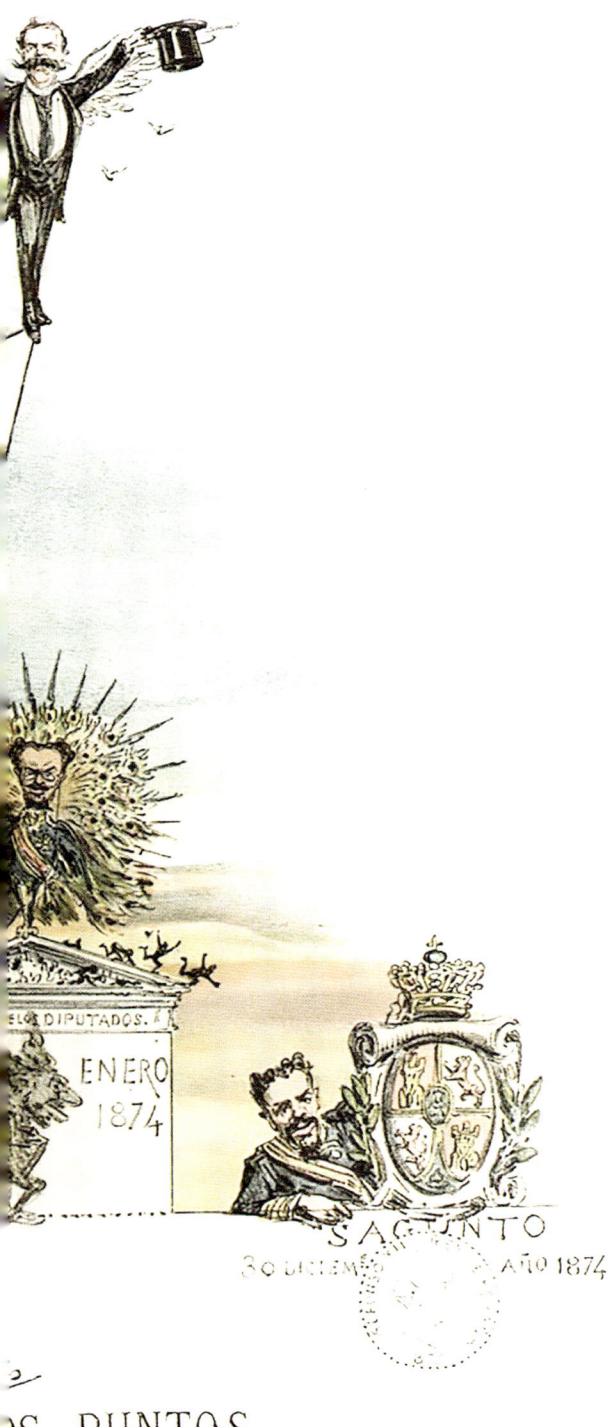

Las nuevas instituciones liberales

Tras el triunfo de la Septembrina (1868), las nuevas autoridades monárquicas nombradas en Navarra (la Diputación y los principales ayuntamientos), al igual que las republicanas en 1873, actuaron como sus correligionarios del resto de España e hicieron gala de sus ideas liberales en no pocas alocuciones y proclamas.

La carta que el presidente de la República, Emilio Castelar, dirigió al general Domingo Moriones (Leache, 1821-Madrid, 1881) sobre la bandera arrebatada a los carlistas que le había enviado, pone de manifiesto la amistad que les unía.

Desde Alcolea a Sangunto, pasando por varios puntos.

Caricatura de las etapas del Sexenio Democrático, desde la Revolución de 1868 hasta la Restauración de 1874.

Ilustración de Tomás Padró para el periódico satírico *La Madeja*.

Publicado en Barcelona, 1874

Biblioteca de Catalunya

Junta Suprema de Gobierno de Navarra.

¡Ciudadanos!

Navarra es la tierra clásica de la libertad; ni sufre tiranos, ni tolera linaje alguno de opresion. Por la sencillez de vuestras costumbres y por vuestros hábitos de moralidad, aborreceis el vicio, y mucho más si se encuentra en altas regiones, á las que siempre corresponde enseñar con el ejemplo.

Un poder tan corrompido como impotente para restablecer lo pasado é incapaz de satisfacer las aspiraciones de la época presente, ha obligado al país á alzarse contra èl y á arrojarlo para siempre de nuestro suelo, apesar del apoyo que le prestaban el fanatismo y la supersticion.

El pueblo español necesita órden y libertad, único régimen á que aspiran hoy los pueblos civilizados de Europa: libertad civil en cuanto no perjudique á derechos de tercero; libertad política en todas sus manifestaciones.

NAVARROS: vosotros habeis disfrutado siempre la independencia administrativa en la provincia y en el municipio; el partido liberal debe respetar esa independencia y ampliarla en lo que le sea posible. Eleccion popular para la provincia y elección popular para el municipio: publicidad para todos los actos administrativos y responsabilidad en toda gestion de su referencia. Sin estas garantías los ciudadanos son séres abyectos que miran con indiferencia hasta la felicidad de su pátria.

La Junta elegida hoy por el pueblo está decidida á trabajar sin descanso para la consecucion de tan elevados fines. Descansad confiados en su patriotismo, como la Junta descansa en vuestro amor al órden, base de la verdadera libertad.

¡Viva la libertad!
¡Viva la Soberanía Nacional!
¡Viva la Marina!
¡Viva el Ejército!
¡Abajo la Dinastía!

Pamplona 30 de Setiembre de 1868.—Domingo Moriones, Presidente (ausente.)—Serafin Larrainzar, Vice-Presidente.—Veremundo Ruiz de Galarreta, (ausente).——Francisco Azparren.—Gregorio Zabatza, (ausente)—Baldomero Navascuès—Tomás Azcarate.—José Martinez de Morentin.—Julio Ruiz.—Lázaro Peruchena.—Vicente Grados.—Rafael Ripa.- Anacleto Ardanaz.—Tadeo de Gandiaga.—Antonio Corroza.—Eusebio Martinez, (ausente). Vocales.—Agustin Sardá, Vocal Secretario.

Proclama de la Junta Suprema de Gobierno de Navarra al grito de "¡Viva la Libertad! ¡Viva la Soberanía Nacional! ¡Viva la Marina! ¡Viva el Ejército! ¡Abajo la Dinastía!"

Pamplona, 30 de septiembre de 1868

(publ. *Boletín Oficial de la Provincia de Navarra*, 2 de octubre de 1868).

AGN, HEMEROTECA, BOPN_N23.118, pág. 1

GOBIERNO DE LA PROVINCIA DE NAVARRA.

HABITANTES DE ESTA CAPITAL Y PROVINCIA:

Por telégrama que he recibido de Madrid, se me participa que en la tarde de ayer se ha constituido el Gobierno provisional, habiéndose verificado el pronunciamiento con grande entusiasmo, y sin derramamiento de sangre. El pueblo ha fraternizado completamente con el Ejército al grito de ¡VIVA LA LIBERTAD y la SOBERANÍA NACIONAL!

Bien sabeis, navarros, que entre todas las necesidades sociales, el órden público es la más imperiosa, la más indispensable, la que no puede quebrarse sin que se resientan los grandes intereses de los pueblos.

Y felizmente, el órden público se ha mantenido incólume en la capital de la Monarquía al levantarse la bandera que se enarboló en el dia de ayer.

Afortunadamente me dirijo á los habitantes de un país que, por su carácter, por su historia, por sus tradiciones, por su temperamento y por todas las condiciones que constituyen su modo de ser, comprenden hasta qué punto es el órden público la base y el fundamento de la sociedad.

No debo, pues, encareceros la necesidad de que en los momentos presentes, acrediteis una vez más vuestra peculiar cordura, vuestra acrisolada virtud, y vuestro noble patriotismo, porque esas cualidades son los timbres más preciosos de vuestro carácter.

Esperad, pues, con tranquilidad y calma, porque sólo en la apacible serenidad de los espíritus rectos y en la hidalguía de los corazones generosos, es donde se encuentra la garantía del órden y el escudo inquebrantable del derecho, sin los cuales no es posible asegurar los intereses sociales, ni conquistar el progreso, ni disfrutar los beneficios de la verdadera libertad.

Así lo espera muy confiadamente vuestro

GOBERNADOR,
Manuel Moreno Gonzalez.

Pamplona 30 de Setiembre de 1868.

Imprenta Provincial.

125

DOC. 11.1.

Alocución del Gobierno Provincial de Navarra a los navarros, comunicando la formación de un gobierno provisional tras el éxito del pronunciamiento militar al grito de "¡Viva la Libertad y la Soberanía Nacional!".

Pamplona, 30 de septiembre de 1868

AGN, DFN, Caj. 20268/10

126

EL AYUNTAMIENTO
AL PUEBLO DE TUDELA.

Al encargarnos de la direccion y administracion municipal, que se nos ha cometido por repetidos acuerdos de la Junta Suprema de Gobierno de esta provincia, debemos hacer pública la razon que nos ha guiado para tomar sobre nosotros esa carga, y el modo que nos prometemos levantarla.

Los que hemos pertenecido á la Junta revolucionaria de esta Ciudad, cuya sensatez y cordura en el breve pero crítico periodo que hemos atravesado, sometemos á vuestro criterio, creimos que una razon de delicadeza nos alejaba del Municipio que le sucedia, y dimitimos el cargo de Regidores, imitándonos otros compañeros aunque no se hallaban en nuestro caso. Pero se ha apelado á nuestro patriotismo, á nuestro amor á la libertad y al órden: se nos há mandado en nombre de esos principios, y no podiamos ser indiferentes á la invocacion de obgetos tan queridos. Liberales todos de siempre, y amantes de nuestro pueblo, consagraremos nuestros desvelos, nuestro cumplido afan, á ayudar á la Junta suprema en su gloriosa obra de consolidar la regeneracion política del Pais, cuyo alzamiento unánime no deja lugar á dudar de su espíritu y aleja la loca esperanza y nefandas ilusiones de los tiranos que por tanto tiempo lo han esclavizado bajo el Gobierno de una Señora que debia su elevacion y sostenimiento á la idea liberal, y no se ha ocupado sino de conculcarla y hacerla ilusoria, persiguiendo y martirizando á los que la profesaban. Releguemos su memoria al olvido, su condenacion á la historia, y su pena á su propia conciencia.

Ynspirados en nuestras ideas históricas, y en la atmósfera liberal reinante, que és la de este pueblo, nuestras resoluciones, lo mismo político que económicas, partirán de ellas. Libertad y siempre libertad.

Las circunstancias de actualidad, nos llaman tambien á fijar la atencion en otro obgeto inseparable de esa idea, en el de órden, que hace sagrados el respeto de las personas y seguridad de las cosas. La tirania en el poder, así como todas las malas causas, no puede vivir ni aun efimeramente, sin el auxilio de la violencia, de la persecucion, del fanatismo, de la intolerancia, medios que aumentan su descrédito y hacen multiplicar sus aborrecedores. Pero la libertad, y las que llevan en su esencia un buen germen, se fructifican, se desarrollan y crecen con la tolerancia, con el respeto, con la seguridad y sobre todo, con el órden: A conservarlo consagraremos nuestro principal obgeto. Nos prometemos que interin la voluntad pública legítimamente representada, no designe nuestros sucesores, no se alterará ní por un momento, tenemos seguridad de que así sucederá, y lo garantizamos á todos. Contamos para ello con la voluntad de la Junta Suprema, con la cooperacion de las autoridades, con el buen sentido y apoyo del pueblo, á quien nos dirigimos, y con el sacrificio que, caso necesario, hariamos y estamos dispuestos á hacer, de nuestras personas. Tudela y Sala de Consultas 8 de Octubre de 1868.

El Ayuntamiento=Francisco Urtasun.=Juan de Miguel.=Francisco Moneo. Juan Luis Frauca.=Julian Garbayo.=José Victoriano Pablús.=Melchor Conde= Gregorio Carabaca.=Romualdo Castellano.=Javier de Mur.=Andrés Escudero.= Patricio Bandrés.=Vicente Sainz.=Rafael Moneo.=Martin Aranaz.=Baltasar Bona.=Nicolás Falces Sec.*

TUDELA. 1868. Imp. y lib. Tudelana de Lizaso y Maya.

DOC. 11.2.

Proclama del Ayuntamiento al pueblo de Tudela, consagrando sus desvelos en ayudar a la Junta Suprema de Gobierno para consolidar la regeneración política del país.

Tudela, 8 de octubre de 1868

AGN, DFN, Caj. 20268/10

AYUNTAMIENTO REPUBLICANO DE PAMPLONA.

CIUDADANOS: Justa es la indignacion que en vosotros han producido los últimos lamentables hechos de armas de la guerra fratricida que se obstinan en sostener los fanáticos defensores del mas odioso de los sistemas políticos; el execrable absolutismo. Vuestro Ayuntamiento Republicano participa de esa misma indignacion y reclama vuestro apoyo para hacer guardar el órden, base de toda sociedad, sin el cual no hay Gobierno posible, la República se hunde, y se pierde la libertad. Calma y cordura, republicanos, es lo que se necesita en los actuales momentos; y si nuestros enemigos intentáran perturbar el reposo público en perjuicio de la libertad, este Ayuntamiento será el primero en ponerse al frente de la fuerza ciudadana, para que en union de nuestro leal y valiente ejército reciban aquellos un castigo tan rápido como ejemplar.

¡Viva la libertad! ¡Vivan las Córtes Constituyentes! ¡Viva el Poder Ejecutivo! ¡Viva la República democrática federal!

Pamplona 28 de Junio de 1873.

Luis Martinez de Ubago.—Agustin Blasco.—Miguel Iraizoz.—Ignacio Aztarain.—Manuel Rodriguez.—Baldomero Navascués.—Nicasio Goyeneche.—José Antonio Amorena.—José Montorio.—Bernardino Bueno.—Eusebio Sanz y Osés.—Anselmo Maria Coyne.—Pedro Martinez.—Luis Fernandez.—Francisco de P. Berdeguer.—Pablo Ilarregui, Secretario.

Imp. de la V. de T. Iriarte.

DOC. 11.3.

Proclama del Ayuntamiento republicano de Pamplona a los ciudadanos en contra de la guerra sostenida por los defensores del absolutismo.

Pamplona, 28 de junio de 1873

AMP, Sucesos Políticos, leg. 2, nº 5

128

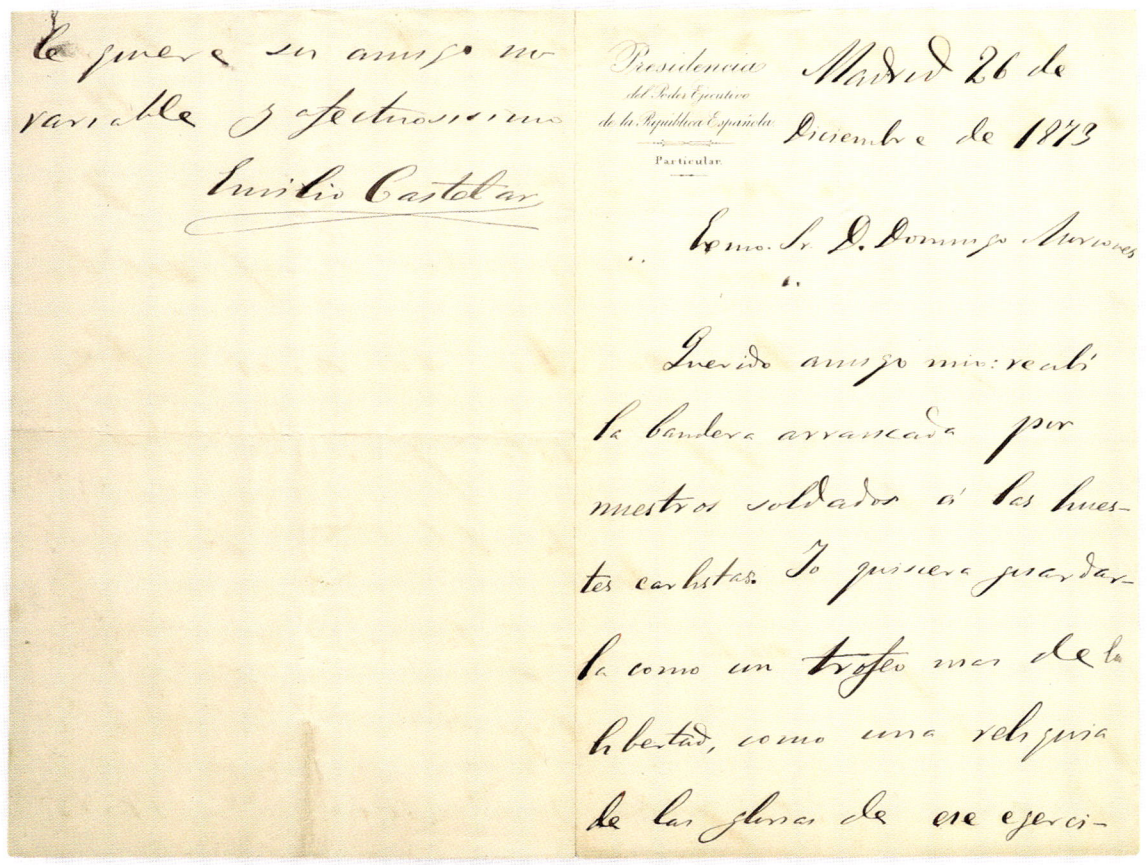

DOC. 11.4.

Carta de Emilio Castelar, presidente de la República Española, al general Domingo Moriones acusando recibo de la bandera arrancada a las huestes carlistas y solicitando autorización para colocarla en un monumento público como trofeo de la libertad y reliquia de las glorias del Ejército.

Madrid, 26 de diciembre de 1873

AGN, AP_MORIONES_MURILLO,Caj.1, N.3-6

PAMPLONESES:

Un acontecimiento importantísimo ha venido á cambiar la faz de la Nacion Española y á resolver la ruda y laboriosa crisis que desde hace tan largo tiempo atraviesa: tal es la proclamacion del Príncipe D. Alfonso como Rey de España.

El Ayuntamiento dijo en su programa que no haria más que administrar y auxiliar al Gobierno constituido en cuanto la administracion tuviese algun punto de contacto con la política. Fiel ha sido desde entónces y seguirá siendo siempre á sus propósitos, pero en la situacion actual no puede ménos de adherirse al voto unánime de los españoles, interpretando los sentimientos del vecindario, que seguramente mirará con júbilo un suceso que ha de constituir un remedio eficaz á los males que nos afligen.

Pamplona 21 de Enero de 1875.

José Javiér de Colmenáres, Alcalde.--Rodrigo Campion.--Pablo Otóriz.--Ulpiano Iraizoz.--Juan Moso.--Santiago Gorriz, Tenientes.--José Maria Huarte.--Fermin Lopez de Goicoechea.--Joaquin Rosich.--Fermin Sanciñena.--Manuel Esparza.--José Irigóyen. --Cipriano Ochoa.--Fernando Borra.--Pedro Saraldi.--Joaquin Garcia.--Lázaro Peruchena.--Juan Biardeau.--Pedro Irigóyen Echegaray.--Mariano Biardeau.--Juan Garcia Abadia.-- Vicente Gortari.--Ramon Ferrer.--Evaristo Mirepoix, Regidores.--Eduardo Ilarregui, Secretario.

PAMPLONA. — Imp. de Joaquin Lorda.

DOC. 11.5.

Bando del Ayuntamiento de Pamplona informando a los pamploneses de la proclamación del rey Alfonso XII.

Pamplona, 21 de enero de 1875

UPNA, BIBLIOTECA, Fondo Antiguo, DC-04-07 (doc. 25)

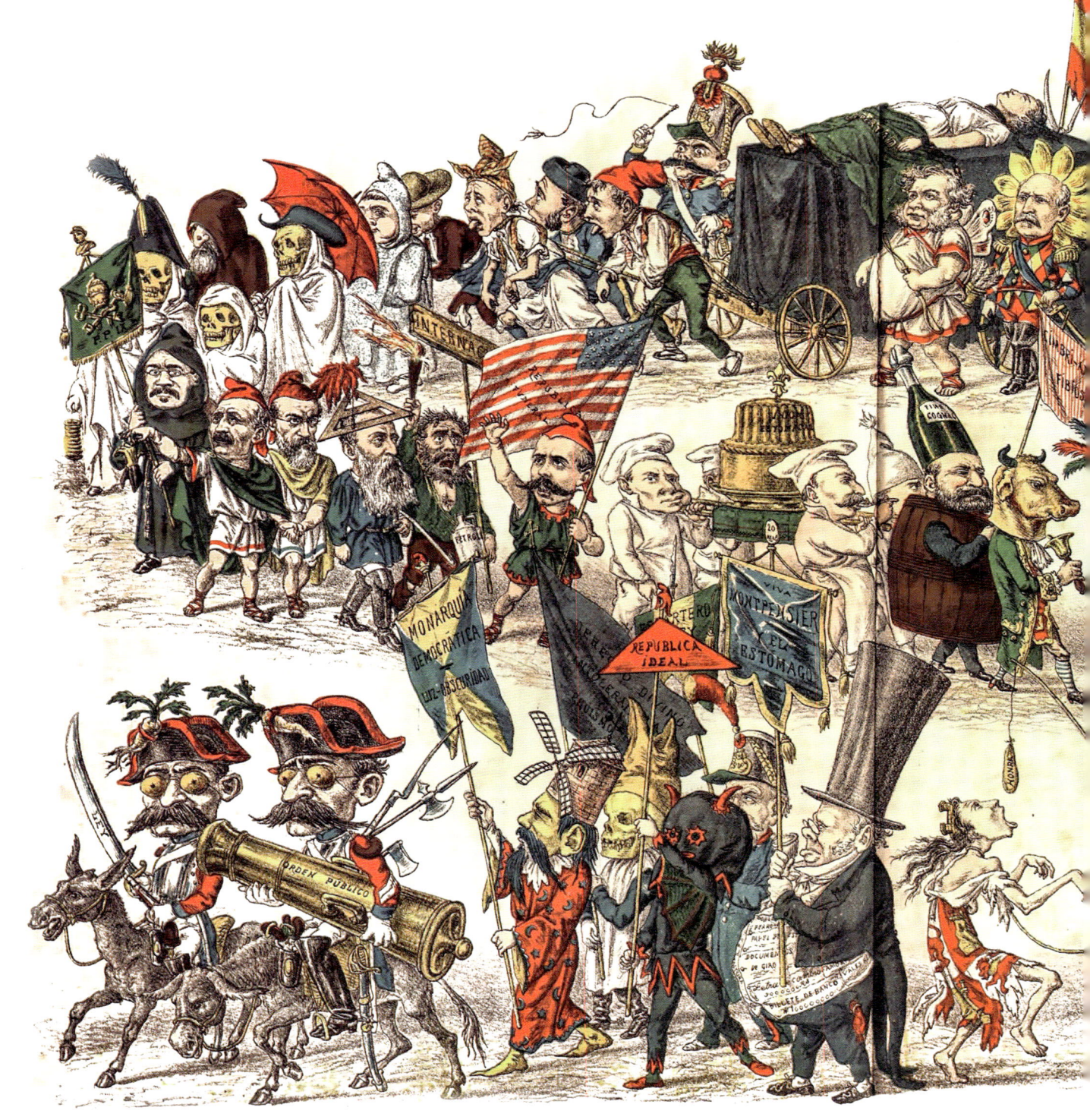

Entierro del Carnaval de 1872

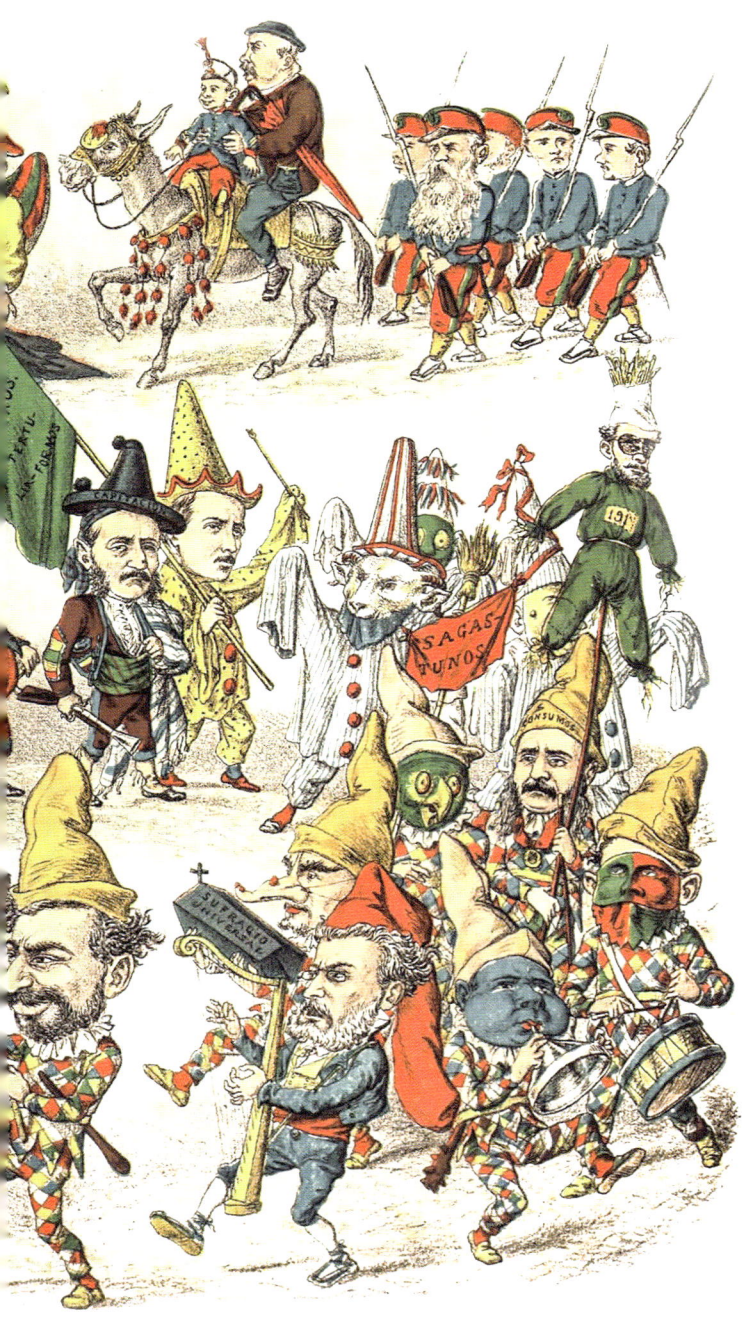

El variado panorama ideológico de los liberales

Con el éxito de la revolución democrática de septiembre de 1868, en Navarra surgieron varias tendencias y partidos políticos liberales, entre ellos, los fueristas monárquicos, el Partido Constitucional Conservador de Sagasta y el Partido Republicano Federal y otras fracciones republicanas, que contaron con sus propios periódicos en Pamplona y Tudela. Desgraciadamente, de la mayoría de ellos, de momento al menos, solo se conoce su título, pues no se dispone de ni un solo ejemplar en las hemerotecas públicas.

131

Entierro del Carnaval de 1872.

Caricatura política publicada tras la disolución de las Cortes, ante las elecciones generales.

Revista satírica *La Carcajada.*

Publicado en Barcelona, 1872

Biblioteca de Catalunya

132

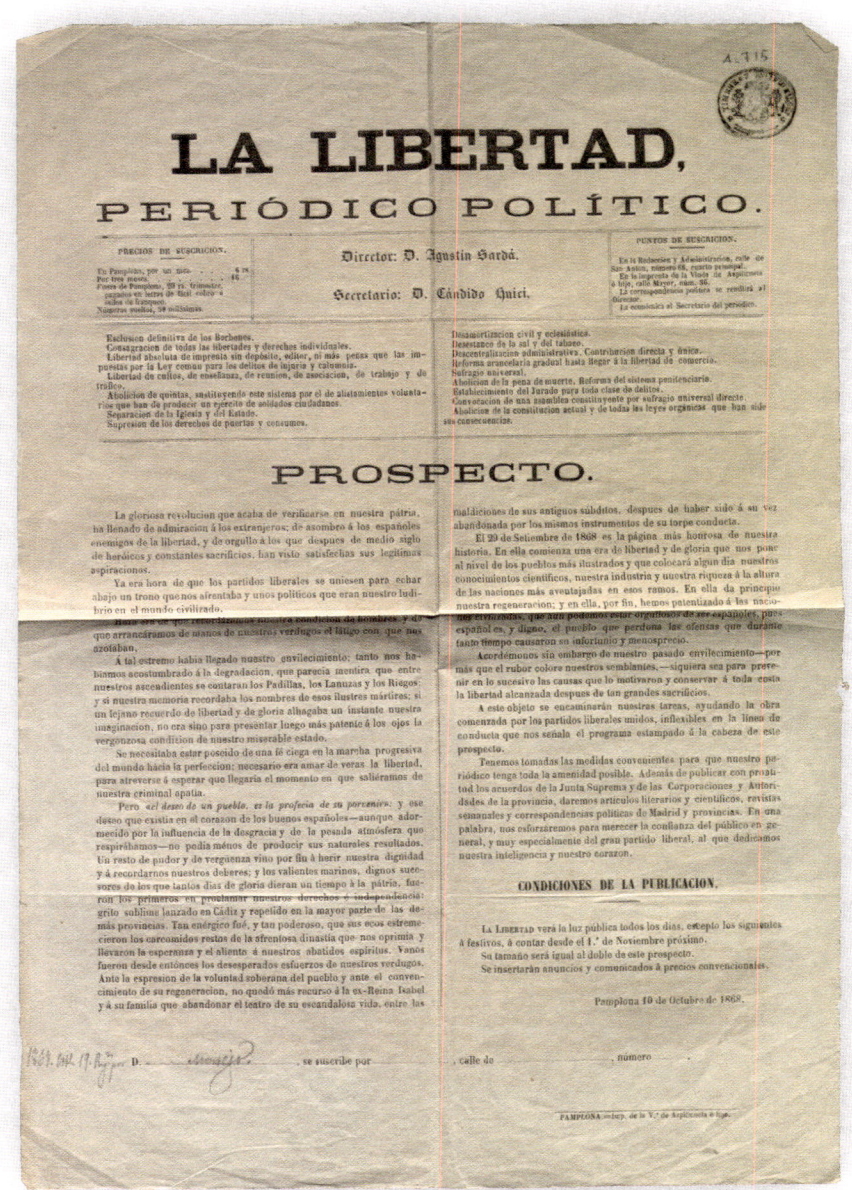

**Prospecto de *La Libertad*.
Periódico Político.**

Pamplona, 10 de octubre de 1868

Hemeroteca Municipal de Madrid

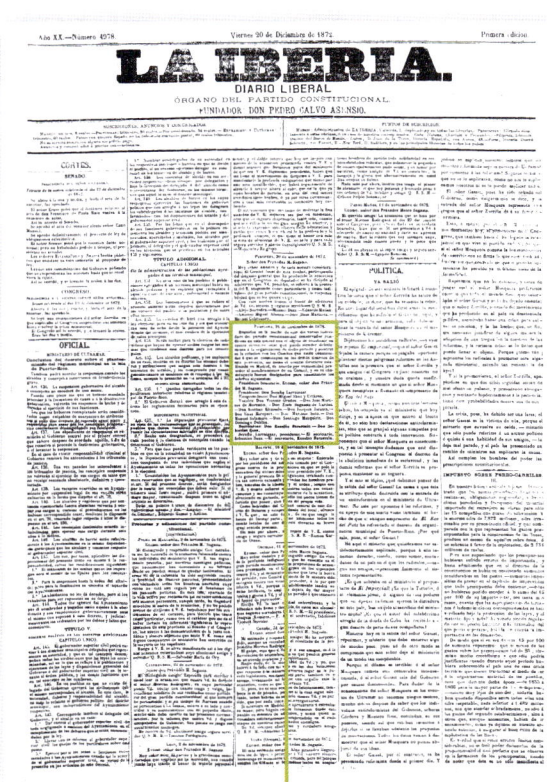

Los pamploneses pertenecientes al Partido Constitucional Conservador de Sagasta nombran un comité para constituir un centro local del partido.

La Iberia, 20-XII-1872, p. 1

BNE, Hemeroteca Digital

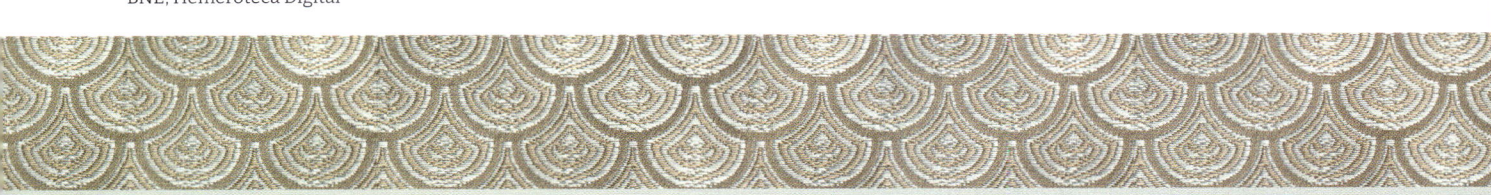

134

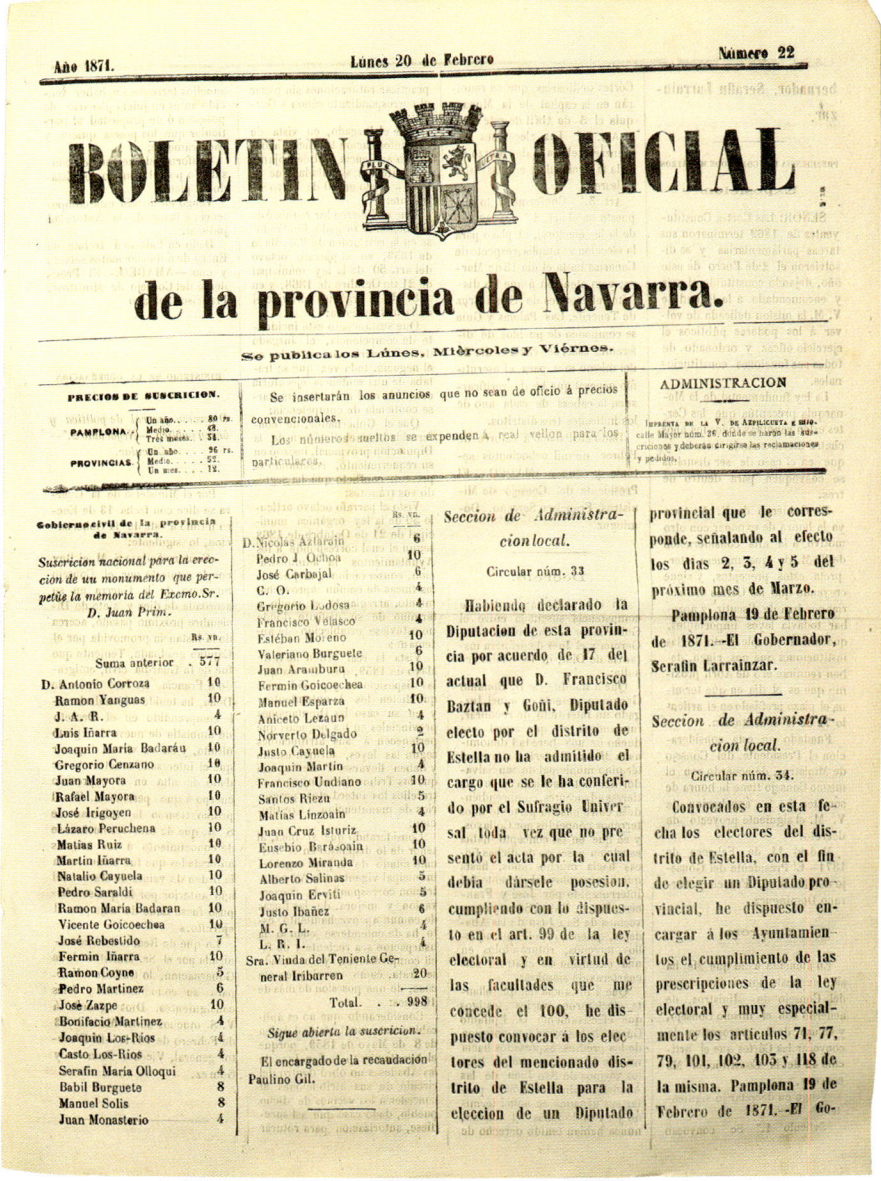

DOC. 12.1.

**Participación de navarros en la suscripción nacional
para erigir un monumento a la memoria de Juan Prim.**

Boletín Oficial de la Provincia de Navarra, 20 de febrero de 1871

AGN, HEMEROTECA, BOPN_N26.22, pág. 1

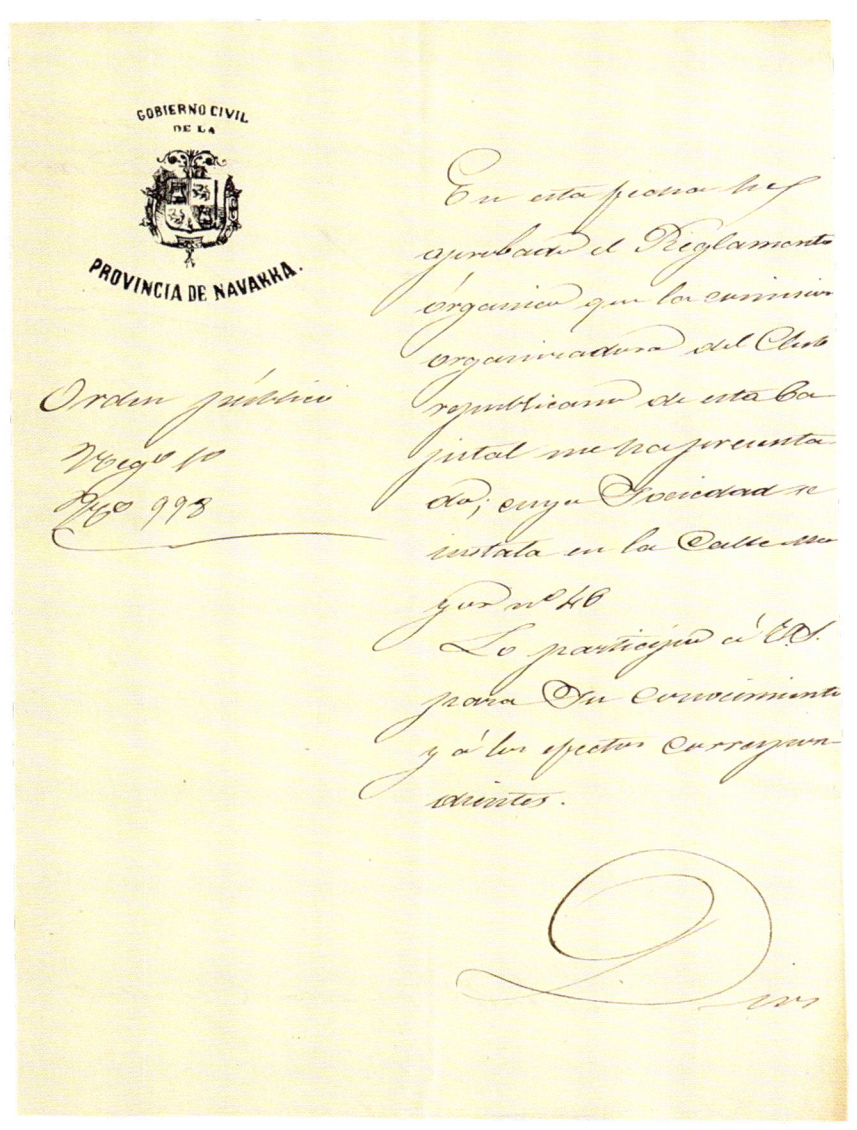

DOC. 12.2.

**Comunicación del Gobierno Civil de Navarra aprobando
el Reglamento del Club Republicano de Pamplona.**

Pamplona, 30 de diciembre de 1869

AMP, Sociedades, 1841-1918, nº 19

136

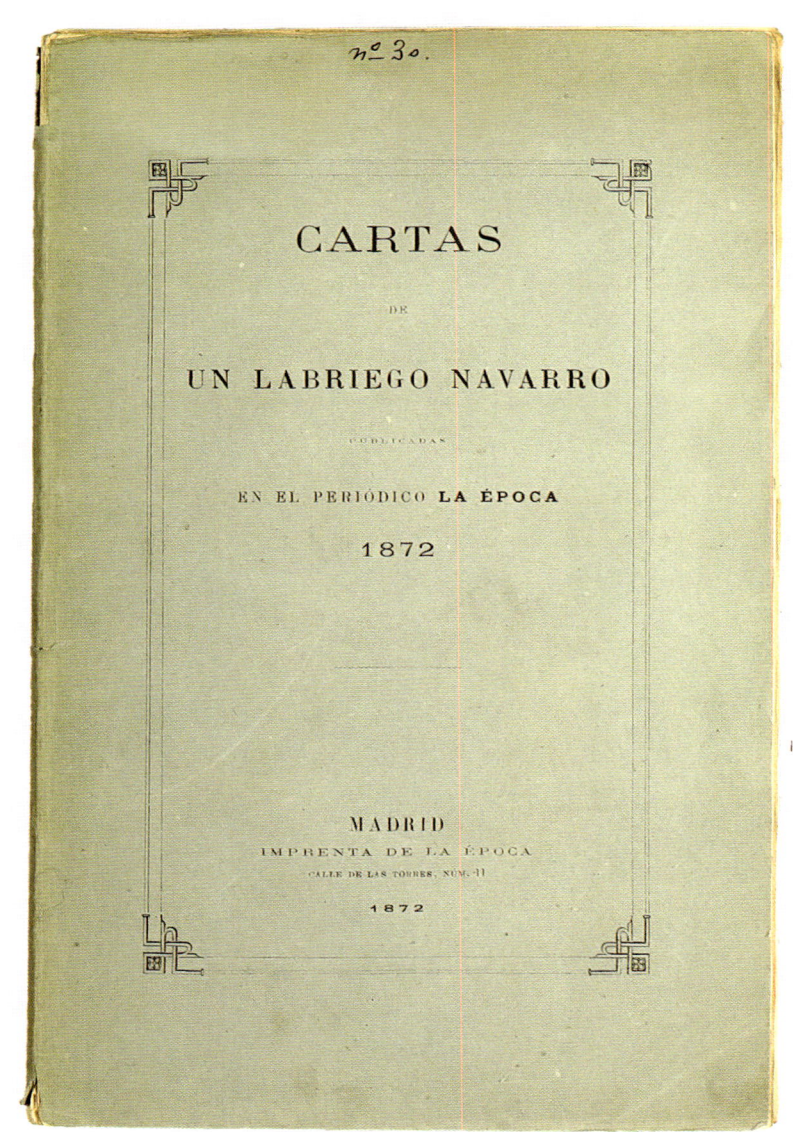

DOC. 12.3.

Cartas de un labriego navarro, publicadas en el periódico La Época.

Madrid, 1872

AGN, BIBLIOTECA, Caja 35/9

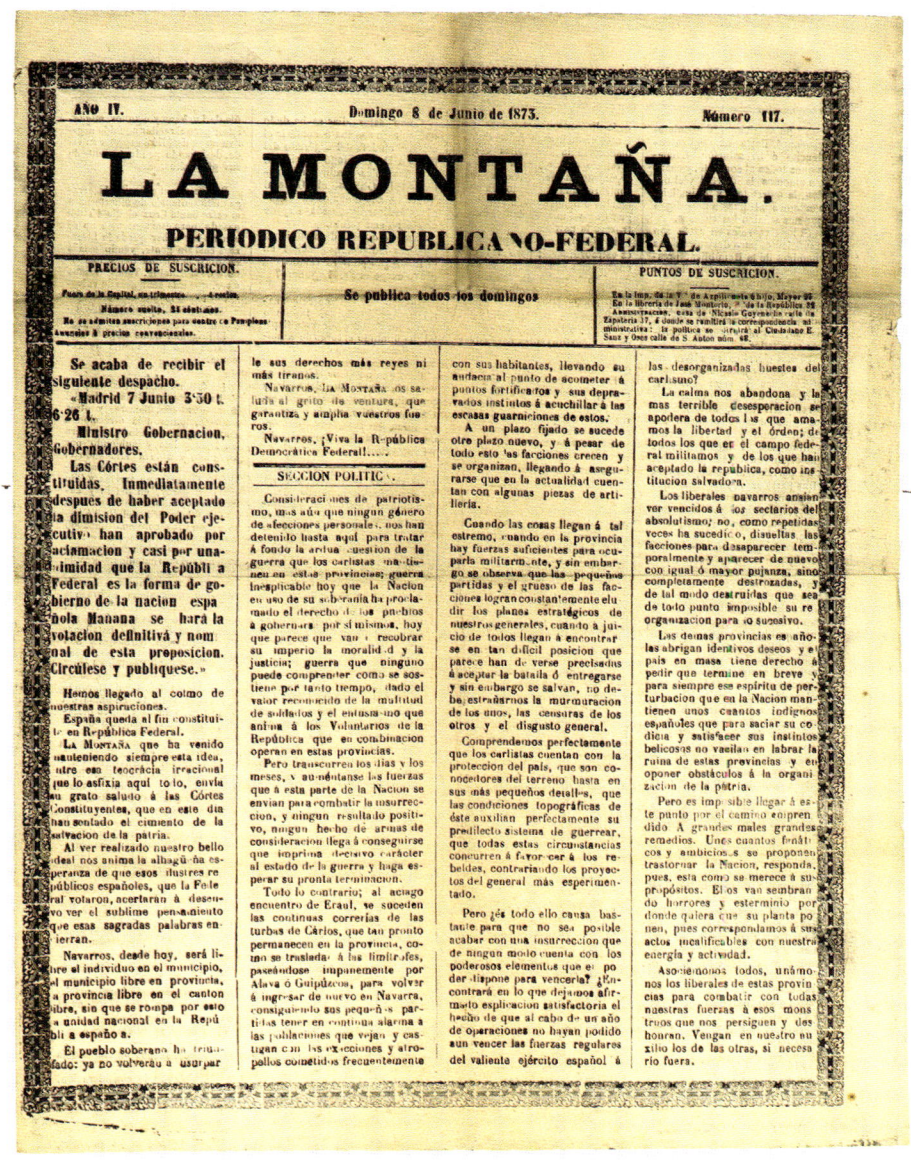

DOC. 12.4.

**Celebración de la proclamación de la República Federal
por el semanario pamplonés *La Montaña*.**

La Montaña. Periódico Republicano-Federal, 8-VI-1873, n. 117, p. 1

AMP, Hemeroteca

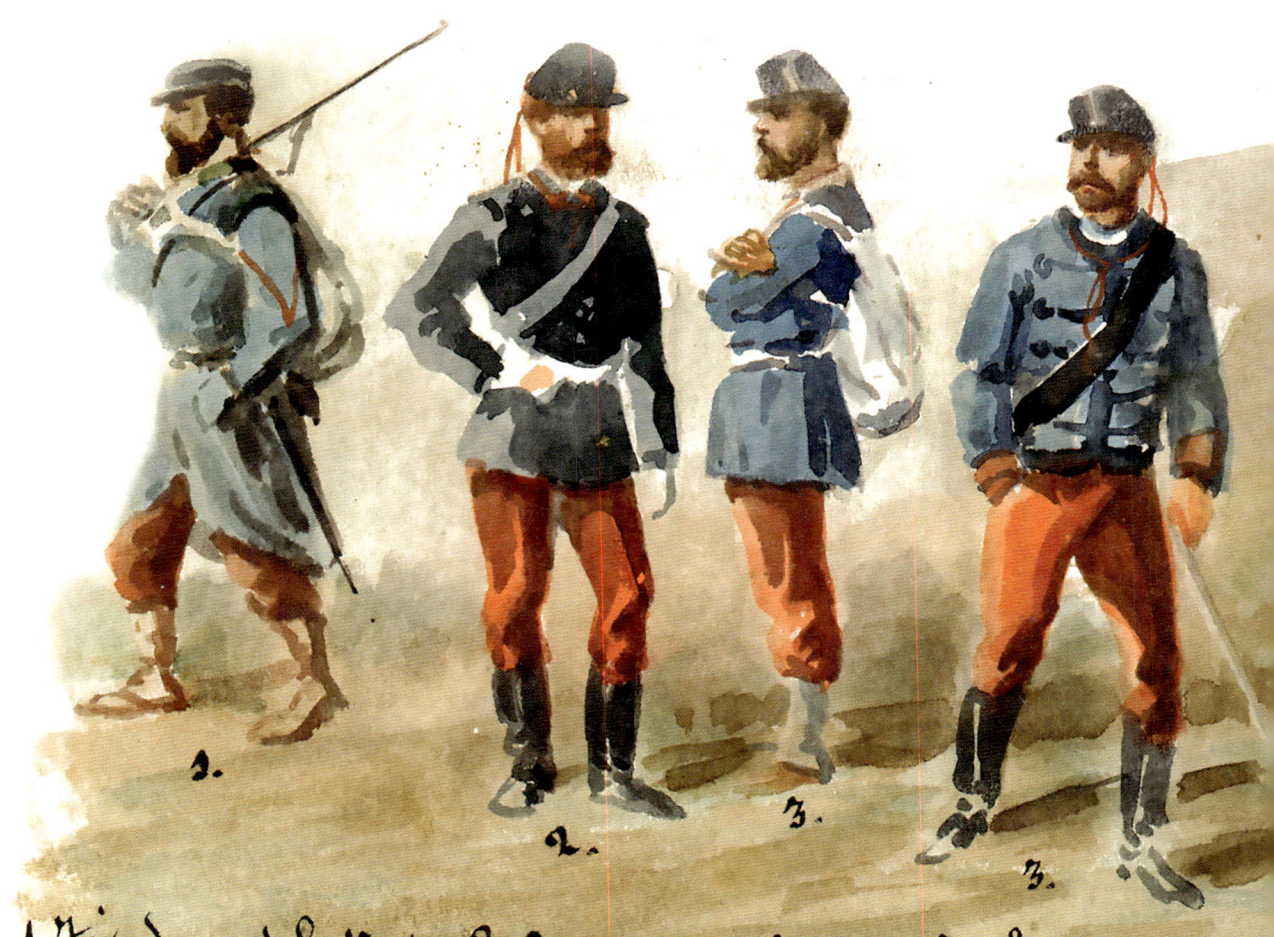

1. Tiradores del Norte. 2. Contraguerrilla de D. Tirso Lacalle (rojo de...

El esfuerzo bélico de los paisanos en la última guerra carlista (1872-1876)

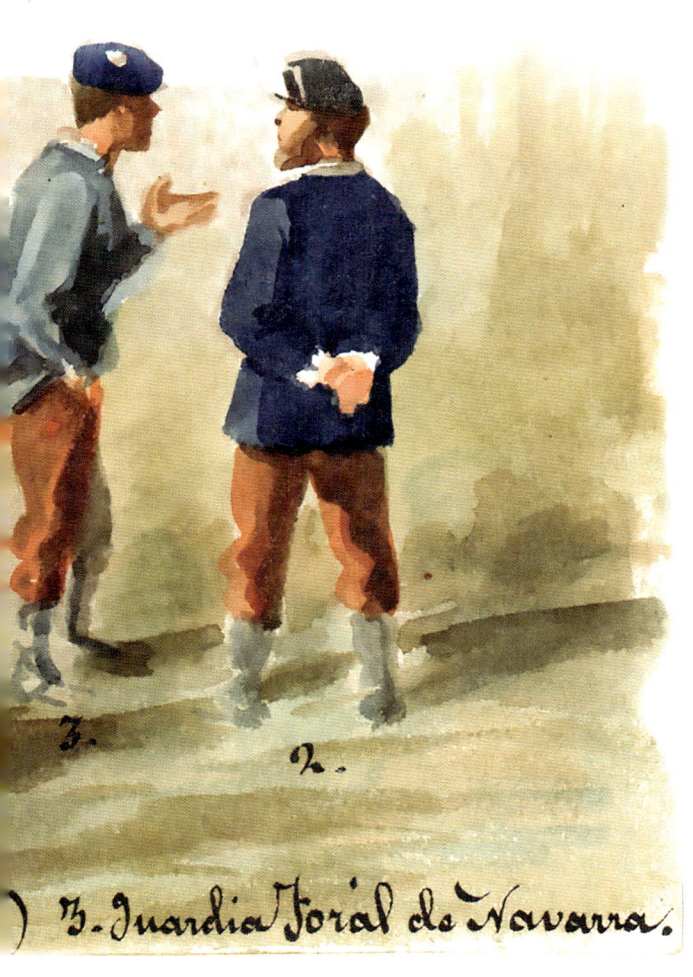

Como en la guerra de los Siete Años (1833-1839), en la última (1872 a 1876), para combatir a los carlistas, se organizó la Milicia Nacional, además de diversos cuerpos francos, entre ellos la Guardia Foral y sus contraguerrillas. Para galvanizar a la población en contra de los carlistas el gobernador civil, la Diputación Foral y el Ayuntamiento de Pamplona publicaron diversas alocuciones y bandos. Al final de la guerra muchos de los alistados en dichos cuerpos fueron condecorados por sus servicios.

Soldados del ejército liberal: tiradores del Norte, contraguerrilla de Tirso Lacalle y soldados de la Guardia Foral de Navarra.

Acuarela del *Álbum del Bloqueo de Pamplona.*

Pamplona, 1875

AGN, CODICES,L.19,f.4r

140

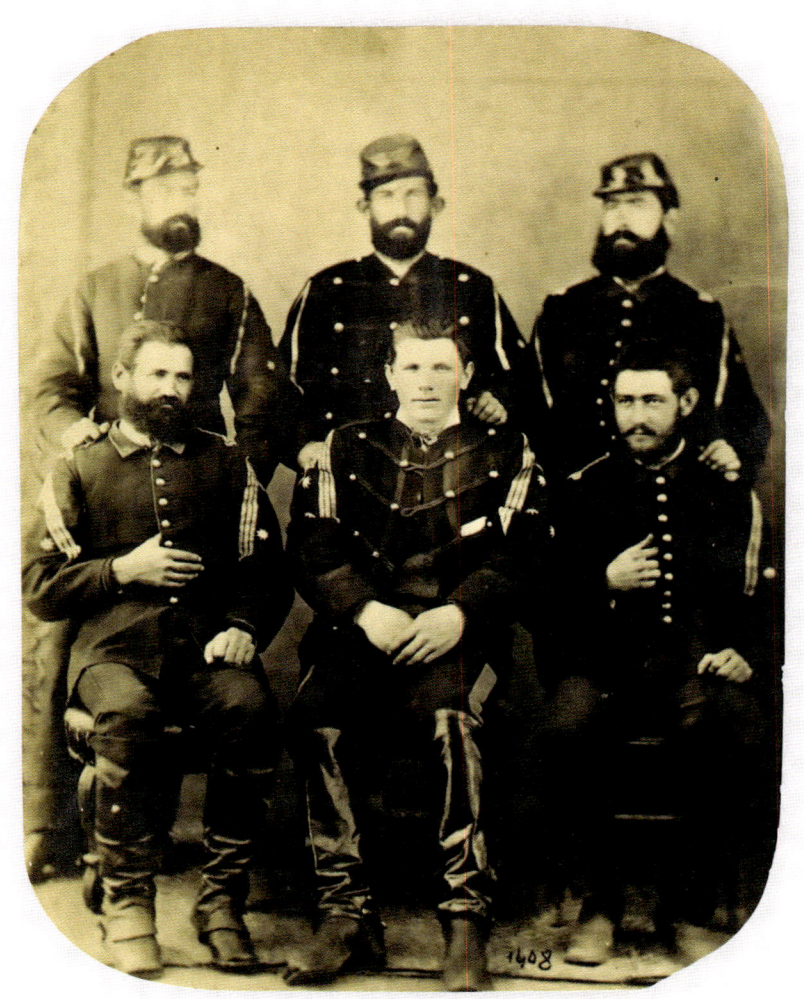

Oficiales de la partida de contraguerrilla de Tirso Lacalle Yábar, apodado "el Cojo de Cirauqui".

1876

AGN,CODICES_L19_IMG04

Año 1.º — Miércoles 10 de Setiembre de 1873. — Núm. 2.

EL PORVENIR NAVARRO.

PERIÓDICO REPUBLICANO.

ÓRDEN, JUSTICIA, LIBERTAD.

DECISION Y PATRIOTISMO.

NUESTRA ACTITUD FUTURA.

El Porvenir Navarro.
Periódico republicano. Número 2.

Pamplona, 10 de septiembre de 1873

AMP, Hemeroteca

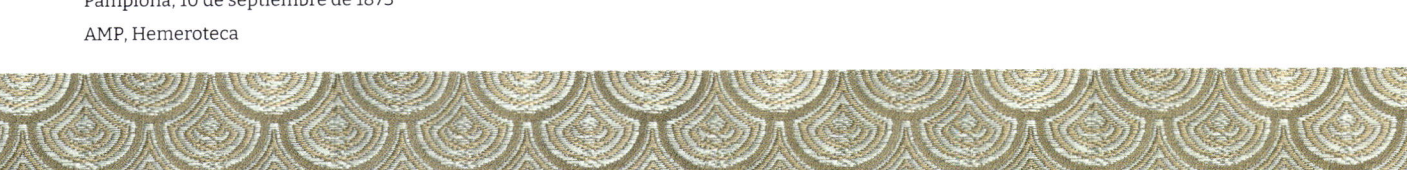

142

BATALLON VOTUNTARIOS DE LA LIBERTAD DE PAMPLONA.

Estado de la fuerza efectiva que tiene el mismo hoy dia de la fecha.

COMPAÑIAS.	Comandantes.	Ayudante.	Abanderado.	Médico.	Capellan.	Brigada.	Armero.	Capitanes.	Tenientes.	Subtenientes.	Sargentos 1.os	Sargentos 2.os	Cabos 1.os	Cabos 2.os	Cornetas.	Voluntarios.	TOTAL
	1	"	1	1	1	1	1	"	"	"	"	"	"	"	"	"	6
1ª								1	2	2	1	3	4	3	2	61	79
2ª								1	2	2	1	3	3	2	2	54	70
3ª								1	2	2	1	3	3	3	2	54	71
4ª								1	2	2	1	3	3	3	2	50	67
Veteranos								"	1	1	1	4	4	4	1	60	76
Total......	1	"	1	1	1	1	1	4	9	9	5	16	17	15	9	279	369

Pamplona 14 de Setiembre de 1872

El comandante.

J. Guyula

DOC. 13.1.

Estado de la fuerza del Batallón de Voluntarios de la Libertad de Pamplona.

Pamplona, 14 de septiembre de 1872

AMP, Guerra y Milicias, leg. 1, nº 9

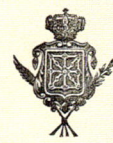

DIPUTACION FORAL Y PROVINCIAL DE NAVARRA.

Habiéndose acordado en fecha 31 de Diciembre último pasado la formacion de un Cuerpo franco de 500 plazas bajo la denominacion de *Guardia foral de Navarra*, con arreglo á las bases de su reglamento interior y las que se van á hacer constar, se ha dispuesto hacer público el llamamiento, al efecto de que los que quieran alistarse acudan á las oficinas de esta Diputacion.

1.ª Cada compañía constará de un Capitan, dos Tenientes y dos Subtenientes; un Sargento 1.º, tres segundos, ocho cabos, dos cornetas y ciento once individuos.

Los guardias de este Cuerpo tendrán un sueldo diario de 8 reales vellon, 9 los cabos y cornetas, 10 los sargentos segundos y 12 los primeros.

Los oficiales disfrutarán los sueldos de los de su clase.

2.ª Respecto á efectos de acuartelamiento, estancias en hospitales y suministros, gozarán de las mismas ventajas que los cuerpos francos creados por el Gobierno.

3.ª Además recibirán el vestuario gratis, por una sóla vez, y así bien el armamento necesario.

4.ª Los sargentos y cabos licenciados de las distintas armas é institutos del Ejército con buena nota podrán ser admitidos en sus mismos empleos.

5.ª El tiempo del compromiso será miéntras, á juicio de la Diputacion, lo requieran las circunstancias.

6.ª Los individuos de esta fuerza estarán sujetos á la ordenanza del Ejército y podrán optar á las recompensas en caso de mérito de campaña ó inutilidad en funcion de guerra.

7.ª Los que deseen alistarse presentarán la partida de bautismo, certificacion de buena conducta expedida por el Alcalde, y consentimiento de sus padres si son menores de 25 años.

8.ª Desde el momento en que se acuerde la admision en el referido cuerpo devengará el haber señalado.

Todo lo que se anuncia para conocimiento del público.

Pamplona 9 de Enero de 1872.

DE ACUERDO DE S. E. LA DIPUTACION,

Francisco Baztan y Goñi,

Secretario.

Imprenta Provincial.

143

DOC. 13.2.

Llamamiento de la Diputación Foral y Provincial de Navarra a alistarse en el nuevo cuerpo de la Guardia Foral de Navarra.

Pamplona, 9 de enero de 1872

(Aunque en el impreso pone 1872 debe de ser 1873)

AGN, DFN,Caj.42738/1

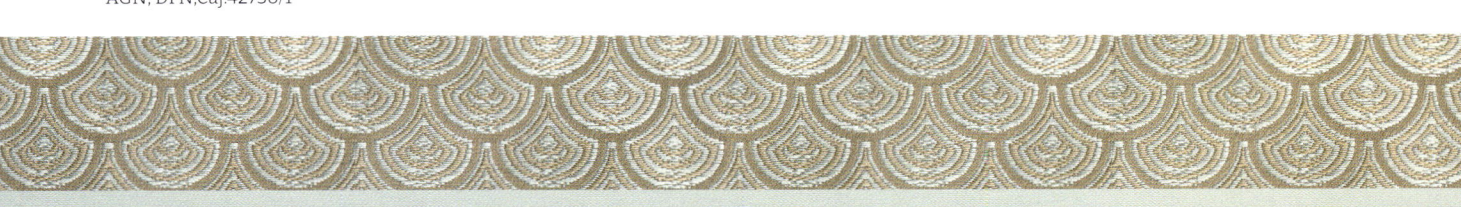

144

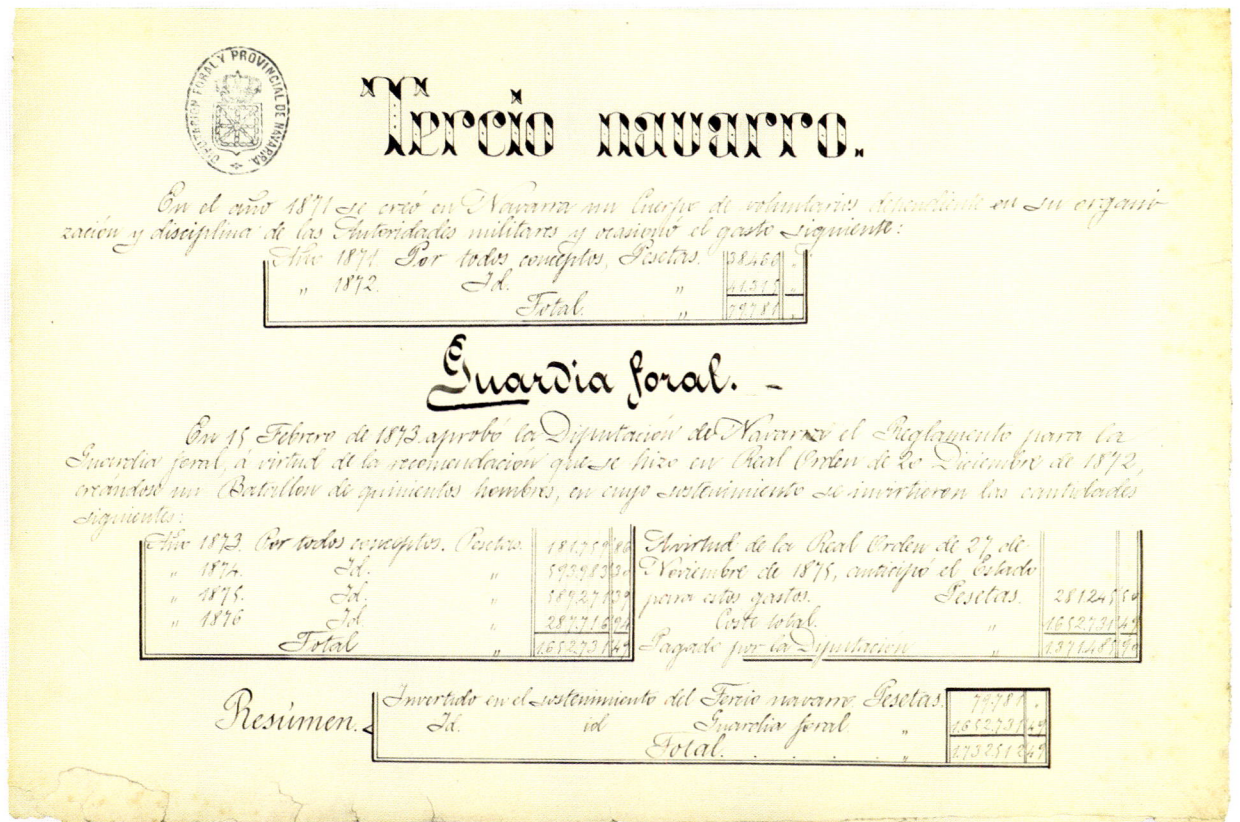

DOC. 13.3.

**Gastos del Tercio Navarro y la Guardia Foral
en la última guerra carlista.**

1871-1876

AGN, DFN,Caj.20312

GUARDIA FORAL DE NAVARRA.

REGLAMENTO.

Artículo 1.º El Cuerpo franco es por su carácter cívico-militar; se crea con el objeto de sostener el órden, proteger las personas y propiedades, perseguir malhechores y dar el auxilio posible á las Autoridades en el ejercicio de sus funciones.

Art. 2.º Prévia la correspondiente autorizacion del Gobierno, toda resistencia á la Guardia foral será considerada como hecha á la Guardia civil.

Art. 3.º La fuerza creada se compondrá de cuatro compañías con el personal y número de plazas siguientes:

1 Capitan.
4 Oficiales con la numeracion de 1.º, 2.º, 3.º y 4.º
1 sargento primero.
3 sargentos segundos.
8 cabos.
2 cornetas.
111 plazas.

Los oficiales podrán segun sus méritos ó circunstancias obtener plaza de Teniente á juicio de la Diputacion.

Art. 4.º La fuerza del Cuerpo estará bajo las inmediatas órdenes de un Jefe que precisamente ha de haber obtenido en el Ejército el empleo de Comandante cuando ménos.

Art. 5.º Los oficiales, cuyo nombramiento hará la Diputacion, serán de los que pertenezcan ó hayan pertenecido al Ejército, pudiendo nombrarlos de la clase de paisanos ó sargentos licenciados con condiciones de aptitud los primeros para el desempeño de

DOC. 13.4.

Reglamento para la Guardia Foral de Navarra,
aprobado el 15 de febrero de 1873.

Pamplona, 1873

AGN, BIBLIOTECA, Caj.66/44, pág. 3

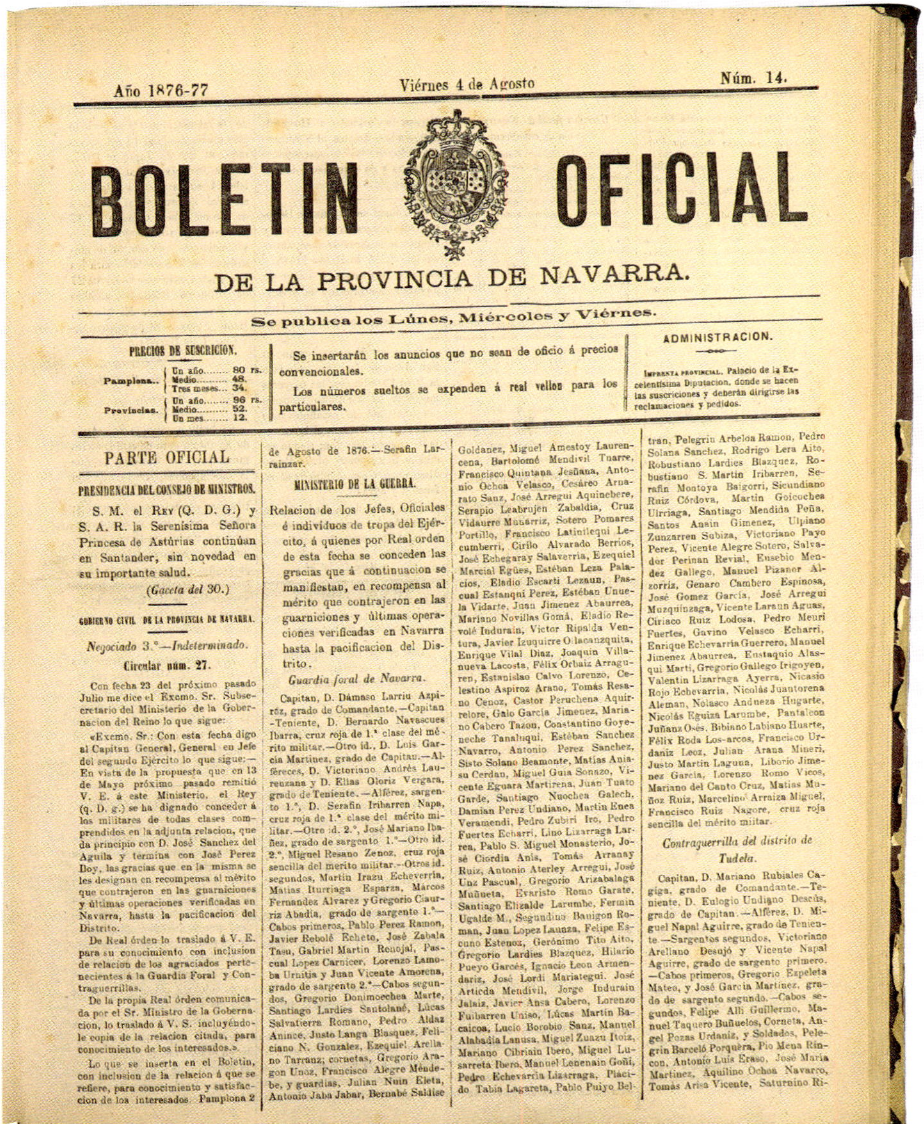

DOC. 13.5.

Concesión de gracias a los militares de todas clases y miembros de la Guardia Foral y sus contraguerrillas en recompensa a sus méritos al final de la guerra.

Madrid, 28 de junio de 1876

(publ. *Boletín Oficial de la Provincia de Navarra*, 4 de agosto de 1876)

AGN, HEMEROTECA, BOPN_N31

BANDO.

D. Luis Martinez de Ubago, 1.er Teniente de Alcalde de esta ciudad, encargado de la Alcaldía por ausencia del propietario,

HAGO SABER: que atendida la gravedad de las circunstancias en que se encuentra este país, impía é inhumanamente ensangrentado hoy por las hordas del carlismo; y considerando que es indispensable tener asegurada la defensa de esta plaza, mantener á toda costa en ella el órden público y sostener con honor enhiesta la bandera de las actuales instituciones, en cuyos elevados objetos están interesados todos los vecinos honrados; investido de las facultades que en mí ha delegado el Sr. Gobernador de esta provincia, y de su órden, he dispuesto lo siguiente:

Artículo 1.º Se invita á todo vecino anticarlista á tomar las armas en defensa del órden, de la libertad y de la república.

Art. 2.º Todo el que no responda á esta invitacion será considerado como afecto al carlismo y estará sujeto á la contribucion de guerra que se impondrá para las necesidades de la defensa y á las demás consecuencias propias de esta situacion.

Art. 3.º Se redactarán y pondrán desde luego en vigor las reglas más precisas para mantener la conveniente disciplina en la fuerza ciudadana, quedando los individuos que la compongan obligados á su observancia.

Art. 4.º Las personas invitadas con arreglo al artículo primero, podrán inscribirse desde la fecha en la oficina de esta Alcaldía, sita en la casa Consistorial donde se abrirá el correspondiente registro.

Y á fin de que llegue á conocimiento de los habitantes de esta ciudad he dispuesto que se publique por bando y se fige en los sitios acostumbrados de la misma. SALUD Y REPÚBLICA.

Pamplona 15 de Julio de 1873.

Luis Martinez de Ubago.

Imp de Regino Bescansa.

147

DOC. 13.6.

Bando de Luis Martínez de Ubago, alcalde de Pamplona en funciones, invitando a los vecinos a tomar las armas en defensa de la República.

Pamplona, 15 de julio de 1873

AMP, Guerra y Milicias, leg. 2, nº 5

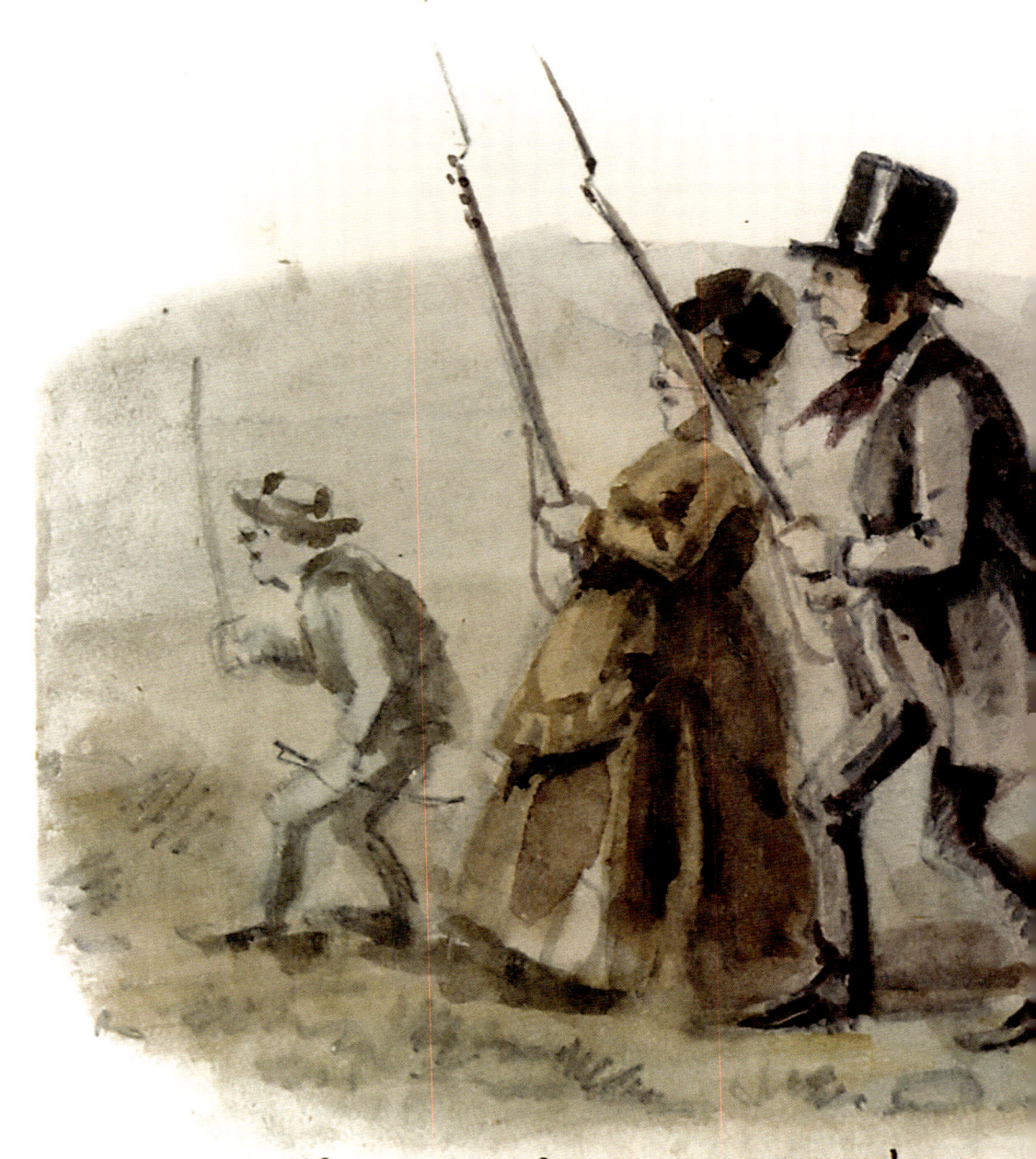

Una familia que en tiemp
se arriesga á salir al camp

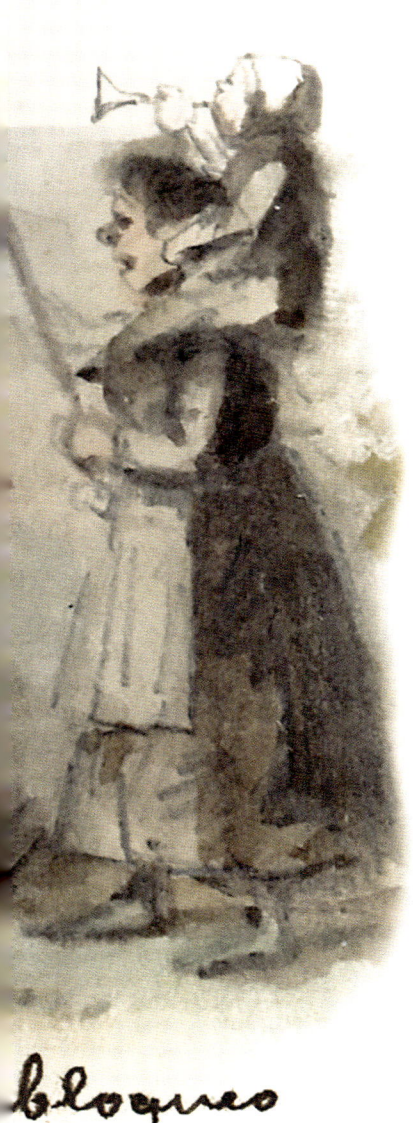

bloqueo

paseo,

Los ataques a los liberales y su sentimiento de abandono

Tal como denunció en enero de 1869 el diputado electo Alzugaray en las Cortes, desde los inicios del Sexenio Democrático los liberales navarros fueron amedrentados y perseguidos por los carlistas, que contaron con el apoyo de parte del clero. Durante la guerra muchos que vivían en la zona dominada por aquellos se vieron obligados a emigrar y sufrieron perjuicios en las casas, etc. que habían abandonado. Una vez terminada la contienda, pidieron a la Diputación que les indemnizase por esas pérdidas.

149

Una familia que en tiempo de bloqueo se arriesga a salir al campo de paseo.

Acuarela del *Álbum del Bloqueo de Pamplona.*

Pamplona, 1875

AGN, CODICES,L.19,f.12r

150

Dióse cuenta, y las Córtes quedaron enteradas, de que la comision especial de Constitucion habia nombrado presidente al Sr. Olózaga (D. Salustiano), y en vista de los graves é importantes y urgentes trabajos á que la misma tiene que dedicarse, elegia dos secretarios, recayendo dicho cargo en los Sres. Moret y Romero Giron.

Dióse cuenta, y las Córtes quedaron enteradas, de las comunicaciones que dirigen á las mismas los Sres. Serrano, Prim, Sagasta, Ruiz Zorrilla (D. Manuel), Topete, Rivero (D. Nicolás María) y Becerra, participando que habiendo sido elegidos Diputados por varias circunscripciones, optaban por la de Madrid.

Igualmente se dió cuenta, y las Córtes quedaron enteradas, de tres comunicaciones de los Sres. Posada Herrera, Figuerola y Romero Ortiz, manifestando que, habiendo sido elegidos Diputados por varias circunscripciones, optaban respectivamente por las de Lorca, Avila y Santiago.

Se leyó la siguiente comunicacion, y se acordó que se repartieran á los Sres. Diputados los ejemplares á que á la misma se refiere:

«MINISTERIO DE FOMENTO.—Excmos. Sres.: Tengo el honor de remitir á V. EE. nueve ejemplares encuadernados y 300 en rústica de las disposiciones acordadas por este Ministerio desde el 9 de Octubre último hasta la apertura de las Córtes Constituyentes; los nueve primeros para los señores que componen la mesa, y los restantes para que se sirvan distribuirlos entre los señores Diputados.

»Dios guarde á V. EE. muchos años. Madrid 2 de Marzo de 1869.—Manuel Ruiz Zorrilla.—Sres Secretarios del Congreso de los Diputados.»

Las Córtes oyeron con agrado las felicitaciones que las dirigen los ayuntamientos de Brihuega y Marbella, el primero por el voto de gracias otorgado al Gobierno provisional, y el segundo por la eleccion de Presidente de la Asamblea.

Las Córtes quedaron enteradas de qu› el Sr. Izquierdo no podia asistir á la sesion por hallarse enfermo.

Se mandó pasar á la comision de Actas una comunicacion del Sr. D. Joaquin García Briz, remitiendo su credencial como Diputado electo por la circunscripcion de Ronda, participando al propio tiempo que no podia asistir á las deliberaciones de las Córtes por hallarse enfermo.

El Sr. LA ROSA (D. Adolfo): Pido la palabra.
El Sr. PRESIDENTE: La tiene V. S.
El Sr. LA ROSA (D. Adolfo): La he pedido para dar las gracias, en primer lugar al Sr. Ministro de Gracia y

Justicia, á quien, como no se halla presente, podrá mitírselas el de la Gobernacion, por la eficacia con qu remitido la nota que yo pedí ayer; y además, ya que e de pié, para suplicar al Poder ejecutivo se sirva rem tambien al Congreso el expediente incoado para ve ó adjudicar al Sr. Duque de Montpensier el palacio de Telmo de Sevilla, que era del Estado. Deseo conoc tramitacion del expediente y las condiciones de esa ve

El Sr. PRESIDENTE: No hallándose presente e ñor Ministro de Hacienda, se pondrá en su conocimie

El Sr. GIL BERGES: En una de las sesiones a riores me permití dirigir una pregunta al Gobierno, noro si la mesa la pondria en su conocimiento.

Mi pregunta se reducia á saber cuándo pensaba e tonces Gobierno provisional, hoy Poder ejecutivo, co car á los comicios para la eleccion de Diputados pro ciales, porque verdaderamente es una anomalía y un pecie de anacronismo que los ayuntamientos y las C Constituyentes se hallen constituidas por sufragio un sal, mientras que las Diputaciones provinciales lo de una manera algo irregular, puesto que deben su bramiento á las juntas que se nombraron apenas se v có el alzamiento nacional.

El Sr. PRESIDENTE: Esa pregunta no debe di se al Sr. Ministro de la Gobernacion, sino al Sr. Presi te del Poder ejecutivo, en cuyo conocimiento se pon

ORDEN DEL DIA.

El Sr. PRESIDENTE: Discusion de los dictá de la comision de Actas.»

Leido el referente á la circunscripcion de Estella se el Diario núm. 16 , sesion del 2 del actual), dijo
El Sr. ALZUGARAY: Pido la palabra.
El Sr. VINADER: Pido la palabra para una cue de órden.

El Sr. PRESIDENTE: La tiene V. S.
El Sr. VINADER: No solo no dudo, sino qu abrigo la seguridad de que el Sr. Alzugaray, amigo no tiene hoy derecho para dirigir la palabra al Con y aunque yo tendria una gran satisfaccion en oir s cuente voz en este lugar, como me propongo defend derechos del Sr. Múzquiz, desearia se hiciese en est to con el Sr. Alzugaray lo que en igualdad de circu cias se hizo con el Sr. Barca, á quien no se le pe hablar aquí.

El Sr. PRESIDENTE: El Sr. Alzugaray tiene ta, la cual le da el derecho de tomar parte en esta sion, ínterin las Córtes no resuelvan otra cosa; y nada han resuelto, la Presidencia tiene el deber de ceder la palabra, como lo hace, al Sr. Alzugaray.

El Sr. ALZUGARAY: Empiezo, Sr. Presidente do las gracias á S. S. por haberme mantenido en e cicio legítimo de mi derecho.

Señores Diputados, aunque no es esta la vez p que tengo el honor de dirigir desde este sitio mi pa la Representacion nacional, experimento el mismo que si lo fuera, y es sin duda porque tengo siempr presente la magestad de este recinto, la sabiduría Sres. Diputados y la pobreza de mis recursos orato

Habria querido evitar á la Cámara la molestia

DOC. 14.1.

Discurso del diputado electo Ricardo Alzugaray en las Cortes.

Madrid, 3 de marzo de 1869

Diario de sesiones de las Cortes

AGN, HEMEROTECA, DSC_N47, págs. 289-290

blarle de este asunto, y así lo hubiese hecho y me hubiera resignado, sin murmurar siquiera, al fallo de la comision de Actas acerca de la circunscripcion de Estella, si no fuera porque creo que un deber imperioso me obliga á hablar; porque aunque á primera vista parezca que la cuestion de actas es una cuestion puramente personal, aunque muchos entiendan que en este momento solo se trata de admitir ó rechazar á un Diputado que, digan lo que quieran el Sr. Vinader y los que como S. S. piensan, tiene hoy el derecho de dirigir la palabra á la Representacion nacional, porque tiene su credencial y la ha presentado en la Secretaría del Congreso, la cuestion es más importante, interesa más á la Asamblea, y puede y debe ser grave para el país.

No vengo, Sres. Diputados, á defenderme personalmente, porque contra mi persona y contra misactos ningun cargo podrá dirigirse. Yo no me he movido de Madrid; yo no he querido ir al sitio donde se verificaban las elecciones de Navarra en la ocasion en que tenian lugar, y no lo he hecho precisamente para tener una aptitud desembarazada y decidida cuando llegara el momento oportuno. No voy, pues, á defenderme, y si en mis palabras hay defensa, no será seguramente para mí, sino para la junta general de escrutinio de Estella, que me ha proclamado, para el partido liberal de Navarra, que me ha designado como su representante, para la inmensa mayoría de esta Asamblea, que genuina y legítima representacion de los principios proclamados en el alzamiento de Setiembre, ha luchado y triunfado contra los enemigos de la revolucion, que dueños entonces del país lo habian conducido al borde de su completa ruina.

Pero no creais tampoco que voy á hacer de esta cuestion una cuestion política: no, ni es ese mi objeto ni vosotros me lo consentiríais; pero séame lícito, señores, poner de relieve ante vuestros ojos la fiel imágen de lo que han sido las elecciones de Navarra para que con pleno conocimiento de causa podais dar en este proceso el fallo que como á gran jurado os compete pronunciar.

Navarra es, Sres. Diputados, una provincia regida por leyes especiales. En ella predominan dos caracteres esenciales: un profundo respeto á los ministros de la religion y un amor entusiasta y entrañable hácia los fueros, que aún por fortuna se conservan á pesar de las vicisitudes del tiempo y del carácter nivelador y centralista de las administraciones pasadas.

Decir á los navarros que la religion peligra, que los fueros están amenazados, es poner en sus manos las armas, es encender la tea de la guerra civil, es lanzarles por desconocidos senderos, en los cuales su carácter enérgico y guerrero lo mismo puede producir las gloriosas páginas que registra la historia de 1808, que las tristes escenas que tuvieron lugar desde 1834 á 1841. Y si quien esto dice á los navarros son los ministros de la religion y los Diputados provinciales, á quienes se mira como á padres, es imposible calcular hasta dónde llegará por el camino de la resistencia ese pueblo que en los remotos tiempos derrotó las huestes victoriosas de Carlo Magno, y en los modernos ha destrozado una y mil veces á los más ilustres generales del génio de la guerra.

La mayoría del pueblo de Navarra es, Sres. Diputados, gente sencilla, dedicada á las faenas agrícolas y á los negocios mercantiles é industriales; pero por desgracia hay allí cierta levadura reaccionaria que se complace siempre en promover graves conflictos excitando las preocupaciones religiosas y las pasiones políticas. Yo he tenido la honra de ser elegido dos veces representante de la provincia de Navarra cuando las elecciones se hacian por distritos y cuando la capacidad electoral se graduaba por el censo de 400 reales; y esas elecciones fueron entonces tan tranquilas y sosegadas, que nadie me disputó el triunfo y las cuatro quintas partes de los electores, por lo menos, me honraron con sus sufragios. Pero llegó un tiempo en que la eleccion por distritos parecia inconveniente, en que se creyó que era por de más restringido aquel censo, y el Gobierno que á la sazon regia los destinos del país propuso á las Córtes de 1865 la reforma de la ley electoral, haciendo las elecciones por circunscripcion y rebajando el censo hasta 200 reales. Yo no examinaré aquella ley, ni diré si en general fué un mal ó un bien para el país; lo que sí diré es que fué un grave mal para Navarra, porque colocó la eleccion en manos del clero, incitándolo á emplear su poder é influencia sobre masas enormes de electores que, no sabiendo leer ni escribir, no podian distinguir la verdad del error, ni la realidad de la apariencia; porqueaunque es verdad que las Córtes de 1865 no quisieron conceder en aquella ley derecho electoral sino al que pagara una contribucion de 200 reales, como en muchos puntos de Navarra no hay contribuciones directas, fué necesario buscar una nueva fórmula y se encontró otorgándose la capacidad electoral á todo el que tuviera una renta de 2.000 reales, que no hay bracero, por miserable que sea, que no disfrute. Bien puede, pues, decirse que desde 1865 se hicieron las elecciones en Navarra por sufragio universal, y la primera muestra de esta práctica se vió en las de aquel año. El clero levantó la bandera electoral, organizó sus trabajos, y tomando pretesto del reconocimiento del reino de Italia que aquel Gobierno habia llevado á cabo, formó una candidatura compuesta de siete personas conocidas por sus ideas esencialmente reaccionarias y que se llamó pomposamente candidatura católica, en oposicion á otra que, aunque compuesta de personas nacidas en la provincia, queridas y arraigadas en la misma, recibió, no obstante, el calumnioso nombre de candidatura hereje. Y hé aquí el primer efecto de la ampliacion del sufragio en Navarra; que los electores que no sabian leer y escribir, dóciles á la voz del sacerdote, abandonaban á sus antiguos convecinos y amigos, y votaban á siete individuos, muchos de los cuales eran completamente desconocidos en la provincia. Pero aquello, Sres. Diputados, fué un alarde que la reaccion hizo en Navarra, un alarde de fuerza y una amenaza que dirigió al Gobierno que regia los destinos del país.

Los medios de que se valió entonces la reaccion, lo diré mas tarde cuando me ocupe de las actuales elecciones; solo os manifestaré que con asombro de la nacion entera, en una provincia como la de Navarra, que se habia distinguido por su exagerado espíritu provincial, se eligieron como representantes de la misma siete individuos, de los cuales, repito, la mayor parte no habian estado en el país, tanto, que uno de ellos vino á este recinto, y en una sesion solemne, dando prueba de desconocer el país, confundió lastimosamente los pueblos de la ribera de Navarra con los pueblos de la montaña.

Pero la situacion que habia traido á las Córtes aquel proyecto de ley del año 65, concluyó, Sres. Diputados, y con ella los últimos destellos del sistema constitucional en España, y entonces los elementos reaccionarios del país creyeron que habia llegado el momento de establecer una situacion de violencia y de fuerza y de elevar al poder á un Ministerio compuesto de hombres que formaban una candidatura nacida en las intrigas de palacio. La provincia de Navarra, por sus especiales circunstancias, habia de sentir mas que otra alguna los efectos de la reaccion, y fué escogida de antemano para ser en caso necesario su

151

152

DOC. 14.2.

Relación de los emigrados liberales socorridos por la Diputación Foral y Provincial de Navarra.

1875

AGN, DFN,Caj.20387

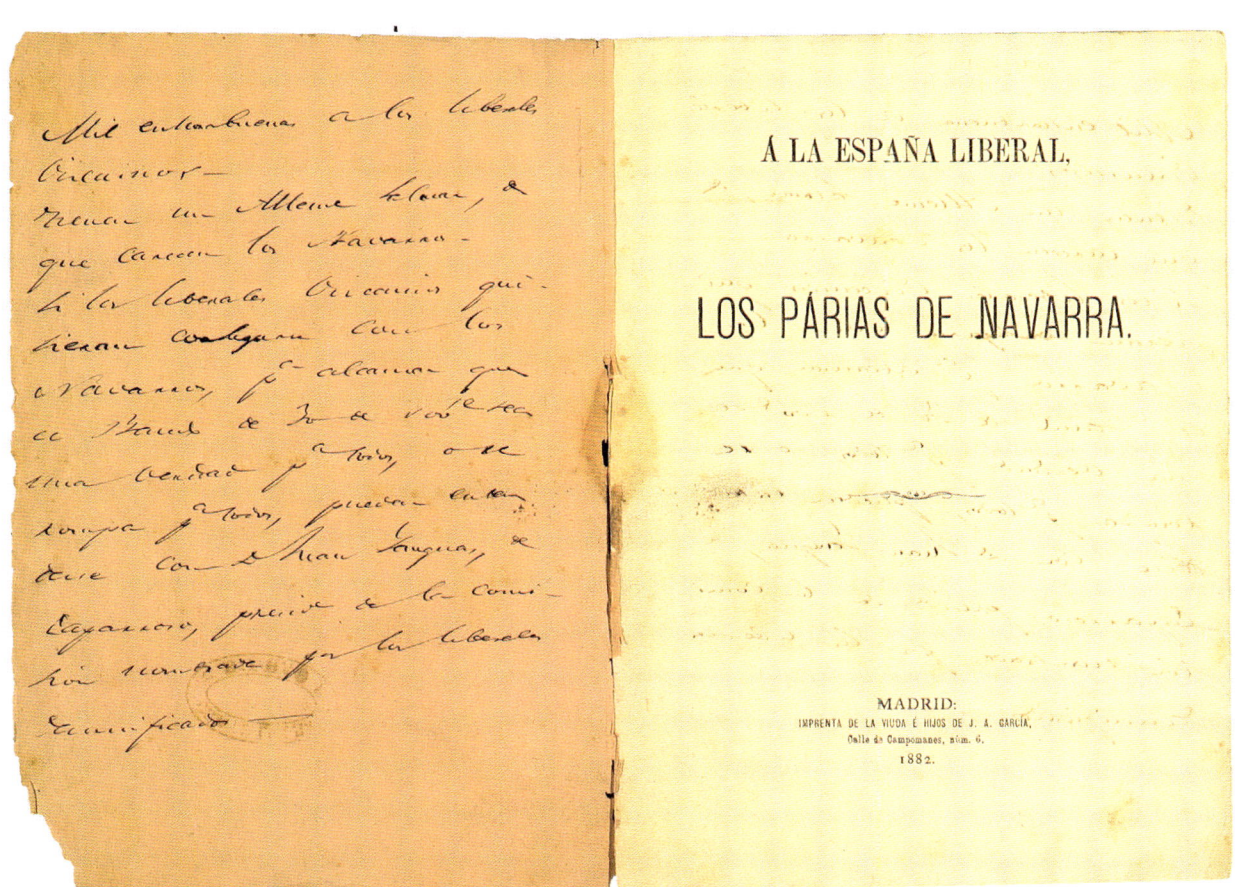

DOC. 14.3.

A la España Liberal.
Los parias de Navarra.

Madrid, Imprenta de viuda e hijos de J.A. García, 1882

Fundación Sancho el Sabio Fundazioa

154

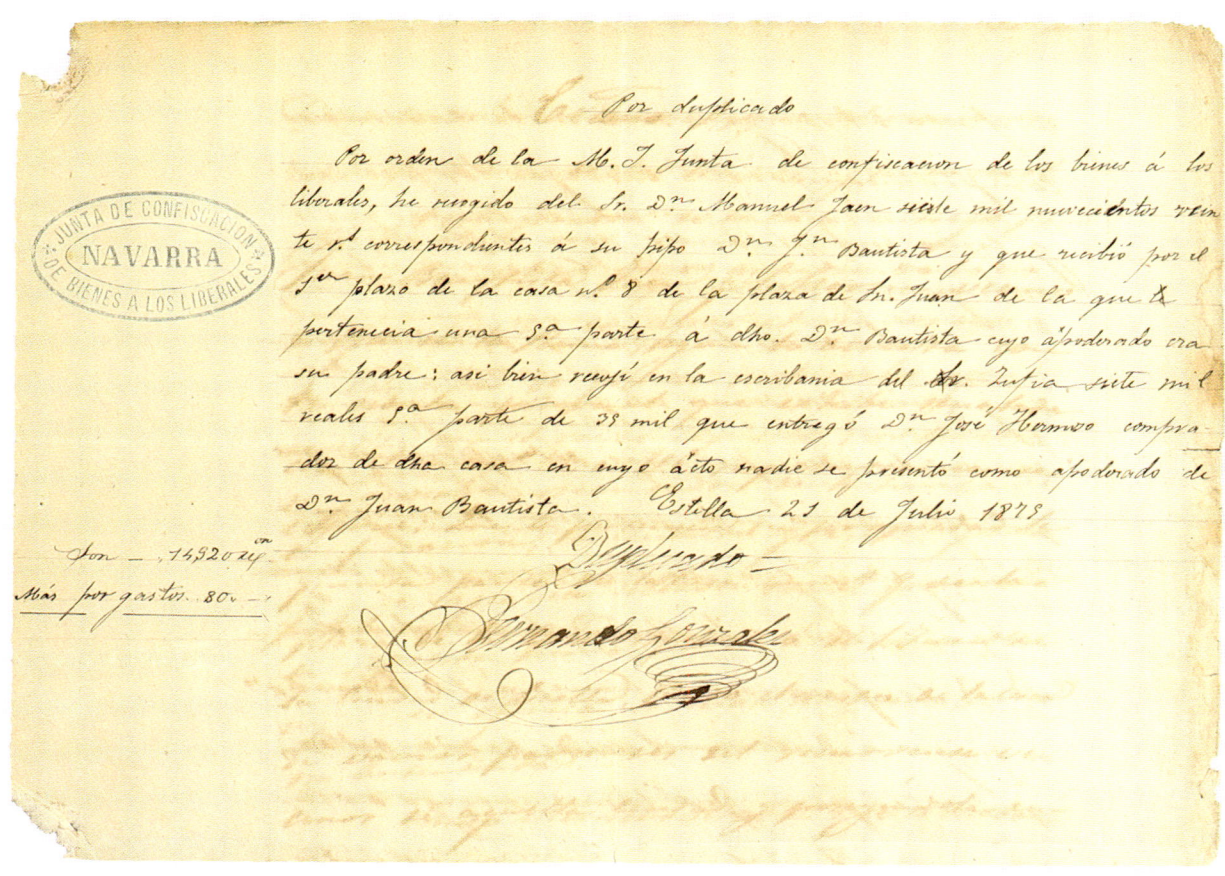

DOC. 14.4.

**La Junta de Confiscación de Bienes a los Liberales
de Navarra cobra 7.920 reales a Juan Bautista Jaén
por la venta de una casa en Estella.**

Estella, 21 de julio de 1873

AGN, DFN,Caj.20284/3

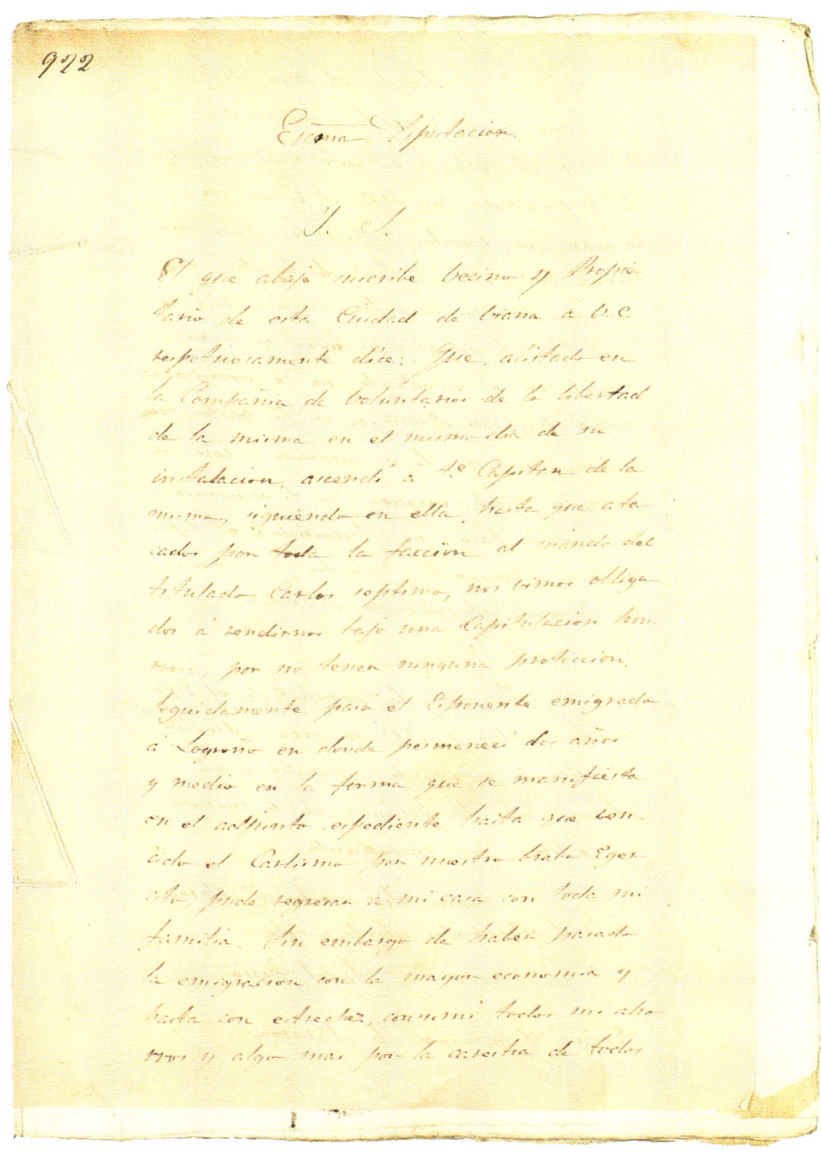

DOC. 14.5.

Solicitud de Ángel Greño Echalecu (Viana, 1827) a la Diputación Foral y Provincial de Navarra solicitando indemnización por los daños causados por los carlistas.

Viana, 19 de marzo de 1877

AGN, DFN,Caj.20283/1

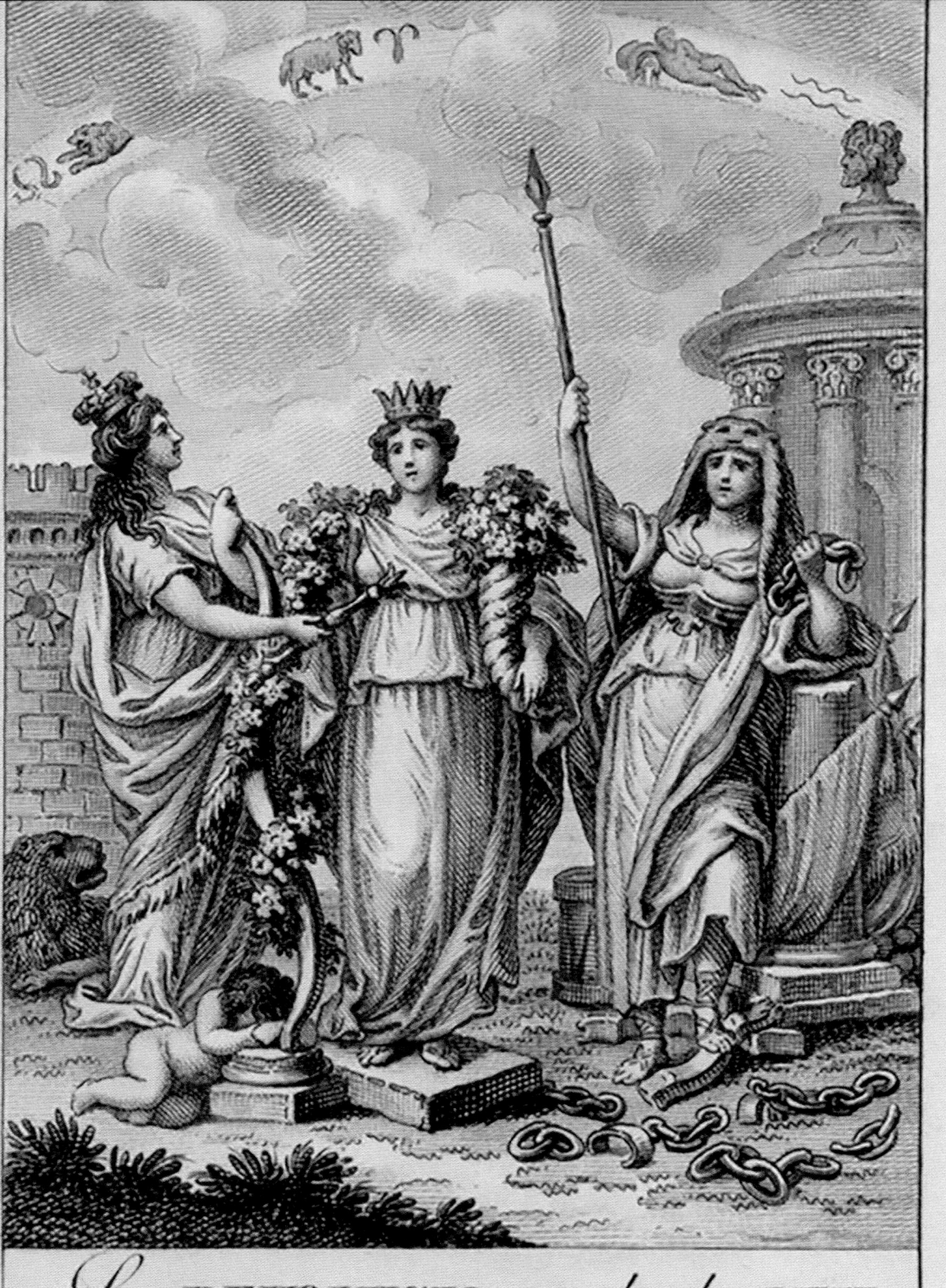

La REVOLUCION vuelve la LEY
FUNDAMENTAL á ESPAÑA.

Las mujeres liberales en las guerras civiles

Durante las guerras civiles del siglo XIX, las mujeres navarras se comprometieron con el régimen liberal y se implicaron en su defensa en la misma medida, al menos, que en el resto de España. En el Trienio Liberal algunas hicieron público su entusiasmo por la Constitución y otras respondieron afirmativamente cuando la Diputación, "conociendo su sensibilidad", les requirió que hicieran donativos o confeccionasen las prendas de los uniformes de los Cazadores Constitucionales. También hay noticias de que las niñas estudiaron la Constitución en Tudela y otras localidades.

El alto grado de compromiso con las nuevas instituciones de una parte de las navarras lo pone de manifiesto el elevado número de detenidas, encarceladas o señaladas por su adhesión al régimen constitucional. Además, no pocas perdieron a sus maridos y en algunas localidades las mujeres e hijas de milicianos o urbanos sufrieron vejaciones a manos de los carlistas, que ocasionalmente raparon y emplumaron a algunas de ellas.

Por lo demás, durante el período isabelino y el Sexenio Democrático, en las suscripciones para erigir monumentos a los principales políticos liberales, entre ellos, Juan Prim, también aparecen navarras.

Ya en la última guerra carlista muchas se vieron obligadas a abandonar sus hogares y sufrieron las represalias de los carlistas en pueblos como Cirauqui. Al final de la guerra, un buen número de ellas pidió que se le indemnizase por los perjuicios económicos que estos les habían causado.

1820-1876

La revolución vuelve la Ley Fundamental a España.

Alegoría incluida en la edición de la Constitución de 1812 grabada y dedicada a las Cortes por José María de Santiago.

Madrid: 1812

Ministerio de Cultura y Deporte. Biblioteca Nacional de España

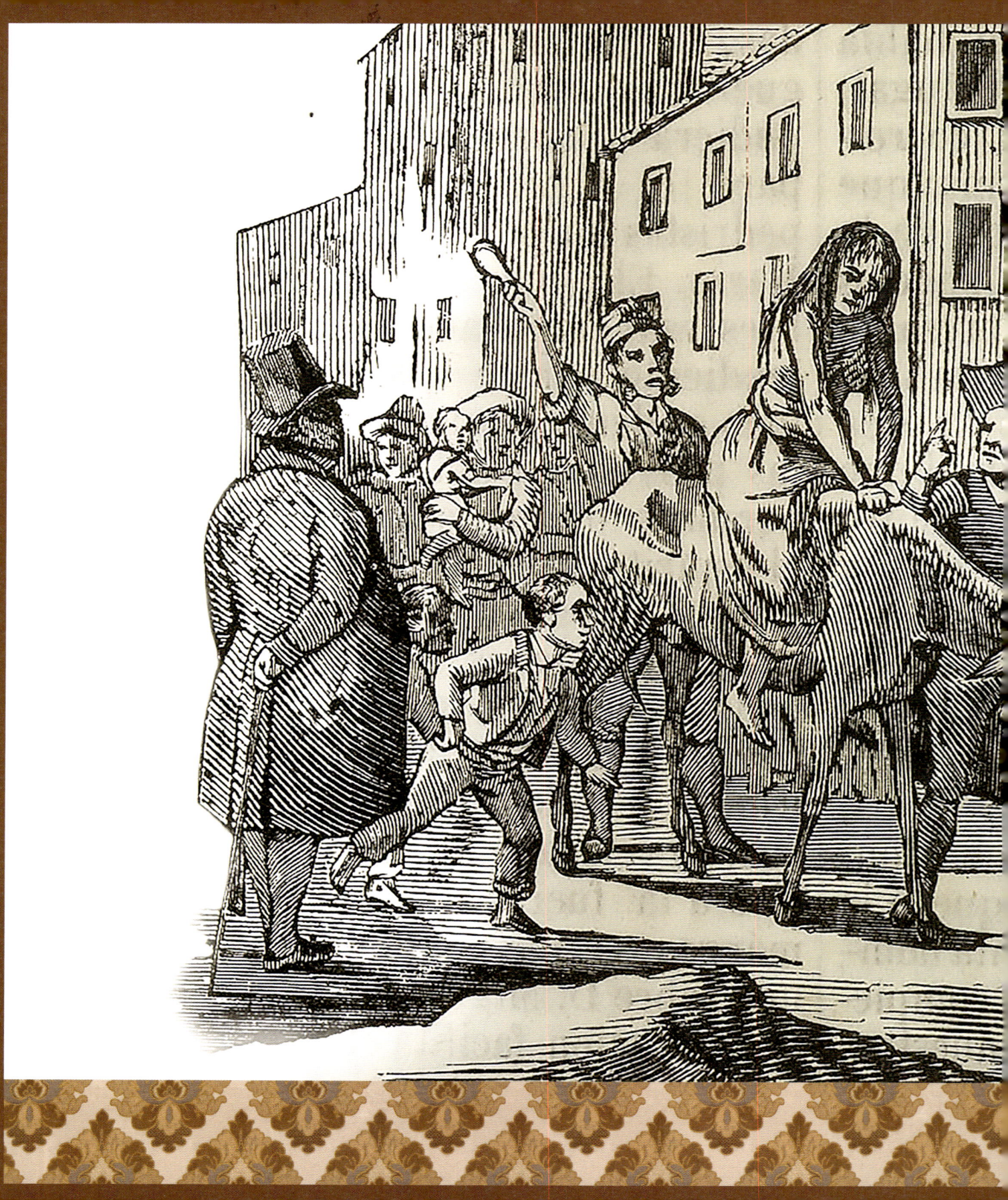

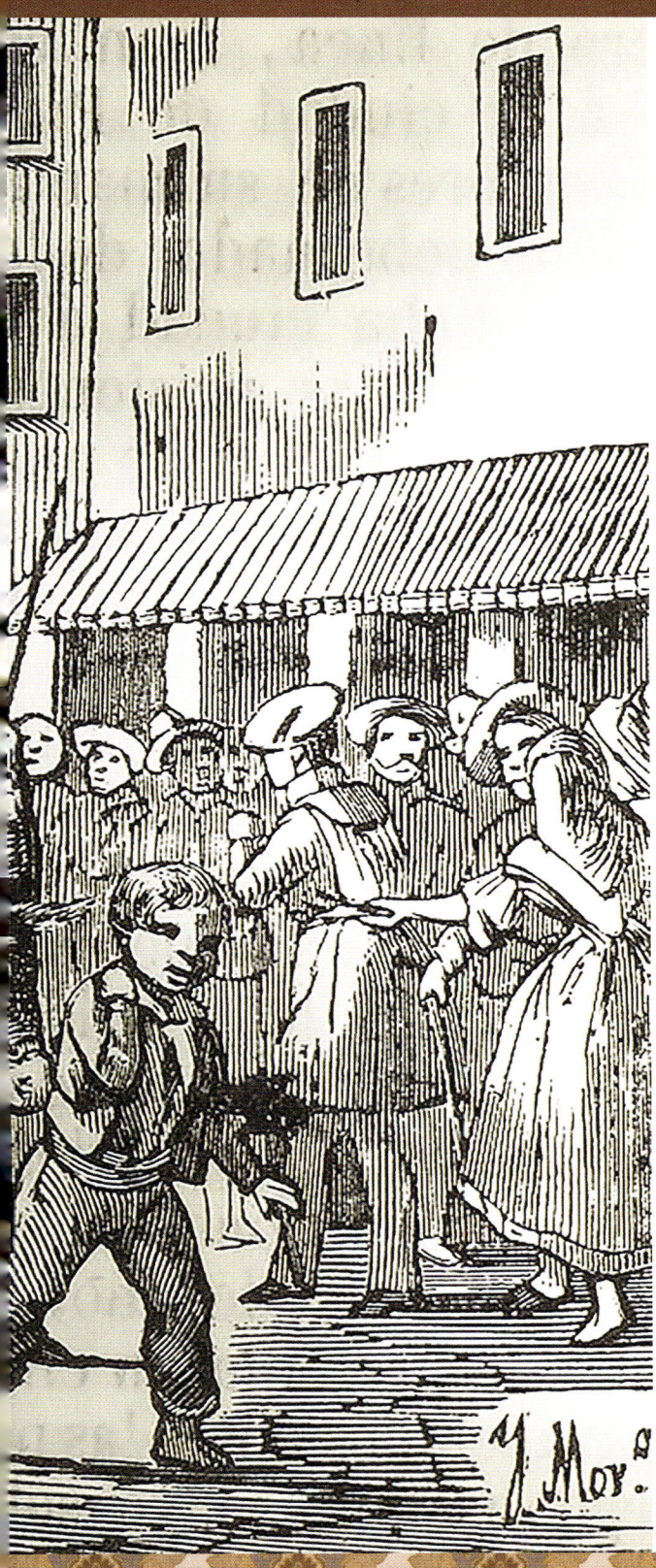

El despertar político (1820-1841)

Durante el Trienio Liberal hubo no pocas mujeres navarras de convicciones liberales. Así se deduce de que, en septiembre de 1823, se ordenase detener a 61 pamplonesas, por considerarlas peligrosas para el orden público, y de que, tras el restablecimiento del absolutismo en 1823, más de 200 de toda Navarra fueran encausadas por su adhesión al sistema constitucional.

También es significativo que en 1836 los carlistas incluyeran a varias decenas de mujeres en la relación nominal de sus enemigos en Estella.

Los facciosos empluman a una mujer en 1834.

Grabado representando el castigo impuesto por los carlistas a mujeres acusadas de espionaje en Vera de Bidasoa y Goizueta, que fueron condenadas a ser paseadas emplumadas sobre un burro.

Publicado en Madrid, 1842

Museo Zumalakarregi

Agustina Lanciego, natural de Pamplona, muger de Mateo Soteraz, individuo de la milicia nacional voluntaria de la misma, que falleció el dia 5 de Enero, hallándose gravemente enferma y próxima á la muerte, suplicó á su marido se vistiese con el uniforme de miliciano, pues que deseaba verlo por la postrera vez con la divisa de los defensores de la Constitucion: lo hizó asi, y en seguida le suplicó que su cadaver fuese conducido á la iglesia por cuatro milicianos voluntarios de riguroso uniforme; lo que se verificó. Si estos sentimientos tan patrióticos y constitucionales abrigan los pechos de las mugeres pamplonesas, ¿qué no podrá esperarse de toda una provincia, que se gloría de no haber sufrido jamas la esclavitud? Tiemblen pues los malvados que gritan Constitucion sin amarla.

160

GACETA DEL GOBIERNO.
DOMINGO 11 DE FEBRERO DE 1821.
Núm. 42.
[7 cuartos.]
197

Noticia del último deseo de Agustina Lanciego, una pamplonesa constitucionalista exaltada que suplicó en su lecho de muerte a su marido verle por última vez con el uniforme de los defensores de la Constitución.

Gaceta de Madrid, 11-II-1821, p. 200.

UNAV, BIBLIOTECA

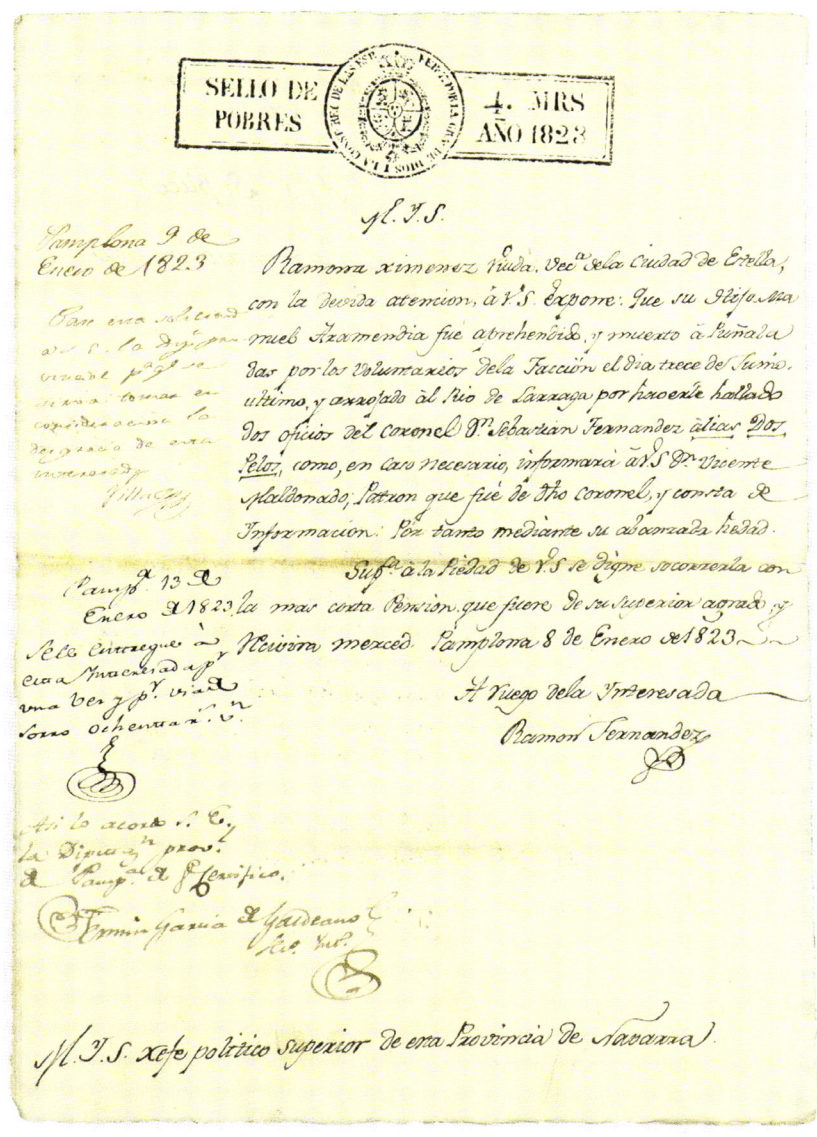

DOC. 15.1.

Petición de Ramona Ximénez, viuda, vecina de Estella, al jefe político de Navarra solicitando una pensión tras haber fallecido su hijo asesinado por los realistas.

Pamplona, 8 de enero de 1823

AGN, Reino, Diputación Provincial. Cazadores voluntarios

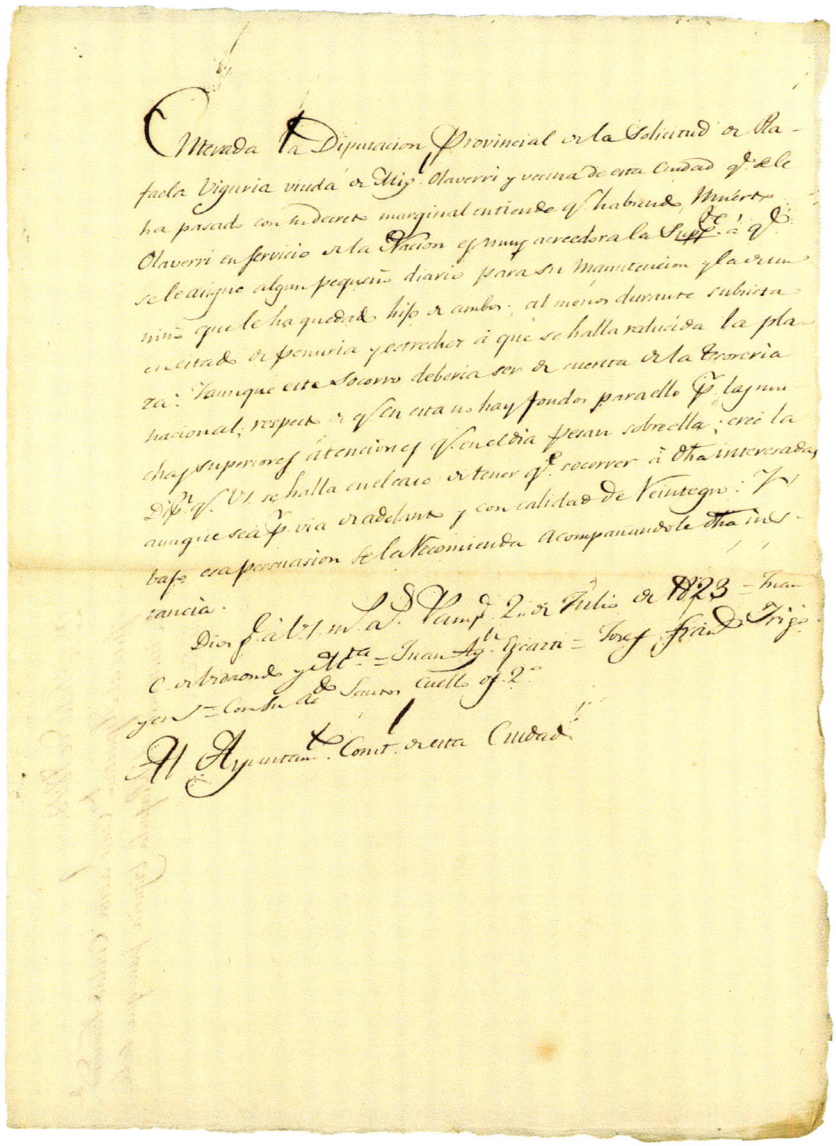

162

DOC. 15.2.

Petición de Rafaela Viguria, viuda, vecina de Pamplona, al jefe político de Navarra, solicitando una ayuda tras la muerte de su marido en un acto de servicio.

Pamplona, 25 de junio de 1823

AGN, Reino, Diputación Provincial. Cazadores voluntarios

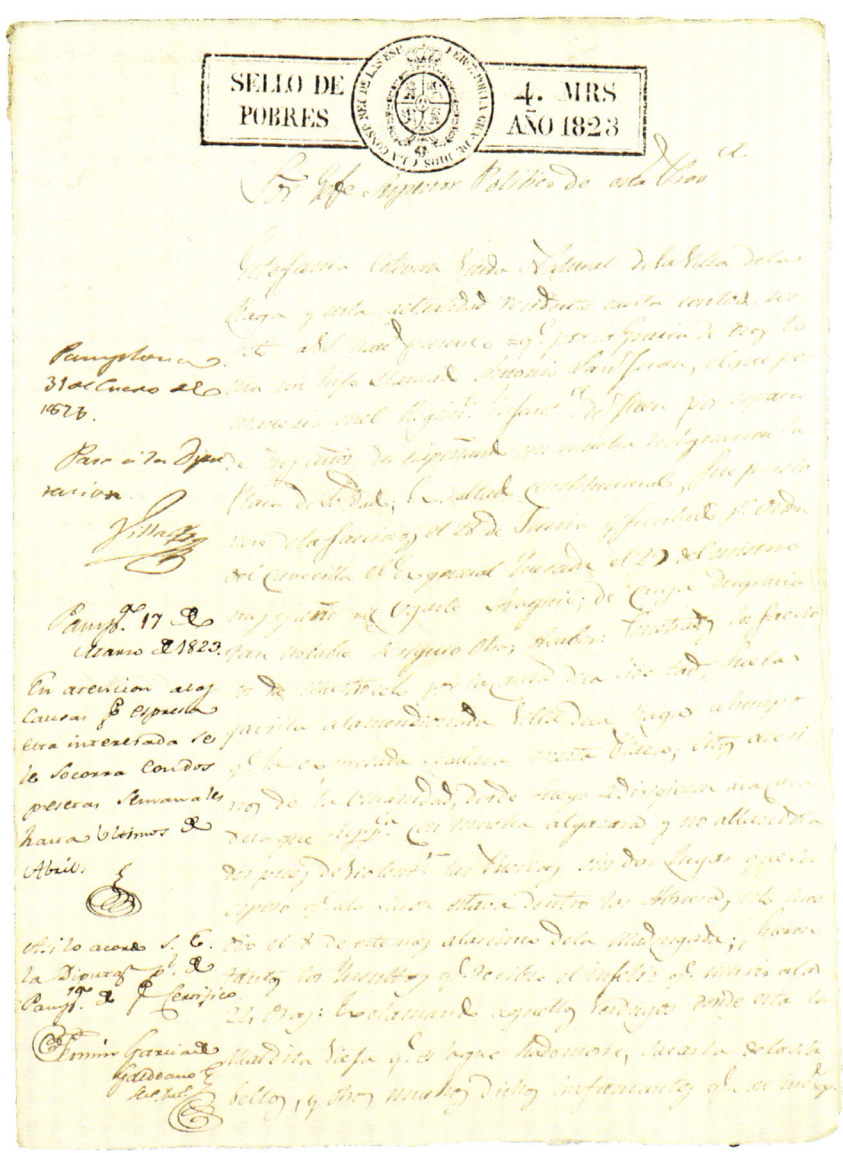

DOC. 15.3.

Petición de Estefanía Esteban, viuda, vecina de Larraga, al jefe político de Navarra solicitando una ayuda tras el fusilamiento de su hijo, "exaltado constitucional", y la muerte de su marido por los realistas.

Pamplona, 31 de enero de 1823

AGN, Reino, Diputación Provincial. Cazadores voluntarios

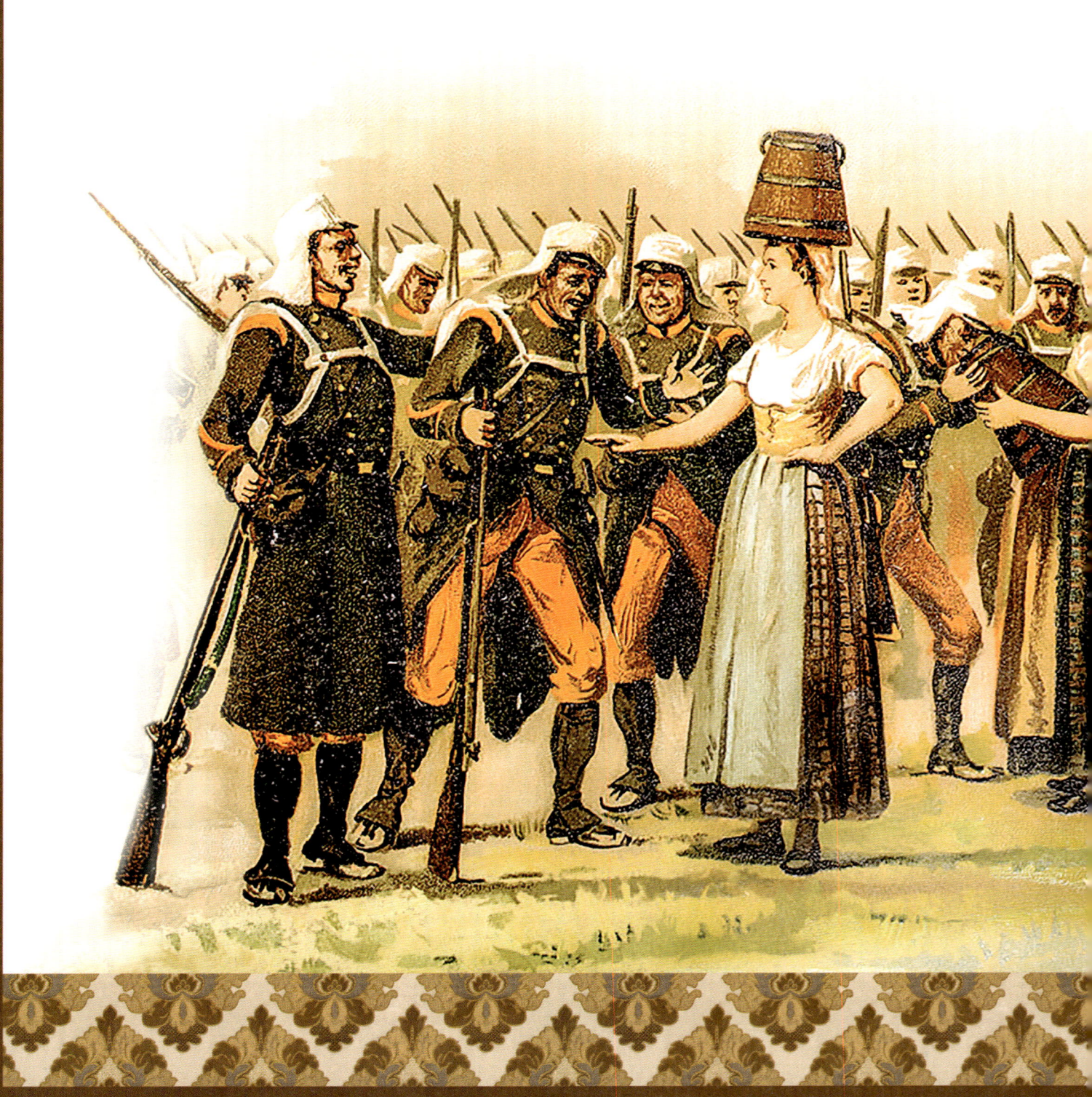

Víctimas de las guerras (1841 a 1876)

Las esposas, madres, hijas y novias de liberales, o liberales ellas mismas, tuvieron que hacer frente a las represalias de los carlistas que les pusieron onerosas multas o les arrebataron sus bienes y en algún caso dieron muerte a sus familiares. El cobro de los daños causados en la guerra de los Siete Años (1833-1839) se demoró en el tiempo y alcanzó a pocas. Después de la última (1872-1876), muchas de las que habían resultado perjudicadas en su transcurso solicitaron las indemnizaciones correspondientes.

Caridad de las mujeres de Saldias.

Grabado coloreado referente a la asistencia prestada por mujeres de Saldías en la acción de Oroquieta (1872).

Ilustración de J. Alaminos

Publicada en Madrid, 1892

Koldo Mitxelena Kulturunea

166

REMITIDO.

Tenemos mucho gusto en complacer á una de nuestras suscritoras, insertando la carta que nos ha remitido; cuyas apreciaciones nos parecen muy acertadas. Sentimos desconocer su nombre, por que nos interesa el carácter enérgico que se revela en dicha carta, la cual dice así:

Ciudadano Director de LA MONTAÑA.

Muy señor mio: Supuesta la mision moralizadora que se ha impuesto *La Prensa* progresista, ¿podrá V. decirnos cómo compagina su ensañamiento contra la ruleta con su tolerancia y respeto hácia otros establecimientos no más conformes con la moral, por ejemplo: las casas de préstamos, donde se presta dinero á los infelices que á ellas recurren á razon de duro por onza al mes de interés, y eso dejando en prenda los efectos más precisos para esas pobres familias, como son, sábanas, ropas de abrigo y los enseres de cocina? El vulgo acostumbra á considerar las cuestiones de moralidad bajo cierto punto de vista materialista: así que la profesion de usurero suele dar al que la ejerce las condiciones de arraigo, probidad y posicion que con la adhesion al Gobierno vienen á constituir las condiciones necesarias para optar á los cargos concejales, provinciales y otros.

Por otra parte, desde que se ha echado á volar la idea democrática, parece como que se ha perpetuado el reinado sobre Navarra de determinadas personalidades. Y á propósito de estas dinastías: siempre he oido que las autoridades y todo eso que VV. llaman «instituciones» tenian en este pais mucho de democrático, pero nada de *cursi*. Estos progresistas han logrado hacerlo todo *cursi*, quitándole lo democrático con su esclusivismo, estupidez y pandillage.

UNA SUSCRITORA.

Carta de una suscriptora al director de *La Montaña*.

La Montaña. Periódico Republicano-Federal, 29 de enero de 1871

AMP, Hemeroteca

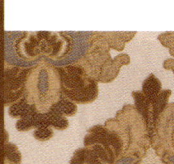

Antes de concluir debo hacer á V. S. una prevencion de la mas alta importancia. Las circunstancias políticas de la capital y de la provincia exijen el mayor detenimiento para no incurrir en un peligroso inconveniente, fiando las armas á personas que por sus opiniones no inspiren la debida confianza en favor del sistema constitucional.

Solo V. S. es juez competente y tiene los datos necesarios para hacer esta calificacion; y la Junta abriga la conviccion mas intima de que el Ayuntamiento de Pamplona poniéndose á la altura de la situacion procederá con el tino, circunspeccion y firmeza que tan delicado asunto requiere.

Dios guarde á V. S. muchos años. Pamplona 24 de julio de 1854.—M. I. Ayuntamiento de esta capital.—Es copia.—Francisco Vicente de Irañeta.—El secretario, Tadeo de Gandiaga.

GOBIERNO DE PROVINCIA
NAVARRA

SECRETARIA.—Negociado 3.°

Circular núm. 220.

La Excma. Junta auxiliar gubernativa de esta provincia en comunicacion fecha de hoy me dice lo que sigue:

«Teniendo presente esta Junta la leal y pacífica conducta observada en la capital y demas pueblos de la provincia en las actuales circunstancias como testimonio en mas auténtico de la sensatez y recto juicio de sus naturales, considera el deber mas sagrado de su instituto dictar medidas generales que aseguren tan inestimable bien, trazando las autoridades constituidas la línea que deben seguir; en su consecuencia acuerda lo siguiente:

1.° Los Alcaldes y Ayuntamientos seguirán en el ejercicio de sus funciones, y solo por causas especiales y bien justificadas se procederá á la renovacion total ó parcial de alguno, despues de haber oído al Gobernador cicil de la provincia, con pleno conocimiento de causa.

2.° Los Ayuntamientos en todas sus gestiones deberán recurrir directamente al Gobernador civil de la provincia, quien en uso de sus atribuciones dictará con arreglo á las leyes la resolucion que proceda; y en los casos graves consultará á esta Junta para obtener el acuerdo que haya de darse.

3.° En cuanto á la administracion interior de los fondos, rentas, propios, expedientes y demas arbitrios y efectos de los pueblos con arreglo á la ley de 16 de Agosto de 1841 se dirigirán como hasta aquí á la Excma. Diputacion provincial, á la que exclusivamente corresponde el conocimiento y resolucion definitiva de esta clase de negocios.

4.° Como en algunos pueblos se han creado Juntas y se ha pensado en su establecimiento en otros, la auxiliar gubernativa de la provincia debe dar las mas espresivas gracias á los ciudadanos que inspirados por el mas puro patriotismo las han constituido ó propuesto su establecimiento. Y en consideracion al estado de calma en que se halla el pais y los grandes medios con que cuenta para que el pronunciamiento Nacional de los grandes resultados que todos esperamos en la causa de la libertad, estima conveniente declarar cesen en sus funciones las existentes y que no se creen otras.

5.° Siendo el restablecimiento de la Milicia Nacional uno de los asuntos en que con preferencia se ocupa esta Junta, esperarán los ayuntamientos las medidas generales que se acuerden para proceder con arreglo á ellas sin reclamacion de ningun genero sobre tan importante asunto.

6.° No se dará curso á ninguna solicitud que no venga por conducto del Gobernador en los negocios del órden civil, y el Excmo. Sr. Capitan general en los militares.

Todo lo que la Junta pone en conocimiento de V. S. para que publicándolo por medio de Boletin extraordinario llegue á conocimiento de todos para su mas puntual observancia.

Al dar publicidad á los anteriores acuerdos de la Excma. Junta gubernativa, reitero á los Alcaldes y Ayuntamientos el estricto cumplimiento de tan acertadas como convenientes disposiciones, no dudando del celo y sumisionsque tan acreditado tienen los espresados funcionarios y corporaciones que no darán lugar á que se les recuerde su deber; y al mismo tiempo espero tambien de la sensatez y cordura que siempre ha distinguido á los leales y pacíficos habitantes de esta provincia que coadyubarán á que la Autoridad paternal y protectora que hoy se halla á su frente tenga espedita la accion para conservar la tranquilidad que felizmente se disfruta en el pais. Pamplona 26 de julio de 1854.—El Gobernador interino.—Joaquin Sevilla.

DIRECCION DE HACIENDA.

Circular núm. 221.

Por la Junta de la Deuda pública con fecha 20 de Junio último se me ha dirigido el siguiente:

«Estado demostrativo de los créditos reconocidos y liquidados por la suprimida Comision central de indemnizaciones de daños causados en la última guerra civil, por reclamaciones incoadas en la provincia de Navarra que con arreglo á la ley de 1.° de Agosto, Reglamento de 17 de Octubre de 1851 y Real órden de 16 de Marzo de 1852, se han mandado abonar por la Junta y han sido incluidos en certificaciones de liquidacion en el mes de Mayo último.

Pueblo.—Dicastillo.

	Cantidades liquidadas y reconocidas. Reales en.
D. Canuto Garnica.	9064
Pedro Gomera.	22968
Joaquin Miguel Hermoso de Mendoza.	30406
Francisco Gomez de Segura.	49020
Alejandro Ganuza.	14274
Manuela Ochoa de Zabalegui.	85510
Antonio Vallejo.	6582
Manuel Arrastia.	6158
Antonio Oteiza.	1245
Matias Ripa.	43685
Teresa Garnica.	12468
Pancracio Montoya.	22598
Pedro Rodriguez.	1246
Manuel Segura.	7582
Joaquina Garriz hija y heredera de Antonio.	4684
Angela Fernandez hija y heredera de Calisto.	5836
Escolástica Ugarte, hija y heredera de Severino.	22820
Petra Garnica, hija y heredera de Diego.	15960
Bª Celedonia Lopez de Golcoechea hija y heredera de Tomas.	15182
Vicenta Laspeñas, hija y heredera de su madre Veremunda San Juan.	20204
Juana Garnica, hija y heredera de José.	7468
Maria Macua, hija y heredera de Paulino.	4056
Martina Sanchez, hija y heredera de su madre Maria Cruz de Ochoa.	6416
El ayuntamiento.	92944
Lorenza Tajonar como heredera fideicomisaria de Francisco Ripa.	6426
Gertrudis Urra, como heredera fideicomisaria de su primer marido Celedonio Macua.	8959

Madrid 20 de Junio de 1854.—Vº Bº.—El Director general presidente en comision, Aristizabal.—El secretario, Angel F. de Heredia.

Lo que he dispuesto se inserte en el presente Boletin oficial para su debida publicidad conforme á lo prevenido en la Real órden de 31 de Mayo de 1852.—Joaquin Sevilla.

167

DOC. 16.1.

Mujeres de Dicastillo indemnizadas por los daños recibidos en la primera guerra carlista.

Madrid, 20 de junio de 1854

(publ. *Boletín Oficial de la Provincia de Navarra*, 31 de julio de 1854)

AMP, Hemeroteca

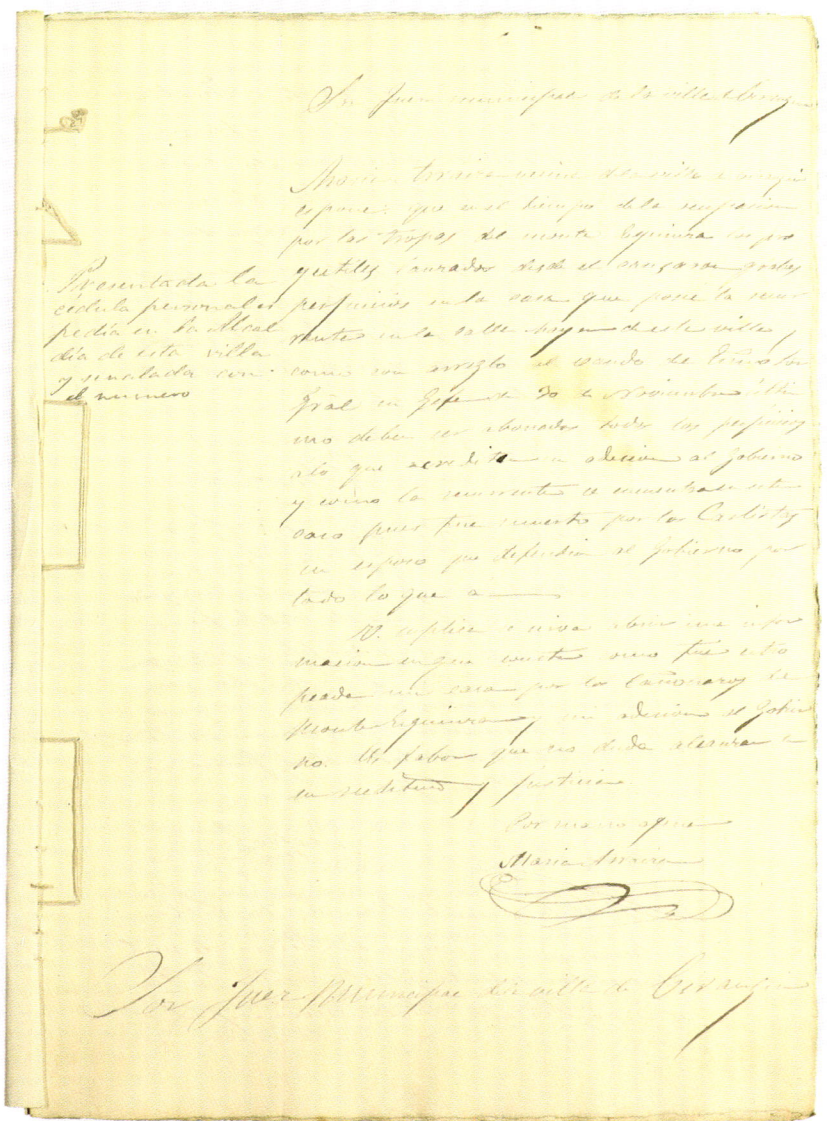

DOC. 16.2.

María Arraiza, vecina de Cirauqui, viuda de un voluntario de la República, asesinado el 12 de julio de 1873, reclama ser indemnizada por los daños y perjuicios que le ocasionaron los carlistas durante el saqueo de su casa.

Pamplona, 4 de junio de 1878

AGN, DFN,Caj.20282/1

DOC. 16.3.

**Tomasa Irigoyen, natural de Errazu, pide ayuda a la
Diputación de Navarra tras haberse negado varias veces a
abjurar de sus ideas liberales y a vitorear a Carlos VII.**

Pamplona, 15 de septiembre de 1875

AGN, DFN,Caj.20386/7

ARCHIVOS COLABORADORES

AGN: Archivo Real y General de Navarra
AME: Archivo Municipal de Estella
AMP: Archivo Municipal de Pamplona
ACD: Archivo del Congreso de los Diputados
AGMS: Archivo General Militar de Segovia
BN: Biblioteca de Navarra
FSSF: Fundación Sancho el Sabio Fundazioa
MC: Museo del Carlismo
UPNA: Universidad Pública de Navarra

AGRADECIMIENTOS

Archivo Municipal de Pamplona
Archivo Municipal de Estella
Biblioteca de Navarra
Museo del Carlismo
Palacio de Navarra
Archivo General Militar de Segovia
Universidad Pública de Navarra
Archivo del Congreso de los Diputados
Fundación Sancho el Sabio Fundazioa
UK Royal Collection Trust
Musée Carnavalet-Histoire de Paris
Museo del Romanticismo
Biblioteca Nacional de España
Museo Zumalakarregi Museoa
Koldo Mitxelena Kulturunea
Biblioteca de Catalunya
Biblioteca de la Universidad de Sevilla
Universidad de Navarra